西藏和涉藏工作重点省共享式发展与全面建成小康社会研究课题成果

调查与研究

西藏的民生民计与社会变迁

中国藏学研究中心社会经济研究所 编

格桑卓玛 主编

中国藏学出版社

序　言

调查与研究是学者的重要工作内容，也是各行各业提高工作成效的重要手段。作为中国藏学研究中心成立较早的研究所，本所科研人员通过开展大量的实地调研，持续研究西藏和涉藏工作重点省社会的基本形态、人民生活现状，以及时代变迁中社会生活的变化。本文集以此为题，意在强调藏学研究领域中开展实地调查对学科建设的重要性。

西藏人民的生存状态、生计来源以及生活质量，乃至生命安全等民生民计问题，特别是广大农牧民的生活一直是社会经济所长期关注的研究课题。科研人员通过实地调查民生民计，反映当地民众利益诉求，寻求符合科学发展、保障和改善民生的方法、经验，为政府科学决策提供有益的建议和意见。本文集第一部分就将2000年至2015年间本所学者开展的民生民计调查研究的成果集中刊载。这几篇论文有关于城乡贫困问题的，有涉及消费的，有关于就业和集体经济的，也有农业用地的，多维度讨论当下西藏城乡居民的民生民计问题。

变迁是西藏社会发展的大主题，也是本所科研人员长期研究的领域。相较于六十年前西藏缓滞的社会形态，解放以来西藏全面深刻的变革带来的是持续的变化。这样的变化在社会各个阶层、领域显而易见。学术界也一直对这些变化进行关注、记录和研究。其中一些话题也是海外学者研究的领域，并存在一定的学术争议。作为长期坚持田野调查的科研队伍，社会经济所研究人员以大量第一手的调查资料为依托开展的相关问题研究就争议的问题提出自己的鲜明观点。本文集选取的几篇论文主题各异、视角不同，如探讨西藏民族交往与民族关系、社会问题与社会实践、乡村旅游产业发展中的人类学思考等，但均以和平解放和民主改革以来的西藏社会经历的历史大变革为时代背景，分析社会不同层次与领域的变化。其中，近十年对西藏社会变迁中新问题、新现象的研究不仅是学术性描述，也有结合学理的深入分析与思考。

这些来自社会经济所科研人员深入基层第一线调研完成的论文和调研报告具有社会实践意义，有一定的学术价值。由于我们水平有限，经验不足，错误与不足之处在所难免，真诚希望得到各界人士的批评和指正。将近10年来本所科研人员的实地调研所思所想和学术心得出版出来，不惧浅陋，也是为了感谢长期以来支持我们开展研究的西藏和涉藏工作重点省各级干部和父老乡亲。

社会经济研究所

2023年7月

目　录

社会变迁

民生民计

社会变迁

人口流动、族群结构与族际关系*

——一项关于西藏山南地区泽当镇的实证调查研究

李　健

一、研究问题的提出

西藏的流动人口或“汉族移民”问题一直是国际藏学界长期争论的重要话题。最近10年来，研究当代西藏社会经济问题的一些西方学者提出一种观点，认为从内地省份大量流入的汉族和穆斯林劳动者与本地藏族移民在城镇相遇并发生就业竞争。由于来自内地的流动人口在教育和职业技能上占有很大优势，所以会挤压甚至将低技能的农村藏族流动人口挤出有限的城镇就业机会，因此产生针对藏族劳动者的就业歧视和社会排斥，并进而导致族群冲突。① 而另一派观点认为，尽管进入城镇的农村藏族可能面临来自汉族和回族的竞争，但他们依然在城镇获得了可观的非农收入，并大大超过其在农村的收入。② 此外印度、中国大

＊ 本文原载《中国藏学》2012年第2期。

① 参见 Fischer, Andrew Martin, 2005a, *State Growth and Social Exclusion in Tibet: Challenges of recent economic growth*, Copenhagen: NIAS Press.

② Goldstein, Melvyn et al. 2006, “Development and Change in Rural Tibet: Problems and Adaptations”, Barry Sautmen and June T. Dreyer, eds. *Contemporary Tibet*, New York: M. E. Sharpe.

陆和香港的部分研究者也提出了自己不同的观点。① 本文试图通过实证研究与这些观点进行对话并做出评析。

在上述背景下，本文研究的核心问题就是，在一定的地域空间内，人口的持续流动导致产生了怎样的不同以往的族群结构？这种新的族群结构具有什么样的基本特征？它会对族际关系产生哪些积极或消极的影响？本文主要运用社会学定量和定性相结合的调查方法，所使用的数据和访谈资料来自 2008 年夏季在泽当镇完成的 615 份问卷调查②，以及 2009 年夏季在泽当镇完成的若干个案访谈。③ 研究的具体问题是：描述西藏山南地区泽当镇外来的汉、藏、回三族流动人口的基本情况，分析由三族流动人口在泽当镇内形成的族群结构，以及由这种族群结构形成的族群关系。

二、山南地区的人口流动情况

山南地区位于西藏南部，全地区下辖 12 个县，83 个乡镇，595 个村（居）委会，土地面积 7.97 万平方公里（含中印争议区 2.87 万平方公里），地区所在地泽当镇海拔 3560 米。山南地区共有 14 个族群居住，其中藏族占 96%。全地区总人口约 33 万，农牧区人口约 29 万，占总人口的 88.9%；农村富余劳动力 6.7 万，占农牧区人口的 22.94%。如果按产业来划分，则全地区第一产业就业人员 11 万（含农

---

① Dawa Norbu, 2006, *Economic Policy and Practice in Contemporary Tibet*, Barry Sautmen and June T. Dreyer, eds. *Contemporary Tibet*, New York: M. E. Sharpe; Sautman, Barry, 2001, *Tibet: Development for Whom? China Information*, 2001. 2；马戎、旦增伦珠：《拉萨市流动人口调查报告》，《西北民族研究》2006 年第 4 期。

② 该调查是由北京大学马戎教授主持、中国藏学研究中心旦增伦珠研究员具体负责的“西藏流动人口管理对策研究”课题调查的一部分。2008 年 7 月，课题组部分成员在山南泽当镇进行了为期数天的座谈、访谈和问卷调查。问卷调查点主要有龙马市场、贡布路废品收购户、泽当老村新村出租房、雅砻河酒店、白日街工地、萨热路工地、建材市场、蔬菜基地、粮贸中心出租房等，最后完成有效问卷 615 份。调查员是经过专门培训的西藏大学学生和山南地区中学教师，他们辛苦而认真的工作保证了问卷的质量，在此表示感谢。

③ 此次访谈主要在泽当镇内，由中国藏学研究中心社会经济研究所的索朗央宗担任翻译，特此致谢。

牧区转移劳动力 3.2 万人），占就业总人数的 73.5%。[1]（见表 1）可见，该地区人口城镇化率极低，农村人口比重大，富余劳动力多，为农牧民外出打工提供了条件。

表 1　山南地区人口分产业就业情况统计表（单位：万人、%）[2]

就业总人数	一产就业	所占比例	二产就业	所占比例	三产就业	所占比例
17.8	11	73.50	2.2	15.00	1.7	11.50

一般来讲，西藏的流动人口包括来自区内外的进城务工经商人员及外来朝佛人员、旅游观光人员等。在本文中，流动人口主要指以赚钱为目的、离开本乡外出务工经商的人员，短期的朝佛者和旅客不在讨论范围之内。山南地区登记在册的流动人口数量相对稳定。据不完全统计，在 2008 年之前，长期办理暂住证的有 3 万余人。由于受拉萨“3.14”事件影响，2008 年上半年，流动人口数量有所减少，全地区暂住人口 1.7 万，其中泽当镇暂住人口 9108 人。[3]

泽当镇是西藏山南地区行署所在地，流动人口较多，是山南地区各县农牧民进城务工的重要目的地。2008 年，全镇拥有户籍人口 7010 人，其中农业户口 6708 人，非农业户口 302 人。[4] 泽当镇下辖 6 个社区居委会，其中有 3 个位于泽当镇城区。[5] 泽当镇流动人口主要来源由以下三部分构成：（1）来自西藏自治区内各地农村的藏族中青年农民，以山南地区的为主；（2）来自自治区外其他地区的农村藏族中青年农民，人数较少；（3）来自其他省区的汉族、回族等人员，以农村中青年劳动者为主，人数较多。

① 山南地区行政公署，《向西藏流动人口管理与对策研究调研组的汇报材料》，2008 年 7 月 28 日。

② 同上。

③ 同上。

④ 不包括居住在泽当镇的山南地直和乃东县直机关的 3 万多人口，泽当镇虽然是地区的首府，但本镇所辖的 6 个居委会的大部分人口仍然属于农牧业户口，城市化水平较低。

⑤ 泽当镇共辖 6 个社区居委会，其中 3 个居委会远离镇区，不涉及流动人口问题。

组成泽当镇区的泽当、乃东、结莎3个社区居委会是泽当镇本地人口主要的居住区，其常住与流动人口的情况见下表2。

表2 泽当镇镇区所辖各居委会人口统计表（单位：人）①

居委会	常住人口	流动人口	流动人口分类			
			藏族	汉族	回族	其他族群
泽当居委会	2465	4051	1020	2600	405	26
乃东居委会	1911	2002	502	1472	16	12
结莎居委会	1131	3055	769	1961	305	20
合计	5507	9108	2291	6033	726	58

根据2008年的数据，泽当镇区的流动人口在各居委会都超过了当地人口，在结莎居委会，外来流动人口几乎达到了当地人口的3倍。这还是由于“3.14”事件的影响，导致外来流动人口大幅减少。② 乃东居委会所在地区是山南地区和乃东县党政机关及单位的集中地，流动人口相对较少。

表3 泽当镇镇区流动人口分类统计表（单位：人）③

分类	总计	男性	女性	藏族	区内藏族	区外藏族	汉族	回族	其他族群
人数	9108	5013	4095	2291	1567	724	6033	726	58
%	100.00	55.04	44.96	25.15	17.20	7.95	66.24	7.97	0.64

从表3中可发现，进入泽当镇的外来人口，男性与女性的数量差别并不大，分别占55%和45%。不过这是总的性别比例，看不出族群间

① 泽当镇政府提供，2008年7月18日。

② 从全地区来看，2008年办理暂住证的人数比往年减少将近一半。

③ 乃东县公安局，《流动人口调研汇报提纲》，2008年7月18日。

的差异。从族群构成来看，汉族是外来流动人口的主体，占66.24%，将近2/3，这与2005年拉萨调查的比例是相近的①。其次是藏族，占到了总数的1/4强，但以区内藏族为主，区内藏族占了藏族流动人口总数的68.40%，而区内藏族又以来自山南地区各县的为主。进入泽当镇的区外藏族人数与回族相当，比例都接近8%。

三、泽当镇的族群结构

1. 被访流动人口的族群与性别构成

在被调查的615名流动人口中，男性占54.8%，女性占45.2%。这与泽当镇暂住人口中男性占55%的比例几乎完全一致。在被访者的族群构成方面，由于课题设计的需要，主要是想了解流动人口中藏族的具体情况，因此在被调查流动人口中，藏族378人，占61.5%；汉族162人，占26.3%；回族70人，占11.4%；其他民族5人，占0.8。②

表4　被访者性别分族群统计表（单位：人、%）

性别	汉族		藏族		回族		其他		合计	
	人数	%	人数	%	人数	%	人数	%	人数	%
男	106	65.4	179	47.4	51	72.9	1	20.0	337	54.8
女	56	34.6	199	52.6	19	27.1	4	80.0	278	45.2
合计	162	100.0	378	100.0	70	100.0	5	100.0	615	100.0

从两性比例来看，三个族群各不相同。藏族流动人口是女性略多于男性，汉回两族是男性远多于女性，其中回族的男女比例最为悬殊。造成这一现象的原因可能是，汉回两族流动人口几乎全部是由区外远距离迁徙进藏谋生者，从事自主经营的比例较高，对西藏的高原环境适应性

① 参见马戎、旦增伦珠：《西藏流动人口调查报告》，载《西北民族研究》2006年第4期。
② 以下分析数据均来自2008年的问卷调查，不再一一标出。

差。从选择性迁移的角度看，男性更倾向于迁移。而藏族绝大部分来自山南本地，离家较近，从事服务业的比例更高，因此妇女的迁移可能性就要大得多。

2. 被访流动人口的迁出地分布

调查流动人口的籍贯或迁出地，有助于我们了解流动人口的来源和流向，有助于把握流动人口本身的特征。

表5　被访者迁出地情况统计表（单位：人、%）

迁出地	流动人口		迁出地	流动人口	
	人数	%		人数	%
山南地区	345	56.1	山东	4	0.7
甘肃	94	15.3	云南	4	0.7
四川	91	14.8	拉萨市区	3	0.5
河南	21	3.4	浙江	3	0.5
日喀则地区	10	1.6	陕西	1	0.2
拉萨各县	8	1.4	河北	1	0.2
湖北	7	1.1	湖南	1	0.2
青海	7	1.1	贵州	1	0.2
重庆	7	1.1	辽宁	1	0.2
安徽	6	1.0	总计	615	100.0

由表5可知，本次调查的泽当镇流动人口来自全国16个省区，其中区内以西藏山南各县的为主，超过了一半，区外以甘肃、四川为主。汉族162个流动人口中，四川汉族86人，占被调查汉族总数的53.1%；居二三位的甘肃和河南汉族分别为21人和19人，占13.0%和11.7%，三省合计占77.8%。可见泽当镇汉族流动人口的来源地比较集中。同样，藏族378个流动人口中，来自山南本地区的345人，占藏族总数的91.3%，区外藏族的比例很低。回族的来源集中度最高，来自甘肃的回

族68人，占被调查回族70人中的97.1%。以上分析说明赴泽当镇的流动人口具有明显的地缘性特征。四川汉族、甘肃回族和山南藏族分别是泽当镇三族群流动人口的主体。

3. 被访流动人口的年龄结构

年龄是流动人口的一个基本结构特征，从年龄的分布即可看出外出人群是以哪一年龄段为主。一般来说青壮年是最倾向于流动的人群。在被访者中，20至29岁的青年人最多，占45.7%。如果将20至39岁的人算作青壮年人口，则青壮年所占的比重为72%。

不同族群的年龄结构差异往往与其他结构性差异相关。从图1可见，在20~29岁和30~39岁这两个关键年龄组里，三个族群的情况各不相同。汉族中30岁组的比例比20岁组还要高，说明泽当的汉族流动人口很可能拥有更多的资本和更丰富的社会经验，结婚成家的比例会更高。相反，藏族流动人口的年龄明显更加年轻，可能有相当一部分是未婚的外出打工者。回族年龄结构居中。在泽当的青壮年流动人口中，藏族以青年为主，汉族和回族以壮年为主，反映在社会经济地位上必然是汉族和回族要高于藏族。这是一个不可忽视的客观事实。

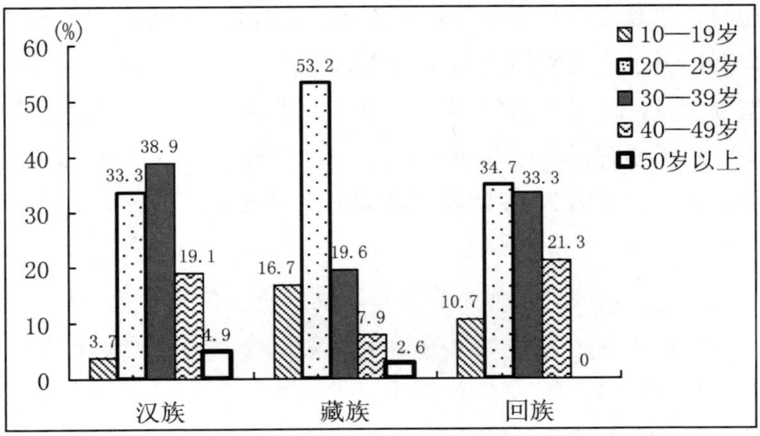

图1　被访者年龄分族群结构图

4. 被访流动人口的文化程度

在现代社会，受教育程度的高低是影响个人职业、收入与社会地位的关键性因素。考察流动人口中不同族群在受教育程度方面的差异具有十分重要的意义。

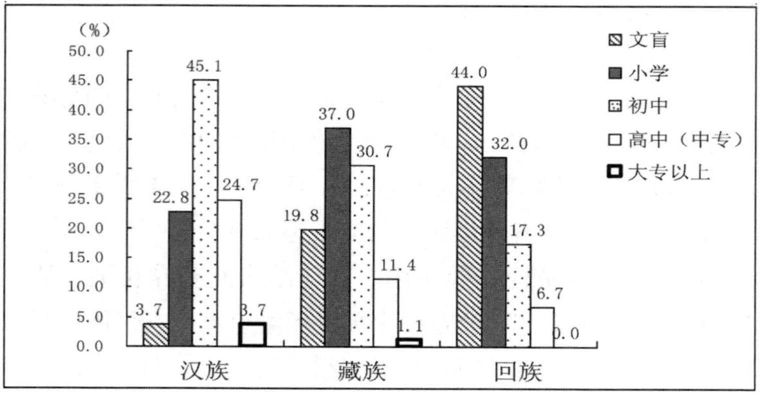

图 2 被访者文化程度分族群柱状图

图 2 显示，汉、藏、回 3 个族群的受教育程度差异非常明显。其中汉族受教育程度最高，藏族次之，回族最低。就文盲率而言，汉族为 3.7%，藏族为 19.8%，回族则是 44.0%。值得注意的是，根据以往调查的经验，西藏流动人口中藏族的文盲率要远大于回族。本次调查中拉萨的数据也显示，藏族的文盲率为 42.2%，回族则为 24.6%。日喀则的数据分别是，36.8% 和 29.4%。为什么唯独山南的数据显示的正好相反呢？除了调查样本选取的原因外，在泽当的访谈资料可以提供一定的解释。来自甘肃的 26 岁回族虫草商 M 先生说：

我没上过学，我们那时家里穷嘛，我很想上学，但上不起，现在只会写自己名字。……写字的话我们反正是汉字也不会写，藏字也不会写，我们自己的那个经文也不会写。……这个院子里住的人（几乎全部是回族）90% 都没上过学。

汉族流动人口的文化程度远远高于藏回两族，这也使汉族在当地的社会经济地位很可能要好于藏族。回族因为自身善于经营的传统、强有力的族内社会资本支持和对藏语的掌握，即使文化程度不高，其收入也可能远高于藏族。M 先生的话印证了这一点，他说：

我藏话 70% 都会说，学也没学，反正慢慢就会了。这边做生意的回族基本都会藏语，有的百分之百都能懂。……做生意就是脑子灵活一点，不用看文字。……我们回族互相帮忙，只要你不特别坏的话。假如我们两个人合伙借钱做 20 万的生意，我们连欠条都不打，到时说好什么时候还就还了。我们欠了钱不能不还。

5. 被访流动人口的收入水平

经济收入的高低是决定流动人口社会地位和社会分层的重要指标。我们考察不同族群的流动人口在收入方面的差距，可以在一定程度上看出一地的社会分层是否与族群存在对应关系。藏族流动人口中，月收入在 700—1000 元间的人最多，而汉族和回族中，收入在 1500—2000 元的最多。藏族人口中收入在 2000 元以上的急剧减少，而汉族和回族收入在 3000 元以上的才开始明显减少。也就是说，在泽当镇的流动人口中，藏族的月收入平均大约要比汉回两族低 1000 多元。如此大的收入差距很可能表明在流动人口中形成了某种族群分层。表 6 非常清晰地反映了被调查的汉、藏、回 3 个族群流动人口在收入方面的差距。在剔除极端值的情况下，汉族的平均月收入要比藏族高出 1161. 77 元。若不剔除极端值，则两者的差距拉大到 1477. 59 元。回族的收入均值比汉族略低，但要比藏族高出 1097. 5 元或 1013. 97 元。泽当镇流动人口的月收入呈现出非常明显的以族群划界的结构性差距。

表6　被访者月收入分族群统计表（单位：元）①

平均月收入②	汉族	藏族	回族	总平均月收入
月收入均值1	2375.81	1214.04	2311.54	1647.56
月收入均值2	2775.16	1297.57	2311.54	1809.09

此外，在实地访谈中也发现，回族在泽当聚族而居，基本从事同样的生意。群体内部拥有稳固的地缘、血缘网络和其他社会资本网络。这样一种信任关系为回族经商群体整体的发展壮大提供了重要保障，获得较高的收入是很正常的。汉族流动人口内部没有回族那么强的网络关系，但无论是在工程建筑、温室蔬菜种植，还是其他服务行业，都凭借更高的技能获得较高收入。藏族流动人口在经商方面处于劣势，在建筑业和服务业中多从事低技术体力工作，收入自然明显要低。在访谈中，回族虫草商M先生提到“去年（2008年）我前面赚了8万块”；而小茶馆的藏族女老板LM说，“上个月我交了房租之后刚刚赚了700块钱”。从中可见一斑。

通过以上数据分析发现，泽当镇的流动人口中，藏族、汉族、回族之间在性别、年龄、受教育程度、收入水平等方面均有结构性的差异。特别是在受教育程度方面，汉族流动人口远远高于藏族和回族；在收入方面，汉族和回族又明显高于藏族。总的趋势是，藏族流动人口在泽当镇处于相对弱势的地位。这种相对弱势地位的形成，一方面是由于藏族务工者自身的社会特征，如大部分年龄较小，从小在几乎是纯藏族的社区环境中长大，对城镇里多元的社会文化环境并不熟悉，汉语能力较差，职业技能不足，社会经验欠缺，竞争意识不强；另一方面是因为市场化改革之后，外来的汉族回族需要经过竞争和淘汰，只有技能高或各

① 对流动人口的调查很难做到严格的随机抽样，被访者在回答收入问题时也不一定完全准确，因此该数据只是总体上反映当地部分流动人口的收入情况，并不能作为当地全部流动人口实际收入的精确数据看待。

② 月收入均值1是指剔除了月均收入超过10000元的4个极端个案值后求得的月均收入，月收入均值2则是未剔除极端值的月均收入。

种资本较多的人最后能留下来。显然，这种族群结构的形成有其内在的客观原因，并不是西方一些学者所谓的是由于政府推行的制度性歧视和排斥的结果。事实上，调查发现当地政府也一直在为改变藏族务工人员的弱势状况而努力，如举办各类免费的职业技能培训，进行有组织的劳务输出，但实际效果仍有待进一步提高。

四、族际关系

1. 问卷调查结果

族群关系一直是族群社会学中关注的焦点，同时也是较难测量的一个变量，需要定量与定性研究方法结合起来分析。本次调查显示，泽当镇内族群间关系总体良好，但仍有一些值得注意的现象。

表7　被访者与其他族群关系状况表（单位:%、人）①

族群	与其他族群关系				总计
	好	一般	不好	说不清	
汉	67.7(109)	30.4(49)	1.2(2)	0.6(1)	100.0(161)
藏	57.9(217)	34.4(129)	4.0(15)	3.7(14)	100.0(375)
回	74.7(56)	25.3(19)	0.0(0)	0.0(0)	100.0(75)
总计	62.5(382)	32.2(197)	2.8(17)	2.5(15)	100.0(611)

卡方检验：$\chi^2 = 17.576$, Sig = 0.007

从表7可见，总体上每个族群对与其他族群关系的评价都较高，其中回族评价最高，汉族居中，藏族相对最低。通过卡方检验，说明三个族群对与其他族群关系的评价确实存在差异。与藏族相对的汉回两族基本都是区外流动人口，国外的研究认为这两个群体间存在相当紧张的关系，但调查数据并不支持这一观点，只能说藏族流动人口对泽当的其他

① 因此次调查并非专门针对族群关系，在问题设计时未细化到每两个族群间的关系。

族群评价相对较低。超过1/3的藏族和超过3成的汉族认为与其他族群关系一般。这部分持中间态度的外来人员很关键，如果生活中遇到族群纠纷或矛盾，他们很可能转而对族群关系评价不好，反之，也可能转向好的评价。认为与其他族群关系不好的人比例极低，但是鉴于在调查中，敢于公开表露自己对族群关系不满的人肯定要少于实际，对这一极少部分人也应给予关注。

表8　被访者与本地居民关系状况表（单位：%、人）

族群	与本地居民关系				总计
	好	一般	不好	说不清	
汉	62.9(100)	34.6(55)	0.0(0)	2.5(4)	100.0(159)
藏	80.0(300)	17.1(64)	0.5(2)	2.4(9)	100.0(375)
回	81.3(61)	18.7(14)	0.0(0)	0.0(0)	100.0(75)
总计	75.7(461)	21.8(133)	0.3(2)	2.1(13)	100.0(609)

卡方检验：$\chi^2 = 23.852$，$Sig = 0.001$

泽当镇的本地居民主要是藏族，通过测量与本地人的关系，也可以间接发现各族流动人口与本地藏族之间的关系。总体上，各族流动人口对这一关系评价很高。回族对本地藏族评价最高，这可能与回族和本地藏族交往多有关。回族做的虫草、皮革等生意主要同本地藏族发生联系，范围也会超出泽当镇，遍及整个山南地区。外来藏族对本地人评价也很高，接近回族，这显然与他们同属一族有关。汉族流动人口从事职业较杂，人数又最多，很可能对本地人形成一定压力，因此，汉族对本地人评价明显低于其他两族，但是公开认为关系不好的也没有。卡方检验显示，三族对与本地人关系的评价确实存在差异，但藏族和回族差异很小。

2. 个案访谈分析

本文选取了四个典型个案，分别是汉族、回族和藏族的外来经商者及一位管理当地流动人口的派出所负责人。从中可以窥见一个更深入的族际互动模式和族群关系面貌。其中3个个案都从事自我雇佣式的经营活动，具有一定的可比性。

个案一：废品收购点的女主人①

W女士，汉族，39岁，河南商丘人，泽当镇私人废品回收点女主人。在泽当生活了4年的W女士对于与周围人群的接触交往深有体会，对镇里不同族群间的关系也有自己的看法。

我们在这生活跟周围的本地人关系很好，人都是好的。哎呀，我们那房东（藏族）最好了，我们跟他们藏族最合得来，感觉比跟这里的汉族还合得来。他们实在得很，善良得很。不像我们老家那些过来做生意的，勾心斗角。

我们跟回族交往不多，还是跟藏族、汉族交往最多了，跟回族一般不打交道，就是他卖东西，我们给钱，就这些话。平时不交往，主要是不喜欢，就感觉没那个心想去跟他们交往，感觉没有像跟咱们这些人打交道舒服一些。

在这位女主人眼里，与镇里的藏族老百姓是最好交往的，甚至互相帮助，评价远远高于对同样来自河南商丘的老乡，同乡群体反而因为行业竞争的原因而关系紧张。当地管理废品收购的派出所民警也证实说，他们老乡群体内部的关系很紧张，不怎么来往。其次，他们与回族并无利害冲突，但交往仍然很少，主要源于心理上的距离感和个人方面的原因。最后，被访者反复提到“汉藏就是一家人”，“不要老分汉族还是藏族”，对藏族老百姓的亲近感溢于言表，对他们淳朴善良的性格非常认同和称赞。当然，与藏族偶尔的小争吵也是有的，被访者提到：

---

① 废品收购业是一个外来汉族相对集中的行业。个案一中的女主人笔者曾在2008年7月和2009年8月分别作过访谈，此资料是对第二次访谈的整理。个案二和三是2009年8月做的访谈。

像他们（藏族）有时候也“挺坏”的，说点难听的话，像“把你们赶出西藏”。有的调皮嘛，就这样说一句，对吧。其实他就是说一下。像那天，有一个就对我们说，“哎呀，你们起来，这是我们的地盘。”……年轻人有的还是说那个嫩话，上了年纪的都不会。好还是挺好的，要是不好我们马上走了，早就走了，现在再干五年还不想回去呢！

偶尔的小争吵并不影响被访者对当地藏族老百姓总体的好感，而且她对此也表现出充分的理解，并没有将这种小争吵与族群身份挂上钩。被访者表示“再干五年还不想回去”，显然不仅是因为在西藏能够谋生，而是表现出对当地良好的汉藏关系的信心，对当地社会环境和与当地人的关系表示满意。在访谈中，W 女士不赞同老是强调汉族藏族的区分，认为也没啥区别，这至少反映了在老百姓的日常生活中，族群区分对他们来说并不重要。偶尔的小争吵都是发生在被访者同藏族青年人之间。虽然次数不多，但从一个侧面也反映了部分年轻一代藏族对外来的经营者存有抵触情绪。这与问卷中关于族群关系的调查结果较吻合。

个案二：年轻而老道的回族虫草商

M 先生，男，26 岁，回族，甘肃省临夏州临夏县马集镇人。

我们这回族和藏族通婚的很多，主要是回族男的娶藏族女的。有些人在老家穷，娶不起老婆，来这看着合适就娶了，娶藏族女的一般不用花钱。刚开始有些人会偷偷吃一些不能吃的东西，时间一长，她们就适应过来了。……反正藏族跟我们回族打交道比较好一点，交往也多，成婚也比较配。我们就是一般跟汉族交流得少，跟藏族一般哪个村子里都有认识的人。主要是因为我们做生意和藏族接触得多。

挖虫草的地方，纠纷抢劫案件比较多。……现在我们白天出去没什么危险，到桑日这一带沟里去很安全，人基本上都认识，我们的名字他们（当地藏族）都知道，那边也有工作组嘛，一般都没问题。

M 先生也表现出了对藏族较高的认同度。藏回通婚多是一个重要指标，对藏回通婚的认可从另一方面说明了藏回关系并不一定就如外界所认为的那么紧张。从被访者与当地藏族的熟识程度看，显然他在当地建立了良好的人际关系网，这种关系网虽然主要是商业性的，但它也为被访者提供了很好的人身安全保护，所以才使他很有信心地认为自己从事高危险的行业却很安全。另一方面，下到基层的回族虫草商与虫草产区的藏族老百姓实际上也结成了一定的利益共同体，缺了任何一方的信任，另一方的利益都会受损。访谈说明，至少这一类型的较良好的藏回关系是存在的。西方的研究一般认为，在西藏的城镇中，藏回之间的矛盾冲突更为严重。该个案显然并不支持这一点。

个案三：LM 的往事

LM，女，藏族，35 岁，拉萨市曲水县人，泽当镇某藏茶馆老板。

以前在隆子县那边开做汉族菜的餐馆，3.14 以后那边生意不太好就来这里了。这边生意还凑合，主要是藏族老百姓进来喝茶。……平时也不和周围的人来往。一般周末的时候，汉族打工的喜欢来喝茶，工地上的四川人来的比较多。跟汉族交流没什么问题。回族从来不来，也从不交往。

受到 3・14 事件影响的不光是外来的汉族和回族，当隆子县的汉族因此返回内地后，LM 的餐馆也就很难经营下去，才搬到泽当。市场经济是个相互联系的整体，并不适宜用族群的边界强硬分割。在访谈中，可以观察到 LM 的汉语讲得不错，只是跟回族没有来往。LM 的藏茶馆并不是只有藏族顾客，打工的汉族也时常能给他带来一些生意。

个案四：派出所负责人的担忧①

CR，藏族，泽当镇某派出所负责人。

在访谈中，CR 着重指出了泽当镇面临的安全隐患和存在的问题。

最大的隐患是位于镇中心金马十字路口边上等工的流动藏人。由于没有建立固定的劳动力就业市场，这些人只能一群群地蹲在街头。他们没有固定的职业，一般都是单身，文化程度很低。一旦街头发生一些突发事件，极易引起他们围观甚至引发骚乱。特别是十字路口附近就是粮贸中心出租大院，里面住着大批由甘青一带来经商的回族。一到收羊皮季节，这些回族都聚集到十字路口附近做收皮子生意，与相邻的藏族流动人员极易引发矛盾和冲突。

作为直接管理泽当镇流动人口的负责人，CR 看待问题的视角与被访流动人员很不同。他很敏锐地发现了泽当镇因为流动人口的存在所引发的一些社会问题和潜在的隐患。这些问题如果得不到及时妥善解决，也确实可能会引发外来人口与本地人以及不同族群之间关系的恶化。

五、结束语

泽当这样一个中国西南边疆的小镇，无论是镇区面积、常住人口还是流动人口，如果放在内地可能微不足道，但其人口流动与族群结构呈现的特征完全不同于内地。国内外学者对西藏流动人口问题有过很多争论，但从实证调查的角度看，现实的情形往往要比想象的更为复杂。

调查数据显示，泽当镇各族流动人口在个人特征及收入等方面确实存在一定的结构性差异。这种差异主要是基于个人技能、拥有资源或职业类型的不同，这种不同又是西藏与内地社会经济发展水平不同所致，而非因为族群身份的差异。在当地获得的深度访谈资料有助于加深对微

① 访谈时间：2008 年 7 月。

观层面上族际交往的了解，其结果进一步证明流动人口之间并不存在基于族群身份的社会排斥，各族外来者更多地集中在自己擅长和具备社会网络的不同行业中。在泽当，汉、回两族经济收入接近，但关系相对冷淡；汉藏和藏回之间收入差距很大，关系反而较好，甚至对他族群的正面评价超过了对本族群的评价。可见，族群间经济收入差距大并不必然导致族群关系差。另一方面，尽管泽当镇族群关系总体和睦，但外来藏族对族群关系的评价较汉回两族低，应当引起重视。在看待西藏城镇流动人口问题时，既不能因为局部的族群关系和睦就忘记了在总体上保持居安思危的意识，也不能因为存在可能引发族际矛盾的隐患就否定了长期形成的各族群和睦共处的事实。在西藏流动人口与族际关系问题上，应采取宏观和微观相贯通的研究视角，不断通过实地调查来推进专题研究和学术对话的深度，本文只是一个非常初步的尝试。

西藏民族关系研究

——以白朗县的民族关系为例

才项多杰

20 世纪 80 年代以来，随着改革开放和社会主义市场经济的建立与发展，民族发展问题尤其是少数民族地区的经济社会发展以及环境保护问题越来越受到广泛关注。进入 21 世纪，经济全球化的趋势日益凸显，在这样的背景下，我们需要从社会学角度加强对当前民族问题的调查与研究。本文以西藏自治区日喀则白朗县的族际交往与民族关系的变化情况为研究个案，旨在加深对处于社会转型时期的新型民族关系的整体把握和透彻了解，以期对我国的民族工作和民族政策的制定有所裨益。

我国是一个多民族国家，处理好我国的民族问题以及协调好良性互动的民族关系，有着非常重要的意义。新中国成立以来，国内一些学者对民族关系问题进行了一系列尝试性、开拓性的研究，研究的领域也从原来的民族历史、政治领域发展到经济、文化等领域，更多的学者致力于对民族地区经济社会发展的研究。改革开放以来，中国社会在取得巨大成就的同时，也面临着社会转型、文化变迁所带来的一系列压力。在经济全球化的背景下，我国 56 个民族都面临着新的发展抉择和社会问题，民族关系也呈现出更为复杂的局面。本文通过对日喀则地区白朗县民族关系的追踪调研，尝试通过参与观察和访谈，相对客观地了解民族问题的真实情况，加深对不同民族的文化差异和冲突爆发的社会背景的理解，揭示影响西藏和涉藏工作重点省社会稳定的复杂因素。

一、西藏民族关系的变量分析

（一）调查地的背景

白朗县地处西藏自治区西南部，位于雅鲁藏布江主要支流年楚河中游，日江公路中段，是自治区商品粮油基地县和“两高一优”农业示范县，也是“一江两河”流域重点工程县。县城北距日喀则市49公里，南距江孜45公里，日江公路横穿县城，交通便利。全县总面积为2759平方公里，现辖11个乡（镇）、114个行政村，平均海拔4200米，县城驻地海拔3890米，现有耕地面积1803万亩，草场面积378万亩。2012年末，全县总人口为48847人，其中藏族48478人、汉族359人、回族5人、门巴族1人、蒙古族1人、壮族1人。全县藏族占99.2%，汉族占0.73%。①

（二）抽样及样本分布情况

2014年5月至6月，作者在西藏自治区日喀则白朗县进行了为期一个月的实地调研，调查涉及的民族有藏族、汉族、回族的群众及干部，分层随机抽样和典型样本结合运用，在使用调查问卷的基础上，也做了大量的入户访谈和深度访谈、典型调查等。一共入户访谈42人。访谈对象包括政府官员、事业单位工作人员和工商业者、普通农民和基层干部、僧侣、学校师生等。调查样本中民族分布情况：藏族占75%，汉族占20%，回族占4%，珞巴族占1%。其中受访者的文化程度情况：小学文化程度占80%，初中程度为15%，高中或职高为3%，大专以上为2%。样本分布情况：以藏族为主的彭仓村、马义村、马乡、东喜乡、旺丹乡和嘎东寺、旺丹寺、根培林寺、参卓林寺、谢珠林寺、德瓦坚寺等。汉族为主的商人、工人、干部等，以回族为主商人、工人

① 引自：白朗县县民宗局2014年《白朗县民族宗教工作汇报》。

和入赘到藏族村里的女婿等人。

（三）对几个变量的统计分析

1. 语言使用情况对民族关系的影响

语言对任何人类社会的存在都是必不可少的，而作为一种社会文化现象和人们之间的信息交流工具，语言对社会的变迁和民族的关系研究更有特殊的价值。语言使用情况的研究会帮助我们了解与分析各个族群的演变历史与交流史，也可以反映各个族群的文化传统和社会经济发展水平，语言之间的借鉴反映出不同族群的交流与融合，也是分析族群关系的一个生动视角。调查数据显示，西藏白朗县公共场所使用的语言中，藏语占65.5%，汉语占25.5%。藏语和汉语是公共场所交流的主要语言，其中藏语的使用者有藏族、珞巴族、回族、汉族等，其次是汉语。在本地工作的汉族对于藏语的掌握情况很好，藏族对于汉语的熟练掌握者占63.6%，在本地经商或居住的回汉族对藏语的掌握占23.4%。白朗县的汉、回等民族对藏语的学习热情很高，这与西藏核心地带的文化影响有关系。另外，在藏区最主要的族际交流用语是藏语，学会卫藏藏语，对于工作、学习以及日常交流等都有重要的意义。

2. 族群居住格局对民族关系的影响

调查与研究种族、族群关系，一个重要的方面就是考察多族群地区（一个城市、一个村庄）的各个族群大多数成员在日常生活中相互交往的可观条件与交往活动的实际情况。不同民族的成员对于与其他民族共同居住成为邻居的接纳态度也有差异，通过调查数据分析发现，藏、汉、回等民族大多数人对于不同民族住在一起持赞同态度，有73.7%的被调查者认为不同民族的人住在一起能和睦相处，也有15.2%的受访者认为不同民族的人住在一起易于引起矛盾，最好分开居住。回族受访者对于不同民族分开居住或不要来往的赞同度为28.7%，主要原因是由于回族等穆斯林群体与其他非穆斯林群体的宗教信仰、风俗习惯、饮食习俗等方面有较大差异；有74.1%的受访者希望邻近居住的最好是本民族或风俗比较相近的民族。调查数据部分说明了多数人希望本民族聚居，也反映出穆斯林群体更愿意与本族群聚居，而这种情况加深了民族间的隔阂和彼此不信任。这也可以从侧面反映当地藏族、汉族与回族群体的族际间关系。调查数据显示，有 50.9% 的人和邻近其他民族有经常往来，有 48.2% 的人和邻近民族往来较少或没有什么往来。约有 51.2% 的人对邻近的其他民族不太了解。从上述数据的分析可知，因为民族之间缺乏有效交流和沟通，因而在一定程度上影响到区域民族关系的和睦。

3. 族群通婚对民族关系影响

族际通婚深刻地反映了族群关系深层次的状况，因为族群之间的基本差异深植于人们的群体认同观念之中，从而使人们把周围的人群区分为“同族”与“异族”两类。而每个人只有对另一个人在感情上或心理上都认为“可以接受”和感到十分接近的时候，才有可能考虑到与他（她）缔结婚姻，所以在族际通婚中，婚姻通常并不被本族群认为仅仅是通婚者个人的私事，在许多场景下，这种族群认同观念和相应凝聚力会使本族的父母、亲属、家族、社区对于子女、族人的跨族群通婚表示他们或者赞同或者反对的意见。所以两族成员之间的通婚愿望，是得到本族人群体的支持还是反对，在某种意义上被视作体现两族关系总体水平的重要标志之一。据调查显示，藏族和汉族通婚比跟回族的高，占 12%，结婚人士中包括农民、干部等，家人或亲戚很支持。而与回族通婚的占 5%，主要是家庭条件不好，没法生活的女孩子跟回族一起经商，也不住在村里，家人或亲戚特别反对。从总体上说，通婚率并不高。

4. 族际接触与宗教认同意识对民族关系的影响

数据分析显示，影响民族间交往的主要因素有宗教信仰、风俗习惯、教育水平、思想观念、经济利益和政治权利、相互不理解、彼此不尊重等，其中宗教信仰和风俗习惯的差异是影响民族间交往的最主要因素。此外，教育水平差异和思想观念不同也是影响族际交往的重要因素。当然，各民族对于接受现代教育和保持民族传统都极为重视，其中藏族、回族对于保持宗教信仰十分重视。在宗教信仰中，信仰佛教者占

73.7%，信仰伊斯兰教者占5.5%，不信教者占21.8%。受访者中有42.1%的人认为不同宗教有优劣之分，自己信仰的宗教是最好的，显示出较强的宗教排斥感和疏离感，因此可知在区域民族关系中宗教信仰也是影响民族关系的关键因素之一。

5. 民族认同感与地域认同意识对于族际关系的影响

民族认同感的强弱受到很多因素的影响，本民族的历史传承、文化传统、群体规模、宗教信仰、生活习俗、教育、现代化的程度等诸多因素对于塑造民族认同感有着重要的影响。有研究者认为，民族认同意识的强弱是衡量民族凝聚力大小的一个重要指标。“民族”或“族群”是一个人的天赋身份，即人一出生就有的身份，人们从懂事起就把自己视为该民族的成员。民族认同感越强，越有利于保存和发展民族传统和文化，越难以被主流民族或主流文化同化和整合。从调查中也发现藏族和回族都有着较强的民族认同感。在地域认同感方面，当地的藏族有较高的地域认同意识，其中藏族占57.3%，回族占39.7%，汉族占23.3%。调查地的总体民族关系相对和谐，有84.8%的受访者认为当地的民族关系是好的。从调查数据分析中发现，不同民族对于民族关系的判断有一定的差异。认为当地民族关系不好的受访者中，藏族占7.5%，汉族占10%，回族占25%。关于民族关系与当地经济发展之间的关系，有60.4%的受访者认为良好的民族关系能促进地区经济发展。

二、存在的问题与对策建议

日喀则地区白朗县为农业为主、牧业为辅的大县，因为该地区经济发展相对滞后，少数民族群众相对贫困问题依然是严重困扰民族地区民族关系和睦和社会稳定的重要问题，不能掉以轻心。在白朗县，回族和汉族主要聚居在城镇，主要从事餐饮、零售商业等工作，大多数回族群众较为富裕。本地的藏族主要居住在农区或牧区，他们的生活相对较为贫困，族际经济收入和生活水平有着较大的差距，久而久之会严重影响到该区域的族际关系和谐和社会稳定。为此，提出以下建议：

1. 加快民族地区经济发展，缩小民族间和区域间的发展差距

目前我国处于经济社会发展的重要转型时期，伴随着社会变革和文化变迁，民族地区相应地产生一些新的社会问题，如环境保护与生态移民、资源补偿、宗教信仰、民族传统文化保护以及少数民族权益保障等，而这些问题的妥善解决与否，在一定程度上影响到民族地区的社会稳定和民族关系的和谐。尽管也有学者提到对少数民族和民族地区实行的优惠政策实质是特殊照顾，但是我们认为，目前要解决民族地区复杂的问题，不仅不能废止原先的一系列优惠政策，还应该出台更多具有实质性的惠民政策，要加大中央财政对民族地区的扶持，实行更加倾斜性的经济扶持政策，加快民族地区经济发展，缩小民族间和区域间的发展差距。

2. 加强公民教育，强化国民身份与国家认同意识

公民教育和民众的公民身份认同，在一定程度上反映所在国的民主建设和民主进程。多民族杂居地区或国家，如果民众的国家认同意识淡漠、公民身份缺失，会使得族群或民族意识高涨，地域认同进一步加强，个人主义、各种从属的身份认同凸现，会严重危及国家的统一，地区的安定和谐。西部地区民族杂居，民族问题也很复杂，如果公民教育严重滞后，会使得地方主义、狭隘的民族主义观念占上风，势必对国家稳定、民族团结造成不可挽回的损失。狭隘民族主义在民族关系上表现出排他性特点，是一种孤立、保守、自大、排外的民族主义情绪。在我国狭隘的民族主义表现主要有两种：一种是大民族主义，主要是大汉族主义；另一种是地方民族主义，是特指少数民族以自己的民族为尊、重视本民族利益、不学习他民族优秀文化精华、不利于国家统一和民族团结的思想和主张等。所以，在我国这种多民族国家适时进行公民教育体系建设，完善相关政策与法规十分必要，也是一项紧迫的任务。公民教育要紧密结合少数民族传统文化的精髓，爱国主义教育要密切联系少数民族的历史教育和中华民族悠久的历史知识教育，使民族群众了解、熟悉我国多民族国家的悠久、辉煌的历史，而且这段历史也是我国各个民族所共同创造的、共享的经历，从而将民族或族群认同意识与国家认

同、公民身份认同协调、统一起来。这样既能有效激发少数民族同胞的国家认同感和主人翁意识，也使得少数民族的传统文化、历史和地方性知识不致断裂、消逝。在民族文化发展上，坚持“求同存异、兼容并包”和“多元一体、多样性共存”的发展方向和思路。

3. 培养“民汉”兼通的民族地区“双语型”干部，密切干群关系

在民族地区实行双语教学和双语教育体制，是贯彻和实施民族语言政策的一项切实工作，既能保障少数民族的受教育权利，也能保护和传承少数民族的传统文化。然而，一直以来对民族地区实施双语教育的必要性和实施效果颇有争议。在我们的调查访谈中一些被访者也提到，尽管中央的民族区域自治政策是好的，但是具体到基层执行层面政策就开始走样或变形了。最突出的问题是缺乏精通双语的干部，即精通藏语和汉语的基层干部。当地干部以藏族为主，汉族和其他民族干部为辅，多数藏族干部懂汉语，而汉族干部不懂藏语的情况在一些地方很普遍，这种现象在一定程度上影响到上情下达和政令通畅，也使得汉族干部不敢或很少下基层，或者在基层待不住，对基层的情况不了解，缺乏干部和群众之间有效互动。目前有必要由自治区、地区组织部门制定完善的干部考核制度，将干部考核与兼通双语挂钩，培养民汉兼通的双语型民族地区后备干部，积极提高干部的行政能力，加强干部和群众之间的交流与沟通，密切干群关系。只有加强了干群关系，密切干群交流与沟通，才能做好政府的各项惠民工作，也才能下情上达，及时掌握基层的真实情况。所以，现阶段在民族区域自治地方由各级组织部门加强培养“民汉兼通”的双语型干部，是促进民族关系、构建和谐社会的关键。

白朗县马义村家庭人口结构性特征分析

旦正才旦

马义村位于西藏日喀则地区白朗县，是白朗县嘎东镇政府所在地，全村目前有400多户，人口大约3800人，属西藏规模最大的农村乡镇之一。在整个日喀则地区的农村乡镇中，马义村的社会经济和基础设施条件比较完善和成熟，而且其农业经济正在向多元化经营方面发展。基于这些特征，马义村的家庭人口结构特征分析具有一定的代表性意义。

课题组于2014年在白朗县马义村调查时，搜集到驻村工作队对该村家庭人口基本特征的统计数据。这一统计数据囊括了该村从家庭户主人口特征到户数分布、家庭人口受教育情况、劳动力数量到经济状况等信息，基本上涵盖了马义村家庭人口的总体特征。下文中笔者主要以这一入户调查表所提供的数据作为基础，并将结合其他数据和研究成果，对该村家庭人口结构性特征加以描述和分析。本文的内容主要由两部分组成：（1）被调查户户主的人口结构性特征；（2）被调查户的家庭人口结构性特征。

一、被调查户户主的人口结构性特征

（一）被调查户户主性别分布

图1是白朗县马义村被调查户户主的性别分布。马义村有433户，也就有433个户主。在433户中，男性为户主的户数有294个，占总户数的68%，女性为户主的户数有139个，占总户数的32%。虽然女性为户主的户数及所占比例少于以男性为户主的户数，但是其所占比例仍在总户数中几乎占1/3，数量十分可观，不可低估。这种大量的女性为户主的家庭人口特征，与其他地方或村落的情况不同，具有相当的特殊性。此外，一般而言，以女性为户主的家庭与以男性为户主的家庭在面对外部风险或家庭经济压力时，抗压抗风险能力也有区别。那么，为何马义村的户主性别分布不同？以及不同性别户主类型家庭的经济、事务能力又有什么差异呢？都需要进一步深入研究。

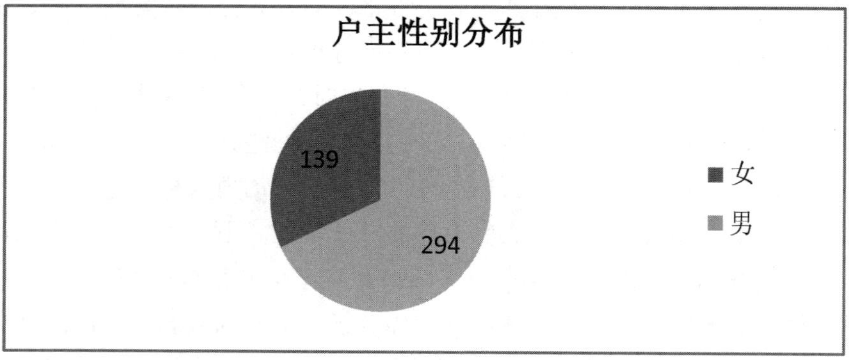

图1　被调查户户主性别分布

（二）被调查户户主年龄结构

图2为被调查户户主年龄结构。如图所示①，在430个户主中，

① 调查表中有3个户主的年龄为“未知”，所以缺失值有3个，总体为430个。

20—39 岁年龄组的户主有 8 人（占总数的 1.9%），40—59 岁年龄组的户主有 128 人（占总数的 30%），而 60—79 岁户主在总体中的数量最多，有 224 人，占全部户主的 52%。在 80—99 岁的户主，仍有一定的数量（70 个），远远多于 20—39 岁年龄组的户主人数（多出 62 个），占总户主数的 16%。如此看来，马义村的户主的年龄主要集中在 40—99 岁年龄段，尤其集中分布在 60—79 岁这一年龄组，中老年户主人数决定性地多于年轻户主人数，户主年龄结构呈“中年较多，老年最多”的特征。除此之外，80 岁以上的户主人数占一定比例的问题值得关注，这种与一般的情况貌似相悖的特征，是由于统计技术的问题而产生的，还是由于户主年龄的基本事实而产生的？仍是一个需要进一步阐明的问题。

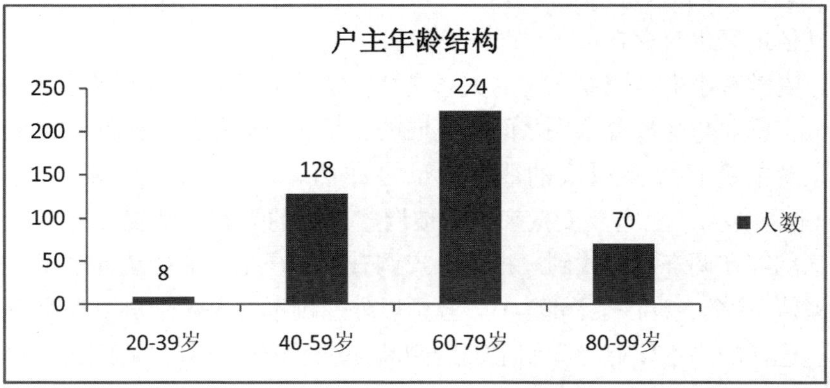

图 2　被调查户户主年龄结构

（三）被调查户户主受教育情况

以往的统计数据和常识告诉我们，与全国其他地方相比（尤其沿海城市），整体上藏族受教育程度较低，特别是西藏和涉藏工作重点省农牧民的受教育程度更低。图 3 为马义村被调查户主受教育情况。① 在

① 关于户主受教育程度这一项，在调查表中的缺失值最多，有 210 个户主的受教育情况为“未知“，因此，缺失值为 210 个，总体只有 223 个。

总户主数223人中，有10人是文盲（占总数的4%），有202人接受了小学教育，占总数的91%，而只有11人接受了中学教育（含初、高中)，占总户主数的5%。由于本项的缺失值几乎接近总体户主的半数，我们很难对户主受教育情况做出一个比较客观的总体判断，但是据西藏整体农牧民受教育情况和户主的年龄因素（大多数户主的年龄属“老年型”)，我们基本可以确定马义村户主的受教育普遍较低。其中，笔者对有91%的户主（总数223个）受教育程度为“小学”的数据持一定的怀疑态度，因为98%的户主（据上文中户主年龄结构）至少是在40年之前出生，尤其是有52%的户主至少在60年之前出生，当时的中国社会，尤其西藏社会的小学教育普及率能否达到这样的程度是个疑问。此外，由于政府统计需要，很多实际上未受过任何教育（除传统寺院教育）的农牧民，在户籍上填写“小学或初中”教育水平的现象在其他地区也有存在。

受教育水平与职业之间的关系是社会学较为关注的一个议题，一般而言，职业与受教育水平之间呈正向的关系，也即是说，受教育水平越高，越能够选择高层次的职业，反之亦然。因此，我们在此可以把“职业”作为一个重要变量来判断被调查户主的受教育情况，有幸这一信息能够在调查表中找到。根据入户调查表对户主职业的统计数据，除缺失值36个、2个村干部、1个教师以外，剩下的394个户主全都属农民。这样的户主职业为我们上面的判断提供了依据，有力地证实了我们

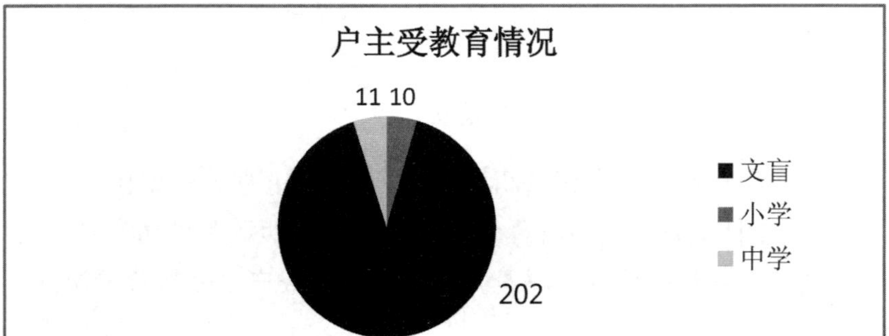

图3　被调查户户主受教育情况

认为户主受教育程度“普遍较低”的结论。

二、被调查户的人口结构性特征

（一）被调查户家庭经济状况

表 4 显示了马义村被调查户家庭经济状况。① 在调查表中，驻村工作队根据马义村的具体情况和地方式经济标准、本地民间的认定方式，把被调查户的家庭经济状况分为三类，即贫困、中等、富裕，通过这三类划分来对被调查户进行统计。根据统计数据，在马义村 378 户中属于“贫困”的户数有 178 户，占总户数的 47%。属于“中等”的有 173 户，在总户数中的比例为 46%，与“贫困”户的比例仅差一个百分点。而属于“富裕”的户数最少，只有 27 户，仅占总户数的 7%。从以上的数据中，我们看到马义村的“贫、中、富”户数的分布不均，“贫、中”户规模庞大，二者加起来的比例占据了总户数的 93%，而“富”户规模非常小，“贫—富”户比例严重失衡的情况非常显著。就西藏而言，城乡之间的经济差距本来非常之重，学界对此给予了极大关注，②但是乡村内部差距也相当明显，笔者在西藏调查研究时也注意到此问题，而马义村的情况属于其中一典型案例。因此，除了对西藏城乡社会经济差距进一步加以研究、关注以外，对乡村内部差距的深入认识与了解也同样显得十分重要，需要学界与政界去关注并深入研究。

（二）被调查户家庭总人口户数分布

家庭结构是家庭中成员的构成及其相互作用、相互影响的状态，以

① 调查表中没有给出家庭经济状况的缺失值为 55 个，总体为 378 个。

② 王娟丽：《西藏城乡居民收入差距问题研究》，《西藏民族学院学报》2009 年第 1 期；《西藏城乡居民收入变动趋势分析》，《经济研究导刊》2011 年第 36 期；杨涛：《西藏城乡差距变化的收入来源构成及对策研究》，《中国藏学》2010 年第 1 期；邓发旺、徐爱燕：《西藏城乡发展差距分析》，《西藏研究》2010 年第 5 期；师学萍、宋连久、龚红梅、何燕：《西藏城乡居民收入差距特征与农牧民增收对策》，《农业现代化研究》2012 年第 5 期。

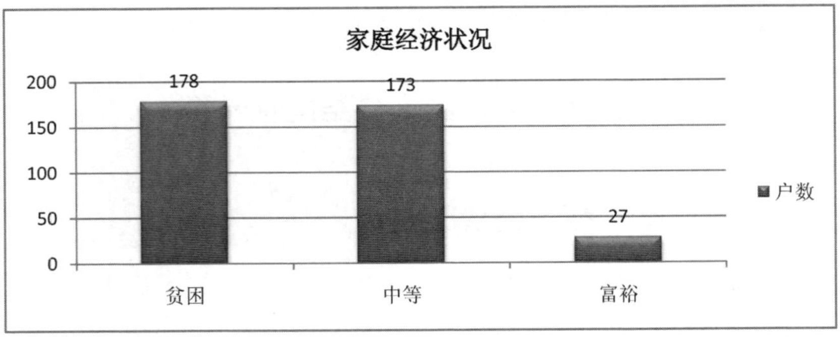

图 4　被调查户家庭经济状况

及由这种状态形成的相对稳定的联系模式。家庭结构包括两个基本方面，一是家庭人口要素，即家庭规模大小，由多少成员组成；二是家庭模式要素，是家庭成员之间相互联系的方式。① 家庭总人口是衡量家庭人口规模的重要标准，通过家庭总人口户数分布，我们大致可以了解被调查村的人口规模及家庭人口结构。下图呈现的是马义村家庭总人口户数分布。据图所示，在被统计的 426 户（缺失值 7）中，只有 1—2 人的户数有 84 个，占总户数的 20%；而有 3—4 人、5—6 人的户数各有 90 个，各占总数的 21%；有 7—8 人、9—10 人的户数达 71 个、53 个，

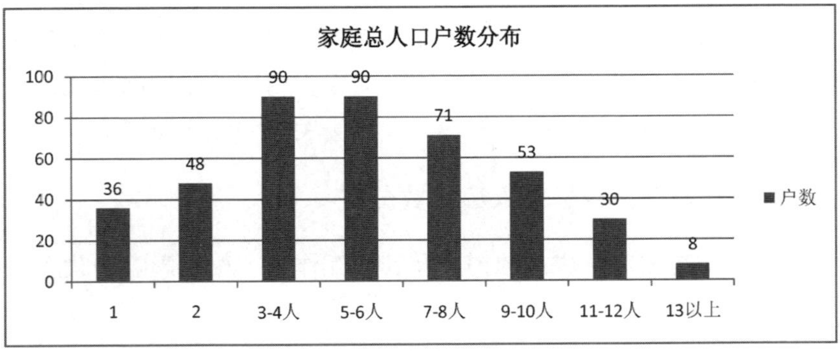

图 5　被调查户家庭总人口户数分布

① 佟新：《人口社会学》，北京大学出版社，2000 年，第 308—309 页。

所占比例分别为17%和12%；而11人以上的户数达38户，比例为9%。总而观之，大部分被调查户的人数规模主要为3—8人，但9人（含9人）以上的户和2人（含2人）以下的户仍然占相当大的比例（41%），马义村家庭人口总体上呈现出在各人口数量水平上“分散型均匀分布”的特征。其中，占总户数20%的1—2人口的户数更值得我们关注。根据西藏自治区2010年人口普查数据，2010年全自治区总家庭户数为670838个，其中，1—2人户有207222个，占全区总户数的30.9%；3—4人户有210748个，占全区总户数的31.4%；5—6人户有128916个，占全区总户数的19.2%；7—8人户有69203个，占总数10.3%；9人及以上户有54749个，占全区总户数的8.2%（西藏自治区统计局，2012：557）。再看整个白朗县的家庭人口规模情况，2010年，白朗县家庭总户数为7203个，其中，1—2人户有1470个（总占比为20.4%）；3—4人户有1404个（总占比为19.5%）；而5—6人和7—8人户有1406个、1257个，分别占总户数的19.5%、17.5%；9人及以上户有1666个，在全县总户数中的比例为23.1%。[①] 通过上面三个地域范围、层次的家庭人口规模比较，[②] 我们可以发现，马义村的家庭人口在以上人口数量水平上的分布（20%、21%、21%、17%、21%），非常接近整个白朗县的家庭人口分布（20.4%、19.5%、19.5%、17.5%、23.1%），二者差距微乎其微。与二者不同，全自治区的家庭人口分布相对而言更多地集中在较低人口数量水平上（30.9%、31.4%、19.2%、10.3%、8.2%），即1—2人、3—4人上，而且家庭人口规模明显具有“微型”的特征。

（三）被调查户家庭分性别人口户数分布

上述的家庭总人口户数又可以进一步细化为家庭分性别户数，图6

① 西藏自治区第六次全国人口普查领导小组办公室、西藏自治区统计局、国家统计局西藏调查总队：《西藏自治区2010年人口普查资料》，中国统计出版社，2012，第325—329页。

② 马义村家庭人口基本信息是由驻村工作队于2012年左右进行的统计，而全区人口普查是2010年进行的，二者的统计年份有所不同，这可能会稍微影响二者结果的比较，但对整体结果来说，这两年里应该不会有太大的变化。

显示的是马义村被调查户家庭分性别人口户数分布。① 在下图中，有67个家庭（比例为8%）没有一个男性或女性人口，也就是说，67户的家庭事务只由男性或女性来承担，家庭性别分工上存在极大困难。该村的分性别人口主要集中于1—4人，1—4人分性别人口在所有人口户数中的比例最高，占总数的74%。并且，这一人口的户数分布中，女性人口的户数及其比例均高于男性人口的户数及其比例。而5人及以上的分性别人口户数分布中，随着人口的增加，分性别户数的分布也逐步收缩，其在总户数中的比例也仅为18%。此外，马义村的分性别人口户数分布有个非常鲜明的特征，即除了无男性或女性人口的户数分布有较大差距（35户）以外，其他所有人口数量水平上的两性人口户数相差不大，其分布及比例比较均匀，呈整体上的“均匀型”特征。

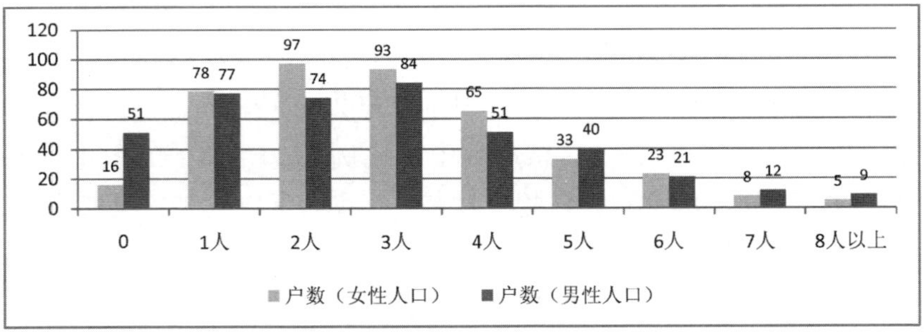

图6 被调查户家庭分性别人口户数分布

（四）被调查户家庭子女就学情况

接受教育，是个体向上流动的主要途径。对于乡村人来说，接受现代教育同样是他走出高山融入现代城市、市场经济的关键性路径。人力资本存量的缺少，以及现有人力资本的利用缺陷，可以说是西藏社会发展的所有问题中最为根本的问题，因此，人力资本方面的投资及有效利用，在西藏社会发展尤其在基层社会发展中尤为重要。下面我们以马义

① 调查表中未填“男性、女性”人口数的户数分别有14、15个，所以缺失值为29个，总户数为837个。

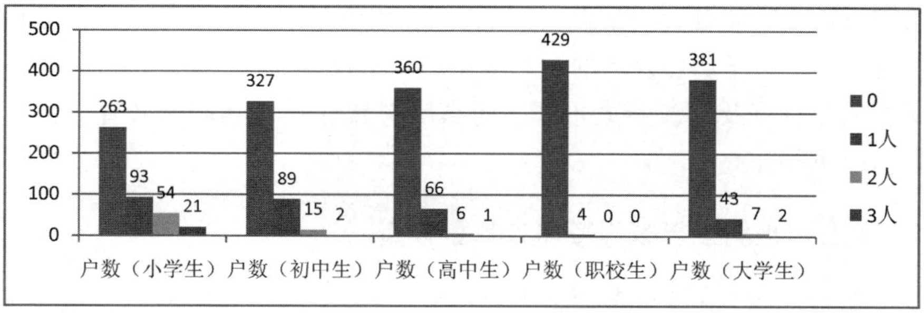

图7　被调查户家庭子女就学情况

村为个案，来了解西藏农村家庭子女受教育的现状。图7介绍了马义村被调查户家庭子女就学情况。能够反映出如下几个主要问题：（1）不管是在初等教育阶段如小学、[①] 中学阶段，还是高等教育阶段如职业技术教育、大学教育阶段，无一个学生的户数在总户数中占有绝对的高比例，其比例从最低的61%（无一个小学生的户数）到最高的99%（无一个职业技术学生），其比例随着学历层次的变高而变高。（2）与“无一个学生”的户数分布趋势相反，每个教育阶段“拥有学生”的户数分布却随着受教育水平或层次的提高而收缩，如拥有一个学生的户数从小学阶段的93户降低到大学教育阶段的43户，其比例从21%降到10%。这种趋势与家庭子女就学成本的逐渐上升及入学门槛的逐步抬高等因素相关，也符合我们的常识。（3）马义村家庭子女接受大学教育方面，在433户中，拥有大学生的户数有52户，占总户数的12%。在接受职业教育方面，马义村整个433户中，拥有学生的只有4户，所占比例不到1%。通过这些数据我们可以看到，较高层次的教育在马义村的普及率或接受度是较低的，特别是职业教育的接受和普及更弱。从另一个方面讲，这现象以个案形式回应并证实了有关学者发现的西藏职业

① 调查表中有2户拥有4个小学生，但由于各组在图表中统合的需要，没能被纳入到图7中。

教育所面临的问题。① 所以，这问题应当引起学界和政府的关注。总而言之，由于各学历层次上的拥有学生的户数比例较低（甚至很低），马义村的教育普及情况不太乐观，而高层次教育（尤其职业教育）的普及情况更是如此。

（五）被调查户家庭劳动力数量分布

图 8 是马义村家庭劳动力人口户数分布。② 从中可以看出，该村家庭劳动力人口主要集中在 1—5 人。其中，完全没有劳动力的户有 4 个，为数极少；有 1 人和 3 人劳动力的户数相差不大，分别有 83、80 户，两者加起来占总户数的 39%。在此，值得注意的是，只有 1 人劳动力的户数比较可观，其在总数中也占有一定的比例（20%）。这些户相比于其他户在家庭生计上可能会面临更多的困难，应给予较多关注。有 4 人和 5 人户数比较少，分别有 57、48 户。而有 2 人的户数为最多，有 113 户，占总数的 27%。该村拥有丰富的家庭劳动力（6 人及以上）的

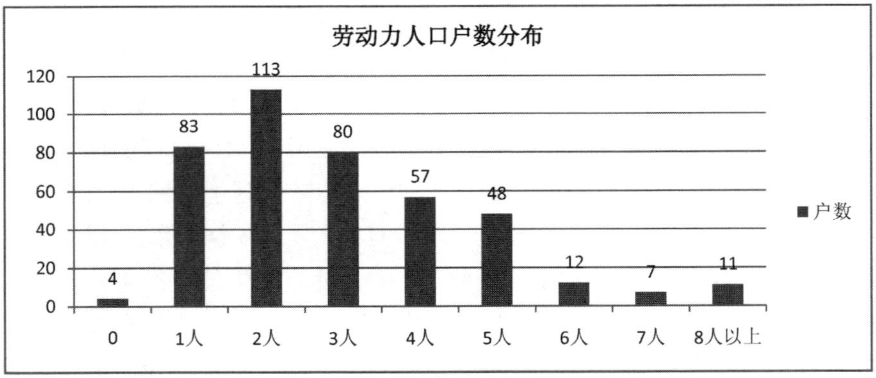

图 8　被调查户家庭劳动力人口户数分布

---

① 卢金金：《西藏职业教育现状与发展对策研究》，天津大学硕士学位论文，2004 年；卓玛穷达：《西藏自治区职业教育发展的问题与对策》，《中国职业技术教育》2006 年总第 225 期；李清连：《西藏职业教育发展现状与对策分析》，《西藏教育》2011 年第 9 期；索朗罗布：《西藏中等职业教育发展的困难及对策》，《西藏教育》2015 年第 6 期。

② 这一项在调查表中的缺失值为 18 个，所以总体为 415 个。

户数比较少（30 户），其在总户数中的比例为 7%。总体而言，马义村的家庭劳动力相对比较丰富，但是，对于这些劳动力的素质高低及技能水平，还需要进一步细究。

（六）被调查户家庭人口流动情况

我们研究人口流动情况时，根据人口流动的方向与规模、人口流动对流出地与流入地的影响、人口流动的因素等多方面，可以对人口流动问题进行综合性的考察。关于西藏境内的流动人口问题，学界取得了相对比较成熟的成果。① 这些研究成果认为，随着城市化的发展与市场经济的逐步成形，西藏的人口流动也随之加剧，不同民族成员的流动与交往亦更加频繁。并且，这些流动人口（包括本地人与非本地人）及非农经济的参与，明显改进了其原有的经济地位和迁出迁入地的社会经济状况。

由于调查表所提供的数据的局限，在此我们只能对马义村的家庭人口流动进行一个大概的描述。根据上面各研究成果，西藏农牧民的流动性在不断加剧，农牧民外出务工增加非农收入的经济活动越来越频繁，但是，人口流动性及其程度在西藏各地的情况不同。正如图 8 中显示的，马义村有 303 户没有 1 人到外地进行经济活动，在总户数中占比例 70%；有 1 人是流动人口的户数有 94 个，有 2 人是流动人口的户数有 33 个，有 3 人是流动人口的户数只有 3 个，各自在总户数中所占的比例分别为 21.7%、7.6%、0.7%。这些数据非常直观地说明了马义村的人口流动性很低，大部分人口属于非流动人口，仍活动于村庄，很难流出本村参与到外部的社会经济生活之中。

① 王树新、巴巴拉·安德森、陈华、刘金云：《西藏拉萨市流动人口与社会经济发展》，《人口与经济》1998 年第 6 期；陈华：《拉萨市流动人口调查报告》，《西藏大学学报》1999 年第 2、3 期；马戎、旦增伦珠：《拉萨市流动人口调查报告》，《西北民族研究》2006 年第 4 期；《2008 年夏季拉萨、日喀则、泽当三城市流动人口问卷调查结果分析综述》，《中国藏学》2012 年第 3 期。

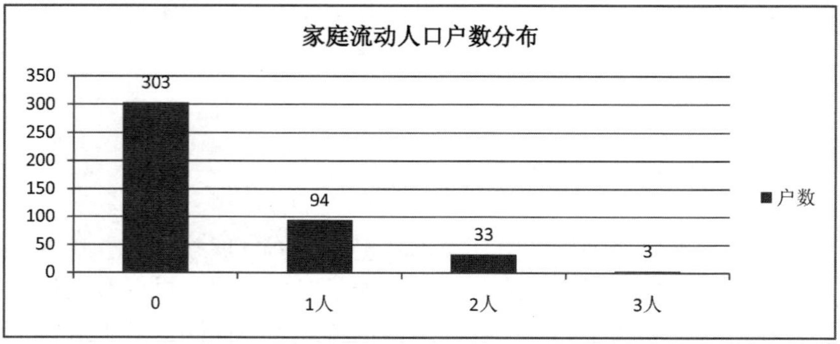

图9　被调查户家庭流动人口户数分布

三、总　结

经上面的分析和讨论，对白朗县马义村家庭户主的人口结构性特征和家庭人口结构性特征，我们得出如下的结论：

（1）根据调查表搜集到的信息，马义村家庭户主的人口结构具有几个鲜明的特征：户主中男性明显多于女性，但女性户主的数量也相当可观，其比例在总户主数中几乎占1/3；从户主年龄结构看，马义村户主年龄主要集中在40—99岁年龄段，特别是60—79岁年龄组的户主最多（224个），其比例在总数中过半，户主年龄结构呈“中年较多，老年最多”的特征；在受教育程度方面，马义村家庭户主的教育素质普遍很低。

（2）马义村家庭人口结构与经济方面，以民间判定方式划分的“贫、中、富”户数分布存在明显的不均，“贫、中”户规模庞大，而“富”户规模非常小，“贫—富”户比例严重失衡；马义村家庭人口户数分布整体上呈现出“分散型均匀分布”（在各人口数量水平上）的特征，十分接近整个白朗县的家庭人口户数分布。而且，分性别的户数分布在马义村显得比较均匀。该村占总户数20%的1—2人口的户数及67个（比例为8%）没有一个男性或女性人口的家庭，值得我们去关注；马义村家庭子女就学情况方面，从初等到高等教育阶段，没有一个学生的户数在总户数中占有绝对的高比例，且其比例随着教育程度的变高而变高。与之相联的是，每个教育阶段“拥有学生”的户数分布随着受教育水平或层次的提高而收缩，较高层次的教育在马义村的普及率或接受度很低，特别是职业教育的接受和普及更弱。总体而言，马义村的家庭劳动力相对比较丰富，其数量主要集中分布在1—5人，值得注意的是，只有1人劳动力的户数比较多，这些户在家庭生计上可能会面临更多的困难。马义村的流动人口很少，人口流动性很低，人们的经济活动更多还是在原地进行，没有被高程度卷入到外部社会经济空间之中。

当代西藏造像艺人群体职业行为变迁研究报告*

李　健

一、背景与意义

作为藏传佛教的发源地和主要传播区域，西藏的佛教造像艺术和造像手工业①有着悠久的历史传统。改革开放以来，西藏的佛像手工业在传承历史的基础上，重新得到恢复。特别是近10多年来，随着西藏等地寺庙的修复和内地佛教热的兴起，西藏的佛造像业不断适应区内外的市场需求，得到较快发展。昌都地区是西藏传统的佛像生产中心，由于西藏等地寺庙重建和成都市场的巨大需求，带动了以昌都县嘎玛沟为代表的打制铜佛像产业。拉萨地区历来是西藏佛像手工业的中心和佛像集散地。随着区内各地造像手工业者不断向拉萨汇聚，目前拉萨城关区及毗邻的达孜县已成为全区最集中的佛像制作与销售中心。此外，日喀则市及南木林县孜东地区也是传统的佛像制作中心，目前也形成了一定的生产规模。在传统佛造像民族手工业恢复发展的同时，近几年在拉萨，

* 该研究报告是中国藏学研究中心2015年所级课题成果。

① 本研究中的造像手工业或佛造像业均指西藏传统的铜制佛像制作，不包括泥塑、木雕及石刻佛像等。

藏传佛造像已呈现出从传统民族手工业向现代产业过渡的某些特征，预示着未来佛造像业将有更大的发展空间。随着佛像产业的兴起，西藏传统的造像艺人越来越多地参与到佛像产业之中，一批批年轻农牧民学习佛像制作技艺之后，也加入到造像艺人的队伍中。同时，西藏自治区政府对文化产业的投入和扶持力度也在不断加大，今后佛像产业也会越来越引起政府和社会的重视。

西藏的造像艺人群体存在了上千年之久，一直传承不绝，形成了独具特色的传统造像工艺和职业行为模式。近些年，佛像产业的逐渐兴起开始改变传统佛造像业的发展模式，市场经济的力量和现代理念不断进入到造像艺人群体的生产生活中，对造像艺人的职业行为模式和社会交往关系等形成了重要影响。本项研究主要关注的问题是，在西藏造像业开始从传统向现代过渡之时，造像艺人的职业行为模式发生了哪些重要变迁？市场经济如何通过产业发展进而影响造像艺人的生产生活？其影响的内在机制是怎样建立的？

二、文献回顾与评述

20 世纪 90 年代，研究人员从口述历史的角度对历史上西藏五金工匠艺人的从业情况、行会组织、运作机制进行了调查①。近些年学者在对西藏民族手工业的研究中部分包含了佛像业的内容，此类研究对西藏民族手工业发展存在的共性问题，如发展模式、发展对策、开发前景等进行了探讨②。在对西藏等地佛像业为数不多的专项研究中，主要集中在佛像制作技艺方面。如袁凯铮从技术史的角度对藏东昌都地区的佛像制作工艺进行了梳理，特别是对当代昌都的铜造像工艺进行了实地调

① 扎嘎：《西藏传统手工业五金工匠的历史、行会组织及其社会地位》，《中国藏学》1992 年第 1 期；李坚尚主编：《西藏的商业与手工业调查研究》，中国藏学出版社，2000 年。

② 达瓦次仁：《分析西藏传统民族手工业对跨越式发展的推动作用》，《西藏研究》2011 年第 6 期；贡秋扎西：《西藏民族手工业发展模式初探》，《中国藏学》2006 年第 4 期。

查①；袁凯铮、李晓岑对云南德钦藏族传统铜佛像熔模铸造工艺做了实地调查②。此外，李晓岑等人对西藏铜佛像制作业中的“昌都工匠群”进行了考察，认为该工匠群体已形成中国西南最主要的制作藏传佛教铜像的工匠群体。③。国外学者对西藏佛造像的研究更注重从宗教艺术史、历史考古等领域入手，对当代藏传佛像产业的实地调查研究主要集中在尼泊尔帕坦地区与印度西北部等佛像制作中心，且几乎都集中关注佛像制作的技艺流程④。

上述几方面文献对西藏佛像业的历史、制作技艺流程及工匠群体进行了考察，但对当代西藏佛像手工业向佛像产业的转型发展尚未给予关注，对由此引发的造像艺人群体职业行为变迁也未涉及。在已有的对工匠群体的研究中，理论层面缺乏对佛教伦理、职业行为与市场经济间关系的探讨，实践层面缺少对造像业发展与西藏其他传统民族手工业的比较研究。上述研究缺乏对西藏佛造像业及相关现实问题的关注，缺乏对佛造像业本身特质的把握，对造像艺人群体的关注和调查研究也很不足。国外学者对当代西藏造像业现实发展与造像艺人群体的研究仍付诸阙如。

三、课题的研究视角

此项研究试图通过调查研究当代西藏造像艺人职业行为的变迁，来发现市场经济发展对西藏当代社会结构与社会行为变迁产生的影响。通

---

① 袁凯铮:《西藏东部藏传佛教铜佛像制作工艺研究》，北京科技大学博士论文，2010;《西藏中部铜佛像制作工艺传统的转换——从尼泊尔传统到昌都传统》，《西藏研究》2011 年第 4 期;《西藏传统铜佛像制作工艺的另面观察——基于清宫活计档案记录的讨论》，《西藏研究》2013 年第 1 期。

② 袁凯铮、李晓岑:《云南德钦藏族传统铜佛像熔模铸造工艺调查——兼论藏族传统失蜡铸造法的存在》，《中国藏学》2009 年第 2 期。

③ 李晓岑等:《西藏铜佛像制作“昌都工匠群”的考察》，《中国藏学》2010 年第 3 期。

④ Reedy C. L., *Modern statues and traditional methods*: *a casting workshop in Chamba*, Himachal Pradesh. Expedition, 1987 (3): 47-54; Michaels A., *The making of a statue*: *lost-wax casting* in Nepal. Stuttgart: Franz Steiner Verlag Wiesbaden Gmbh, 1988.

过将以往对民族手工业的研究与关于社会变迁的研究相结合，对西藏社会转型与变迁的微观过程提供个案研究的支撑。特别关注西藏经济结构变动对社会结构与社会行为的影响机制。

关注藏传佛教伦理与西藏市场经济发展的契合性。西藏的藏族佛教造像艺人本身就是藏传佛教信徒，其所从事的造像业与藏传佛教的教义和伦理有着非常密切的关系。当这些手工艺人面对市场经济与佛像产业化发展的现实时，如何协调和处理藏传佛教伦理与市场经济规则之间的关系就变得非常具有学术研究意义。

四、研究方法与调查过程

案例研究方法。选取西藏佛像产业化发展中的典型案例，研究民间佛像制作作坊与企业的产业转型机制及其对造像艺人群体职业行为变迁的影响。

比较研究方法。比较法是一种普遍的行之有效的研究方法。本课题的研究对象及内容决定了比较法对本课题研究具有重要作用。本项研究对西藏造像业及造像艺人与唐卡业和唐卡艺人的职业行为变迁进行了初步比较研究。

座谈和访谈方法。针对拉萨这一典型的佛像制作集中地区，本课题以座谈和访谈形式对佛像制作技艺传承人、普通手工艺人、佛像产业经营者及地方专家进行了调查访谈。

本项研究于2014年夏季先期在拉萨进行了预调查研究，对拉萨市内主要的佛像制作区域及佛像营销区域进行了摸底调查，对拉萨和日喀则两地的个别典型案例进行了初步访谈。2015年所级课题立项后，笔者先后两次到拉萨进行了实地调查，对位于西藏达孜县的重点造像企业进行了实地考察了解，对个别代表性造像艺人做了长期跟踪访谈调查。

五、主要研究内容

（一）历史上的西藏造像艺人与职业行为模式

目前西藏拉萨地区的造像艺人主要分为三大群体。一是拉萨及附近地区原有的造像艺人群体，也包括早些年从昌都地区迁徙到拉萨地区的造像艺人；二是改革开放以后特别是近些年从昌都地区迁入拉萨的造像艺人群体；三是从内地省份迁到拉萨的汉族造像艺人。此外历史上在拉萨还存在一些尼泊尔造像艺人，但目前没有见到。

从造像艺人职业行为涉及的领域看，一般可分为三个主要方面。一是技艺传承，二是佛像制作，三是经营管理。传统上西藏地区的佛像制作分为不同的地域中心，如后弘期初期阿里古格地区的鲁巴村，以及元代萨迦寺等后藏地区的造像中心；明代山南地区桑日县丹萨替寺造像中心，清代拉萨雪堆白和日喀则扎什伦布寺及南木林县孜东地区的造像中心等。上述造像中心的出现，明显与当时地方宗教势力的发展程度紧密相关，可以说，每个时代的政教中心附近都必然伴随着佛教造像中心的出现。入清以后，随着西藏甘丹颇章政权的发展稳固，以拉萨和日喀则为中心的城镇化造像中心的兴起，逐渐导致其他小规模地域性造像中心的衰落，历史上的辉煌早已不在。但西藏昌都地区，特别是昌都县嘎玛地区的铜佛像造像业一直十分兴盛，有着悠久的历史传承，当前拉萨佛造像艺人可以说大部分都是来自昌都的艺人群体。

在造像技艺传承方面，西藏传统造像业以家族式师徒传承为主，一般由师傅将造像手艺传给儿子或侄子等近亲属。在技艺传承中比较注重核心技术的保密，不能轻易传给外人。这种情况与尼泊尔帕坦地区佛造像行业的情况非常类似，属于传统行规。这种“传内不传外”的规矩也更加促进了造像中心形成地域性传承的格局。这种规则直到今天仍有很强的影响力。只是在今天随着传统造像艺人观念的变化与政府非遗保护传承等相关政策的介入，才促使造像技艺传承的范围不断扩大。

在佛像制作领域，佛像作为藏传佛教体系中最重要的宗教供奉和信仰依祜对象，其所承载的神圣性与宗教性特质决定了造像量度法则需要造像艺人严格遵循。在大约13世纪由梵文翻译为藏文的《造像量度经》里，提到“身像量度若不准，反为群魔所依住”，“面型若不合经论，施主气数将衰亡，若照经论塑面庞，佑护亲友也安康”①。过去，造像艺人和学徒学习佛造像，首先需要背诵《造像量度经》。上述经文中的警示性话语对深受佛教影响的藏族造像艺人具有很强的约束力，可以促使造像艺人主动遵循量度法则。扎雅活佛也提到，“在制作造像时，要严格按照造像量度经去作，不得有误，否则艺术家因制作艺术品而获得的功德会因错误的尺度而丧失殆尽。另外，粗糙和比例错误的造像还会削弱信徒对佛法的忠诚，其后患无穷”②。也正因如此，西藏历代制作的佛像普遍都十分精美，绝少粗制滥造之作，制作的整体水平都远在今天之上。当然，造像量度法则随着时代发展也不断丰富和细化，所以越到后期的造像作品，越趋向于统一和精准的造像比例。

（二）当前西藏造像艺人职业行为的变迁

当前西藏佛造像业的总体情况已经发生了很大改变。虽然佛造像领域不少方面仍然坚持传统做法，但市场经济条件下的造像艺人职业行为与传统政教合一制度下的行为已经存在根本的区别，以下以案例的形式说明。

1. 技艺传承

（1）技艺传承模式。当代拉萨造像技艺传承仍然以家族式传承为主，但传承范围向家族外扩展的趋势正在形成。如10年前由昌都地区迁到拉萨的加央才让造像家族，拥有一个典型的造像作坊，目前共有工匠27名，其中除了5名以外，均是加央才让的儿子或亲戚。另外，据加央才让说，在其所有亲属中，除了一名亲戚在国家单位工作以外，其

① 中国少数民族古代美学思想资料初编编写组：《中国少数民族古代美学思想资料初编》，四川民族出版社，1989年，第366、348页。

② 扎雅著，谢继胜译：《西藏宗教艺术》，西藏人民出版社，1989年。

他所有的都在造像。这是典型的以家族为核心组织起来的造像群体。在加央才让的三个儿子中，大儿子索朗吉美是从他舅舅（现在在昌都）那儿学的造像工艺和技术，那位舅舅是从他父亲（现在已过世）那里学的技艺。他的其他两个儿子是跟其大儿子学的造像技术，加央才让本人则是从他父亲那里学的造像手艺。就这样，造像技艺通过父传子、舅传甥，代代相传，家族式地加以传承和发扬。

与此相对，来自拉萨市达孜县的罗布占堆造像家族，因为从2012年起就开始进行公司化经营，在原有家庭造像作坊基础上，成立了“西藏罗占民族手工艺发展有限公司”，并入驻了达孜工业园区的农牧民创业园。在技艺传承方面，该公司早已突破了家族界限，广泛招收当地甚至日喀则等地的年轻人学习造像技艺。其中一些学徒后来成为公司的员工，另一些则自立门户进行佛像制作。因为该公司实力强，订单非常充足，也不会担心造像技艺外传对公司业务造成竞争压力。

（2）技艺传承方式。总体上，造像领域仍按照传统师徒式教授方法传授技艺，现代学校式的造像技艺传授还未形成气候。如加央才让的三个儿子都差不多只上了四五年的学，受过几年的教育以后就回家继续传承家族的佛像制造传统。语言能力方面，三个儿子的汉语能力都比较弱，其中大儿子的汉语沟通能力稍微强一些。因此，不论是从受教育水平看还是造像技艺初学年龄看，都呈现出明显的传统特征。但加央才让作坊主对自己孙子的态度有所不同，他计划将来把孙子（目前4岁）送到正规学校受教育。家人将会根据他学习成绩的优秀与否给他做不同的抉择。如果他成绩很优秀，让他继续接受高等教育，如果学习成绩不理想，或者没有学习的兴趣，就会让他停止学业并回家学造像技艺。加央才让（12岁开始上学，接受了两三年的藏语教育）尽管是非常坚持传统的造像艺人，但仍然认为，“学造像工艺，首先要接受教育，不接受教育，造像工艺也学不好，造出来的佛像也不够档次”。加央才让已经认识到，只懂造像技艺，不懂造像理论是有缺陷的。再如拉萨高等师范学校的雕塑专业，学生学完专业理论课后，在技艺学习实践方面，仍然全部是聘请民间造像艺人按照传统的方法来教授，完整的学校教育体系尚没有形成，更不可能短时间内替代传统的技艺教授方式。

2. 佛像制作

（1）传统造像方式。昌都造像艺人群体习惯于使用锤碟法①造像，几乎不做铸造；拉萨本地造像艺人以锤碟法造像为主，也兼做铸造佛像；内地进藏造像艺人则主要做铸造佛像，极少做锤碟佛像。不同的造像方式也对应不同的消费群体，如锤碟法主要制作大型佛像，接受西藏等地和内地的寺庙订单，且有的造像企业因为寺庙订单非常充足，基本不会接受个人订单。铸造佛像一般体量小，制作精美，订单既来自寺庙也来自僧俗个人。

关于造像仪式，传统认为“泥塑造像和金属雕刻……有着相当严格的制作程序与规定，创作之前必须先举行一定的宗教仪式，包括咏诵经文、奉献贡品或给穷人发放布施。上师（喇嘛）要为艺术家、制作场地、所使用的材料及工具等祈祷，其目的是要使宗教神性，进入艺术家的心灵及材料工具之中，以保证艺术品的神性②。这类宗教性仪式在加央才让的造像作坊里仍然可以见到。

加央才让认为，“佛像代表的是宗教价值的某种象征物，因此造像时必须要特别地小心翼翼，必须进行一定的宗教程序、宗教仪式（点燃酥油灯、祈祷等）。通过这样的过程打造出来的佛像，已经被赋予了很高的宗教能量和宗教价值。若不经过这类仪式，或者造出来的佛像不太理想，我们的心里就会产生残缺感甚至是罪恶感，会产生一种观念，即对后世、后代都会有恶果”。

这样的仪式代表了传统造像过程中的一道重要和必要的程序，但外在环境的改变也必然会改变这类仪式的地位和形式。即便是加央才让这类非常传统的造像艺人，其所坚持的宗教仪式同历史上的相比也已改变了不少，而公司化的造像企业就很难坚持传统的仪式了。

（2）新型造像方式。西藏传统的铜佛像铸造法是翻砂法，而中国内地和尼泊尔主要使用失蜡法铸造佛像。2012 年以来，从内地到拉萨

① 一种通过将铜皮锻打焊接做成的佛像，与翻模铸造法不同。

② 扎雅著，谢继胜译：《西藏宗教艺术》，西藏人民出版社，1989 年。

定居的高山师傅，将早年于广东台资企业中工作时学到的精密铸造失蜡法技术运用到佛造像行业中，使西藏佛造像行业出现了更高级的现代技术。在此基础上，高山师傅还计划引入更先进的美国塑像复制技术，以实现高端复制佛像在拉萨的生产制作。

近年来3D打印技术已经相对成熟，但在佛造像领域还没有大规模普及。拉萨醍醐艺术公司已经引进了3D打印设备，可以接受打印佛像的定制。在2015年9月举办的第二届西藏旅游文化国际博览会上，该公司现场展示了佛像的3D打印技术。该公司的联合创始人之一是一位藏族人，负责3D打印技术的技术主管也是藏族人，该企业具有很强的西藏本土化性质，又与台湾相关机构合作举办过艺术展览，具有较强的市场开拓能力，他们可以说是最新型的西藏造像艺人。

来自四川甘孜州德格县的造像艺人向巴擅长使用传统铸造方法进行高端仿古造像的制作，这是在国内外藏传佛像收藏热兴起后产生的新兴业态。向巴不仅制作佛像，也接受各类佛教法器的定做。由于做高仿需要的铸造技术要求很高，工艺既要精美，又要尽量模仿古代造像技艺，所以难度较大。这类造像主要使用传统失蜡法，造像制作相对隐秘。

（3）专业化分工。传统上西藏造像行业就存在专业分工，这种分工包括雕塑、翻模、铸造、打磨錾刻和鎏金上色等不同工种，但基本都属于同一作坊内的不同人员分工。当前出现的新兴现象是专业化配套服务公司开始产生，如专门的佛像鎏金镀金服务企业和作坊已经出现。例如，位于拉萨市郊的吴琼专业佛像鎏金公司，是目前西藏最大的专业鎏金企业之一。公司创办人吴琼的师傅曾在拉萨民族手工艺厂工作过，他不仅掌握西藏传统鎏金工艺，还自己摸索出了一套结合现代工艺的镀金技术。老先生的两位徒弟（包括吴琼）目前分别在拉萨和日喀则从事鎏金和镀金业务。吴琼的公司只接受鎏金和镀金业务的订单，不直接制作佛像，且与其他造像作坊形成了良好的业务合作关系，成为造像产业链上的配套服务企业，显示出作坊间或公司间形成了稳定的分工关系。

加央才让曾说，“鎏金这个环节是托付其他的工匠或作坊来完成的，而不是在我自己的作坊里完成，这么做主要是因为佛像订单多，鎏金又需要花费很多时间，所以忙不过来”。很显然，这种分工方式就是专业化的市场分工。在订单充足的情况下，每个作坊都可以通过这种分工实现生产效率的提升，获得双赢，这是传统造像业适应市场经济机制的一种典型表现。

3. 经营管理

（1）家庭作坊式。市场经济条件下，作坊或企业的经营管理是造像艺人必须面对的工作。包括接受订单、商定价格、人员分配、工资发放等各方面的统筹协调。

佛像的价格主要是随行就市，都有比较固定的市场价格。具体到每一尊佛像的价格，因它的大小、高度、材质的不同而不同，还有与造像用的铜是否客户自带也有关系。如果铜是客户自己准备的，价格就便宜一些，反之亦然。就2013年的情况，按照一般的标准，加央才让作坊造一个一米高的佛像，应该有两种价格，一种价格是一万五千左右（铜是客户自备）；另一种是两万左右（铜不是客户自备）。这价格里面不包括鎏金的费用。罗占的公司价格就更高一些，说明定做价格与造像艺人的名气等也有较大关系。

造像作坊一般会根据订单情况，把作坊的员工分派到不同的地域进行造像。由于寺庙定做佛像一般尺寸较大，运输不便，造像艺人只能到寺庙所在地进行塑像。或由于不同地区有不同的市场需求中心，作坊主也倾向于更均衡的分布造像人力资源，以实现更大范围的市场份额占领。如2012年玉树地震之后，玉树寺庙重修导致产生大量佛像定制需求。2013年加央才让便在玉树设立了分作坊，派19名工匠去玉树制作佛像，在拉萨仅留8名工匠。加央才让坦言，“工匠的工作在不同地区的分配，是由订单的多少和工作量的大小或者市场需求来决定的，哪个地方的市场需求高，大部分工匠就被安排到那个地方”。罗占公司的造像艺人甚至会到内地和沿海地区完成大型佛造像工程。所以，造像艺人向拉萨的集中并不会消除艺人再次向西藏其他地区甚至全国各地分散的趋势，拉萨在这一过程中恰好发挥了信息与人员集散中心的功能。

在工资发放方面，作坊主加央才让主要根据工匠的技术高低差异来发放，技艺最高的每天付工资600元，最低的一天100元，还有每天200—300元的。可见技艺水平的差异成为收入分配的唯一标准。从工资水平看，造像艺人在拉萨也算是收入较高的群体。

（2）个人式制作式。内地进藏定居的高山师傅是个人制作式的典型代表。高山师傅的佛像雕塑技术非常全面，他曾经学习过内地、西藏和尼泊尔三地的造像技术，造像的不同工种基本都可以胜任，特别是其泥雕和翻模技术堪称一流。具备这样的技术实力但仍然只进行个人造像的在拉萨极少。根本原因在于高师傅的造像作坊一直缺乏资金投入，虽然他注册了个人的造像公司，但规模和实力还比不上一般的家庭作坊，也不像当地藏族造像艺人那样能够接到大量寺庙订单，因此日常经营就举步维艰，仅能靠一些私人小订单来维持基本生计。相反，罗占公司的订单则已经排到了3年之后。从宗教法度方面看，尽管高师傅是多年的藏传佛教信徒和密宗修行者，宗教造诣远高于其他藏族造像艺人，所塑佛像也非常注重内在精神表达与外在量度法则，但这也没有为他带来大额的订单。可见，在市场经济条件下，仅仅靠技艺高超和宗教性强并不能立刻打开市场，资金实力、造像艺人的名气、社会资本和政府的相应扶持等往往发挥着更重要的作用。

（3）家族企业式。造像作坊发展到一定阶段，为了进一步扩大规模，特别是便于开拓区内外市场，获得政府相关政策支持，就能由作坊向正式注册的公司转型，这种转变很多时候是在当地政府的鼓励和支持下完成的。如日喀则地区很多从事手工业的家庭作坊在政府支持下变成了地方的中小企业。罗占公司就是造像领域的典型案例，从达孜县白荣村一个家庭作坊不断成长为拉萨最大的造像企业之一。

新型的家族式造像企业与传统作坊的区别主要是以下几点：

一是企业创办者的头衔发生了根本变化，也意味着其身份认同开始发生变化。如原来的作坊主罗布占堆现在的正式头衔是西藏罗占民族手工艺发展有限公司董事长、中国工艺美术大师、非遗锻铜技艺传承人、西藏工艺美术协会副会长。已经是包含了企业组织、社会组织、荣誉头衔和技艺等级评定的多元化身份。拥有上述身份的造像艺人与传统作坊主已经有了本质区别，尽管其所从事的工作差别不大。在罗布占堆的名片上还出现了秘书的电话，虽然这位秘书就是他的亲弟弟。由于汉语不好，罗布占堆在处理对外交往联系事宜时都由其弟弟负责，而其弟也很好的扮演了董事长秘书的新角色。这也是作坊制向公司制转型过程中的一个典型表现。

二是居住与生产的相对分离。造像作坊通常是造像艺人在自己居住的家中开办，居住与生产在空间上并不分离。但罗占的造像公司则不同，公司位于拉萨郊区的工业园区，占地面积较大，也具备居住设施，但主要是公司内的普通造像工匠居住。罗布占堆平时基本在拉萨市区的家中居住，靠私人汽车在住家与公司间通勤，实现了居住与生产的分离。这种空间的分离也显示着功能的分离，是传统经营模式到现代经营模式的根本转换。

三是个人创作与申请专利。传统上造像艺人只接受订单，不会自己专门创作佛像。罗布占堆则不仅有属于自己的创作型佛像作品，还将自己专门塑造的佛像申请了国家专利，以保护知识产权。这在传统造像作坊中是无法想象的。尽管是在政府相关部门的引导和支持下才在内地申办的专利，但脱胎于传统造像作坊主的罗布占堆事实上已经接受了专利这样一种产权保护方式。因为个人创作作品经常要拿去参加各种公开的展览会，存在被其他人模仿复制的可能性，申请专利可以在一定程度上避免这一点。尽管公司管理者认为目前为止还没有发挥出作用。

四是产品与工艺创新。尽管罗占公司的佛像订单已经排到了后年，但罗占与其两个弟弟仍然在思考进行产品创新。一个正在试验中的创新产品就是制作浮雕式铜制唐卡。他们试图通过平时使用的锻铜技艺在铜皮上敲出类似唐卡的佛像图案。这一雕塑与唐卡相结合的产品目前还从未在市面上见到，可谓别出心裁，显示出造像方面的创新能力。在工艺方面，除了必须手工锻造的部分，在抛光等其他工序，罗占公司已经采用机器来替代传统的人工，以提高生产效率。而作坊主加央才让则没有使用任何机器，对使用机器造像也并不表示认同。

（三）职业行为变迁产生的原因与影响

通过上文分析可知，当代西藏造像艺人职业行为变迁的新兴趋势是技艺传承的非家族化，造像制作过程的专业分工化、高技术化、艺术品化，生产经营组织的企业化及造像艺人身份的多元化。

1. 原因分析

导致这一新趋势的根本原因在于当代西藏整体经济结构的根本转型使得社会结构与社会行为发生相应的变迁。这种变迁体现在西藏城乡各行各业从业者的日常生产和生活中，造像艺人只是其中的一个典型缩影。近30余年来，市场经济规则的普及和新经济业态的引入，导致西藏始终处于一个传统经济结构瓦解和新经济结构重构的过渡状态中。宏观结构性因素在微观上的表现就是，西藏的造像艺人、唐卡艺人等传统职业群体价值观念与社会行为模式不断改变。西藏职业群体行为模式的改变来自于对西藏之外的现代经验的不断模仿、学习和掌握，而这种模仿、掌握和接受现代市场经济的运行法则的程度越深，则现代经济结构对传统藏族社会深层结构的侵入就越深。这样一种经济—社会的互动效应，还会随着西藏经济市场化程度的提升而产生加速的趋势。未来，市场经济对西藏传统行业的改造会更加如火如荼地展开，甚至会借助互联网＋的形式，产生出植根于西藏本土的新兴业态。正如本研究中涉及的几位造像艺人，几乎都在很频繁地使用自己的微信，并尝试在微信上进行产品营销。

政府政策引导。在当下的造像艺人职业行为变迁中，除了市场与经济方面的主要原因外，来自政府方面的政策引导与扶持也发挥了重要的辅助作用，并在一定意义上加快了变迁的进程。如政府对民族手工业企业的扶持，对非物质文化遗产保护方面的扶持，对工艺美术大师的评定以及相关工业园区的建立等。这些政策的实施会促使部分希望发展转型的传统作坊努力改变自身，以适应现代市场经济条件下的企业标准，以获得更大的发展空间。造像艺人的职业行为在此种情况下就必然会发生重大的变迁了。

2. 影响分析

西藏造像艺人职业行为的每一个微小变迁都有其重要的社会意义，都不能忽略，因为任何宏观上显著的社会变迁都是在微观社会变迁的不断积累后形成的。考察微观上社会行为的变迁也是发现和总结西藏社会变迁一般规律的重要途径。从造像艺人的角度看，职业行为的变迁可能会加快西藏传统佛教造像业的转型升级和产业化发展，也可能会从民族手工业、文化艺术产业、高新技术产业等不同的方面发展出新的业态。造像艺人的身份也会更多地从作坊主向企业家、非遗传承人、雕塑艺术家、新兴创业者等转变。但更重要的是，在这一过程中哪些发生了改变，哪些一直保持不变；哪些方面首先发生了改变，哪些方面陆续开始改变；哪些职业群体容易改变，哪些群体会拒绝改变等等。如果在持续不断的研究中，在越来越多的领域掌握上述反映西藏社会变迁的基本情况，将来就可以归纳分析。在经济社会转型期，西藏社会的变迁有其很明显的本土特色，会遵循一些基本的规律，社会变迁中的个体会通过个人的行为选择来影响整个变迁的方向和路径。

3. 造像业与唐卡业的比较

佛造像与唐卡绘画是西藏传统社会中长期存在的两类手工技艺活动，因为与宗教的密切关系，促使造像艺人与唐卡艺人群体传承不断，成为西藏传统民族手工艺人中的典型代表。但这两个行业的发展以及这两个群体的社会变迁情况却不尽相同。

（1）市场化程度不同。唐卡业发展起步早，特别是通过近些年的快速发展，已经形成了包括各类业态、各种规模的市场主体结构，唐卡艺人已经可以较为熟练的运用市场规则处理日常经营中的问题，同时，唐卡艺人面对的更多是西藏和内地的私人订单。唐卡特别是中高端以上的唐卡，需求人群中以收藏者为主，整个行业由宗教到世俗化的变迁趋势非常明显。反观造像业，传统作坊业态仍在数量上保持了多数，经营业态构成简单，保留的传统民族手工业色彩浓厚，造像艺人对市场经济的驾驭能力低，市场需求主要来自寺庙，民间私人的佛像定制很多是靠尼泊尔佛像和内地佛像来满足。

（2）艺术化程度差距大。如今的唐卡已经被当做西藏传统绘画艺术来看待，每年都会举办大量的唐卡艺术展览，召开唐卡艺术的学术研讨会议，并形成了稳固的当代唐卡艺术爱好与收藏群体。一批内地进藏的唐卡绘画学习者目前已经开始在北京、上海等大城市传授唐卡绘画技艺。相反，当代佛造像还主要是作为宗教供奉品被定制，远远没有被认为是雕塑艺术品。举办的佛像雕塑艺术展览或研讨会也极少。国内还没有形成成规模的当代佛像雕塑收藏群体，即使有个别艺术收藏者，也主要收藏当代的尼泊尔佛像。这与西藏古代金铜佛像大受艺术市场的追捧形成了极为鲜明的反差。

（3）政府扶持力度差距大。西藏唐卡业近几年的快速发展离不开政府相关部门的大力推动，从产业发展规划制定、展览举办、企业扶持、行业协会的成立以及唐卡标准的制定、非遗保护等各方面，处于全面推进的局面。而对造像业的扶持力度则小得多，西藏还从未举办过专门的造像艺术展览，而全区的唐卡艺术展已经举办了六届，有政府资助唐卡画师参加的内地唐卡展览更多。

唐卡与佛像行业发展的巨大差距，根源并不在西藏和其他涉藏工作重点省，而是在于内地市场。唐卡因其属于绘画门类，每一幅手工绘制的唐卡都有其唯一性，在内地更容易被接受为艺术品，而且是一种产自西藏等地的独特艺术品，受众群体和市场需求都比较广。佛像雕塑，因为其制作是可以通过翻模来进行批量复制，在内地主要被看做是宗教用品，很难被认同是艺术品。无法进入艺术市场，就会导致当代的佛造像主要在传统宗教市场内部封闭运行，其市场化程度和产业化发展进度都大受影响。

六、结论与不足

从上文的研究分析可知，目前，西藏的造像业已经呈现出从传统民族手工业向现代产业过渡和转型的某些趋势，并已有一些造像艺人开始在该领域不断探索。这种行业的转型和变迁也体现在造像艺人职业行为的变迁上，具体包括技艺传承范围的向外扩展；造像制作过程的专业分工化、高技术化、艺术品化探索；生产经营组织的现代企业化，居住与生产空间的分离及造像艺人身份的多元化等。这一重要的转型过程虽然刚开始不久，但它是当代西藏经济社会整体转型过程中的一部分，对未来藏族造像艺人的职业行为与社会关系会产生巨大的影响，这种产生影响的内在机制能够反映出西藏内生型经济发展的基本特征，能够体现出藏传佛教伦理与现代市场经济规则之间的碰撞与融合，能够显示出藏族造像艺人参与市场经济的微观过程、取得的成就和面临的挑战。

本项研究由于经费和调研时间的限制及研究者水平的局限，仍存在很多不足。如对西藏当代造像艺人群体的社会变迁过程尚无法展开更加深入细致全面的调查和研究，在实证研究与理论运用的结合方面仍有很大的提升空间，这些将是未来笔者继续在该领域进行深入研究的重要方向。

职业行为变迁与唐卡实践*

——西藏唐卡画师群体追踪研究

李　健

大约从2010年开始，西藏自治区的唐卡产业进入由政府和市场共同推动的快速发展时期。2011年，笔者对西藏唐卡画师群体进行调查研究，发现市场经济与西藏传统手工行业的结合发展成为新趋势。2016年，笔者运用社会学追踪研究的方法，通过对原被访唐卡画师进行重点追踪调查，梳理被访画师五年来生命轨迹和职业行为变迁的路径，分析判断唐卡画师在唐卡的市场实践过程中的总体趋向，发现唐卡画师在参与了唐卡产业化的市场实践后，根据亲身体验，已经具备了一定的自我反思能力。追踪调查的阶段性结果显示，西藏唐卡画师在参与市场经济的实践过程中，通过不断调整和创造新的价值理性，来寻求一个在宗教信仰、职业传统、市场实践和日常生活之间多元平衡的行动逻辑，市场经济和商业伦理并没有发挥一种决定性的作用。分析其背后的原因，既与唐卡画师群体所保有的历史传统和宗教信仰有关，也与其市场实践经历、文化自觉意识及社会关系网络密切相关。

* 本论文是作者2016年9月参加第二届中国唐卡艺术节高端论坛的会议论文。

一、研究思路与背景

1. 研究思路

本项研究的总体思路是，意图通过对特定职业群体的长期追踪调查来观察西藏的经济与社会变迁。这一研究思路需要首先选择一个合适的职业群体作为观察和研究的对象，其中唐卡画师群体就是非常适于跟踪观察和研究的对象。西藏的唐卡画师群体既是一个绵延上千年而未断绝的特殊职业群体，又是当前西藏社会、宗教、艺术、市场、国家、族群等多元力量之间的复杂连接点。

从历史传统看，西藏的唐卡画师群体因其悠久的传承历史而产生了诸多的行业文化和行规制度，具有相对稳定成熟的绘画模式与绘画技艺传承方式。从宗教信仰角度看，唐卡画师日常绘画实践中与藏传佛教的相关教义、仪轨、理念、修法传承等均有密切关系，一般来说，唐卡画师在藏传佛教领域的知识较为丰富，同时受佛教文化的影响也更加深入。从市场经济角度看，自从上世纪 90 年代以来，唐卡的商业化定做和销售兴起，已经大大改变了传统的唐卡定制和流通模式。从民族文化角度看，随着非遗保护意识的深入人心，唐卡绘画作为西藏一项杰出的民族传统文化艺术形式，已经受到越来越广泛的关注，逐渐成为西藏文化的重要符号之一。从群体规模看，西藏整个唐卡画师群体大约拥有数千人的规模，相对于长期跟踪调查的需要来说，是一个适中的群体规模。

2. 研究背景

以 2010 年西藏自治区举办首届唐卡博览会为标志，西藏自治区的唐卡产业进入由政府和市场共同推动的快速发展时期。2011 年，笔者对西藏唐卡画师群体在唐卡产业化发展过程中的职业行为变迁进行了调查研究，发现画师群体具有在宗教、艺术和市场等多重行动逻辑之间寻求多元平衡的意愿，唐卡画师的职业行为同时受宗教、艺术和市场三者的影响和制约。2016 年，市场经济在西藏的发展更加成熟，影响更趋扩大，市场经济与西藏传统手工行业的结合发展成为新趋势。在此背景下，唐卡画师群体的职业行为变迁是否更多受到市场经济的决定性影响，成为一个值得进一步探究的问题。通过对5年前（2011年）被访画师的回访调查，可以总结发现西藏唐卡画师群体职业行为变迁中存在的规律性特征。

3. 研究视角与问题

过去30年来，关于西藏发展与藏族人参与市场经济实践的研究，主要有以下一个发展脉络。上世纪80年代中期，以王小强、白南风等学者为代表，在调查研究西部落后地区的贫困与发展问题时，基于对整个社会经济结构和社会基础结构进行的分析，提出一个核心观点，即认为人的素质差是西部落后地区经济难以发展的根本原因。这里的“素质”“特指人从事商品生产和经营的素质”①，其中包括商品经营意识差，思想观念保守，进取性差，参与市场经济发展的能力和意愿不足等。如认为“与发达地区相比，落后地区农村居民普遍存在着进取不足而守成有余的明显特征”②。这种个体主义的解释具有广泛的影响，直到今天仍然盛行于西藏从官方到民众的认识中。

2000年以后，朱玲等人着重就西藏和其他涉藏工作重点省农牧户如何适应市场化的社会经济环境，改善资源配置，进入市场并提高收入进行了研究，并质疑王小强、白南风等人的观点，认为西藏等地“之所以经济社会发展速度比较缓慢，并不是农牧民‘观念落后’或行为非理性的产物”。那些看起来足以印证农牧民观念落后的行为，实质上来自个人对风险的厌恶……但都是理性的行为③。朱玲等学者的研究，明确抛弃了王小强、白南风等人关于西藏农牧民参与市场经济能力差的观点，认为主要是公共服务基础差导致西藏发展缓慢，西藏农牧民并不缺少参与市场经济的意愿和能力。如认为，“所调查地区的农牧民身上

---

① 王小强、白南风：《富饶的贫困》，四川人民出版社，1986年，第56页。

② 王小强、白南风：《富饶的贫困》，四川人民出版社，1986年，第59页。

③ 王洛林、朱玲：《如何突破贫困陷阱——滇青甘农牧藏区案例研究》，经济管理出版社，2010年，第8页。

存在着一种明显的、广泛的学习过程。他们正在冲破各种传统的枷锁，不断适应着市场化的社会经济环境，把传统的理性行为转化为适应市场环境的理性行为"①。

总结前人的研究，发现在引入过程性的视角之后，近30年来，一方面，西藏农牧民参与市场和商业活动的意愿与能力都有明显提高，呈现出"扩散模式"的效应，而另一方面，农牧民"观念落后"阻碍经济发展的说法在西藏仍然到处盛行。如何来解释这一对看似相互矛盾的观点呢？也就是说，在当前剧烈的社会变迁背景之下，西藏本土的宗教文化传统对当地人参与市场经济活动到底会产生何种影响？当地人是否会从传统行为模式完全转向适应市场环境的理性行为？市场经济的行为逻辑和伦理价值在何种程度上被西藏当地人所接受？从理论意义上看，对这一问题的回答将有助于拓展传统的关于"理性人"概念的界定；从现实意义上看，研究上述问题对判断当前及未来西藏社会变迁的总体走向趋势具有十分重要的意义。

4. 研究对象与内容

前人的研究主要关注西藏的农牧民，但就研究问题所涉及的不同面向而言，唐卡画师群体是一个更为合适的研究对象。尽管农牧民与唐卡画师是两个不同的职业群体，但除少量的出身城镇家庭的画师之外，当前西藏唐卡画师群体主要均来自西藏等地区的农牧民家庭，共享同样的宗教文化背景，所受的现代学校教育时间普遍并不长，与农牧民家庭仍保持有较密切的联系。因此，调查研究唐卡画师群体的职业行为变迁，对考察西藏当地人参与市场实践的方式是有效地且可行的。

本文重点将对最近五年来西藏唐卡画师的市场实践、职业变迁及其背后的原因进行分析论证。对唐卡画师的"职业行为"的划分主要包括以下四个主要部分：（1）唐卡画师的技艺传承实践，主要包括唐卡绘画技艺的传承方式及年轻唐卡绘画人才的培养；（2）唐卡画师的艺术实践，主要包括依据传统的或现代的艺术创新理念进行的唐卡创作行

① 王洛林、朱玲：《如何突破贫困陷阱——滇青甘农牧藏区案例研究》，经济管理出版社，2010年，第22页。

为；（3）唐卡画师的宗教实践；（4）唐卡画师的市场实践，主要包括画师通过创办公司或通过其他方式与唐卡市场的对接过程；（5）唐卡画师的日常生活实践，主要涉及画师个人将唐卡绘画作为一种日常生活的方式，从中发现对唐卡绘画过程的体悟与认知；（6）唐卡画师的跨文化实践，主要指内地汉族人进藏学习唐卡绘画并成为画师之后的唐卡绘画实践。上述6个方面是当前唐卡画师职业行为的主要方面，也是考察其职业行为变迁与实践的6个主要维度。

二、田野调查

社会学的研究方法在考察职业群体变迁的研究中具有很高的应用价值，特别是追踪研究，一直是社会学研究中所倡导的历时研究中的一个重要类型。本文即试图运用历时研究这一方法来勾勒唐卡画师群体随时间的纵向变化情况。

笔者第一次针对唐卡画师群体的田野调查集中在2011—2012年，调查地点涵盖了西藏拉萨、昌都、日喀则等地区以及青海、四川等地，共访谈画师80余人。调查研究结果显示，唐卡画师群体职业行为发生重要分化和变迁，职业行为中的多重行动逻辑并行，价值冲突与多元平衡的尝试开始出现。

2016年，笔者运用个人生命史的研究方法，通过对原被访唐卡画师进行重点追踪调查，梳理被访画师五年来生命轨迹和职业行为变迁的路径。此次针对唐卡画师的追踪调查主要集中在2016年4月和6月，地点集中在西藏拉萨，旁及阿里地区。此次追踪调查采取寻访首次调查被访画师的办法，目前已追访画师17人，并努力涵盖不同画派、地域、年龄段的画师。

在具体的资料收集方法方面，仍然主要使用深度访谈法、观察法等常用方法，并特别注意“投入理解法”的使用。此外，在历时研究中，对前后两个时期画师的唐卡绘画作品进行比较分析，也是把握画师群体职业行为变迁的一个重要途径。

追踪调查显示的总体趋向是，唐卡画师在参与市场实践过程中，不断创造新的价值理性，实践多元平衡的行动逻辑，而非完全去拥抱市场。唐卡画师有自己的主见，而不是随波逐流。这也充分印证了笔者5年前调查所得出的结论，同时又有一些新的趋势开始出现。因此需要反思，如果把唐卡变成一项纯粹的产业，或仅仅理解为一个发展经济、增收致富的途径，而忽视了其历史传统、精神内涵、传承方式、宗教信仰，那么就与唐卡所蕴含的精神价值相悖，也将难以持久。

三、案例分析

（一）唐卡的技艺传承实践

案例一：画师C——绘画技艺传承的扩大化追求

画师C，1978年生，四川阿坝州松潘县人，勉唐派，2012年出师，西藏自治区一级唐卡画师。

2012年在拉萨建立“唐卡艺术中心”，注册为企业，但主要致力于培养优秀画师、传播唐卡文化和研究唐卡历史。

2014开始到目前，用所有积蓄和贷款，在老家四川阿坝州某地筹建公益性唐卡绘画学校，希望培养当地唐卡画师人才。

积极投身西藏绘画历史研究，2015年参加了相关学术会议。

如果从企业发展的一般市场规律看，在有了初步的资金积累后，应该去投资扩大再生产，或在宣传推广方面加大投入，提高产品的知名度，扩大影响力，增加销售额。但从画师C的职业行为和执业方式看，核心的目标追求显然不是提高企业的盈利能力，而是希望将在拉萨成功实践的画师培养模式移植到家乡的村落里，以便为家乡的孩子们提供免费学习唐卡绘画的机会，从而实现追求社会效益最大化的目的。因此，最近5年来，画师C所办的企业始终不是一般意义上的企业，而是某种“社会性企业”，其追求的目标并没有因为参与到市场经济中就转变为经济性目标。

案例二：画师 S——从合作到分离

画师 S，1980 年生，昌都人，勉唐派，小学，西藏自治区一级画师。

2011 年时与某县职业中学及一家大型唐卡企业进行三方合作，由职业中学提供学生饮食，企业提供场地和住宿，建立了一所非正式的唐卡绘画学校。

实践证明合作最终并不成功，但画师 S 追求的建立唐卡学校的初衷始终未改，2015 年以后开始独立办唐卡学校。

合作不成功的原因是，画师 S 的传统绘画技艺传承模式与现代学校体制难以兼容，按照现代教育体制无法培养出真正的唐卡画师；同时画师 S 的社会公益性办学理念与唐卡企业追求经济利益的理念也难以调和。

在技艺传承和画师培养方面，画师 S 尝试与现代职业教育体系和市场化的企业合作，以减轻独立办学所带来的经济压力。但实践证明，唐卡画师的培养有自己独特的规律，无论是纳入现代教育体系还是现代市场体系，均有难以调和的内在张力，这种张力会促使唐卡学校在进行现代化的尝试之后重新回归传统。类似的现象和案例在西藏民间唐卡学校中屡有发生，并不是孤例，也说明了问题所具有的普遍性，即画师在进行唐卡绘画技艺传承时，主观上并不愿被市场化，客观上也无法被现代职业教育体制所容纳。

（二）唐卡的艺术实践

案例三：画师 M——最传统的创新者

画师 M，1980 年生，日喀则白朗县人，勉唐派，小学，西藏自治区一级画师。

师承勉唐派，但在绘画实践中形成了自己独特的风格。

建立了非正式的唐卡绘画传承点，但不知道如何争取政府的扶持政策。

最近刚被政府列为非遗传习基地，要求有组织化的形式，于是注册为公司，但认为注册了和没注册没有任何区别。

最大的愿望是把唐卡学校建好，改善办学条件。

作为当前西藏唐卡画师群体中非常优秀的一员，其作品也广受市场欢迎，画师 M 本来完全可以凭借其技艺和名声，获取更多的经济利益。但从过去 5 年来其职业行为的轨迹看，事实上并没有朝市场的方向发展，甚至连公司都没主动注册过。其主要精力都用在创新和完善自己的绘画风格，培养能够传承其绘画风格的弟子，并通过承接订单来维持自己唐卡工作室的经营。显然，画师 M 并没有因为其作品受到市场认可就主动迎合市场的需求，反而是在借助市场的力量来实现自己更远大的目标，即基于传统的唐卡绘画创新和传承。

案例四：画师 R——创新实践被迫终止

画师 R，1976 年生，拉萨市林周县人，勉唐派，初中文化。

对于唐卡创新，画师 R 说："非常担心老一辈画师说我"，"只能悄悄画，悄悄出售"（2011 年访谈）。"被老师发现了，被批评了一顿"，"现在再也不画了"（2016 年访谈）。

有成功的创新也就有相对失败的创新，画师 R 的创新唐卡由于不能被其老师接受而面临巨大压力，最终不得不停止创作。在此案例中，可以明显感受到画师所处的社会关系网络对其职业行为产生的巨大约束力。这种社会压力作用的基础还在于宗教信仰和传统规则，但发生作用的机制却与画师所处的画师群体内的紧密关系网络有巨大关系。在某种意义上，唐卡画师个人并不完全是独立的个体，其行为无时不受到外在社会组织特别是师承关系的影响。

（三）唐卡的宗教实践

虽然画师们均注重对唐卡绘画的个人体验，但与下文的画师 G 夫妇案例稍显不同的是大学生画师 D，他由爱好而学习唐卡绘画，进而参与市场实践，最后经由文化自觉而重新选择自己的唐卡绘画之路。

案例五：画师 D——希望融绘画与修行于一体的大学生画师

画师 D，1982 年生，山南地区人，初中开始上内地班，勉萨派。

2008 年内地某大学理工科专业毕业。

2008—2010 年拜师学习唐卡绘画技法。

2011 年成立个人唐卡公司，开办唐卡工作室，接受市场订单，尝试创新唐卡。

2016 年到西藏江孜的山中寺庙进行佛教修行，同时学习临摹古代壁画，希望借此提升唐卡绘画内在的精神境界。

从 2011 年以来，画师 D 在唐卡的艺术实践和市场实践两方面均进行了艰苦的努力和开拓，且取得了一定的进展。在市场实践方面，由于他同时熟悉西藏和内地的市场情况，汉藏双语精通，具有参与市场实践的良好基础。但他更感兴趣的却是唐卡的宗教实践，一待时机成熟，就选择到山上的寺庙静修，希望通过提高个人在佛教上的修为来提升个人唐卡作品的精神内涵和宗教价值。事实上，通过一段时间的静修后，画师 D 认为在修行地绘画唐卡的感觉确实要好于在拉萨城里绘画的感觉。

（四）唐卡的市场实践

案例六：画师 J——阿里画师与古格木版画

画师 J，1979 年生，阿里普兰县人，高中文化，古格画派。

2013 年创办唐卡公司，同时是阿里地区职业中学教师。

专注古格风格绘画的临摹和创作。

通过观察古格遗址中的彩绘天花板而发明了古格木版画，受到阿里地区相关部门的重视。

作为阿里地区为数不多的几位画师之一，画师 J 一直不愿墨守成规地去画一般的唐卡，总希望创作出自己的创新作品。自 2010 年他首次参展的创新唐卡作品受到批评之后，就一直在尝试其他的创新方式。一方面在绘画内容上，更多地吸收借鉴了古格壁画的绘画元素和绘画风格，另一方面在绘画形式上创制古格木版画，由此大幅降低了单件作品的市场价格，在旅游纪念品和礼品市场上形成了更强的竞争力。由此，画师J经由绘画形式的创新实现了与旅游市场和礼品市场的连接，在市场实践过程中形成了自己的独特优势。但这种市场连接的成功仍然离不开对西藏绘画传统的再认识及对其内在价值的再挖掘。

案例七：画师L——与内地市场的连接与展览

画师L，1983年生，拉萨市林周县人，小学文化，勉唐派。

他在拉萨创办的第一家唐卡店工作了10年。

多次参加内地唐卡展览，与内地唐卡经纪人有合作关系。

认为"画师不跟做生意的比挣钱多，差不多就行了"。

在其他的几类唐卡实践过程中，其实都多少涉及唐卡的市场实践，因为市场的影响已经非常广泛。但他的经历告诉我们，市场有时也会显得无可奈何。画师L对如何在拉萨经营唐卡店经验非常丰富，也知道经营唐卡店能赚取丰厚的利润，但这些并没打动他去开办自己的唐卡店。5年前，他画唐卡时还常常想着矿物颜料涨价的事，5年后却常说唐卡的价格不能太高，差不多就行了。显然参与其他画师组织的市场与商业活动的经历并没有影响到他个人的唐卡绘画实践理念。虽然他希望去开拓内地的唐卡市场，但并没有将其看作是获取物质财富的捷径。

（五）唐卡的日常生活实践

在唐卡市场化和产业化被不断推崇的当下，也有一类画师对市场并不十分关注，也没有积极去招收更多徒弟，反倒是对个人的绘画体验更为在意。

案例八：画师G夫妇——把绘画唐卡作为一种自在的生活方式

画师G夫妇，1971/1983年生，西藏昌都市卡若区嘎玛乡人，嘎玛嘎智派画师，小学文化，曾在成都的唐卡公司工作3年，此后拒绝高薪雇佣。

2010年左右开始居住在拉萨郊区的农村，建立自己的画室。

5年多来不主动宣传推广，不注册公司，不追求规模扩大，以接受订单为主。

夫妻共同绘画，将唐卡绘画融入家庭日常生活中。

画师G夫妇显然是传统型画师的典型代表，只要有唐卡订单，就在自己村里的画室过着悠然自得的宁静生活，甚至连近在咫尺的拉萨都觉得过于喧嚣而不愿多去。但在五六年前，他们也曾受雇并参与到内地市场导向的公司化唐卡绘画工作中。正是这种参与其中的经历，让他们对市场化的唐卡绘制方式有了亲身体验，也更坚定了选择自己独立的唐卡绘画之路的决心，以至于在其后屡次拒绝了其他唐卡公司的高薪聘请。就调研所及，与该夫妇有相似经历的其他画师，也纷纷退出市场化的唐卡公司而选择过自给自足的唐卡绘画生活。因此，这种从参与市场实践到退出市场实践的职业行为变迁并非孤例，带有某种普遍意义。

（六）唐卡的跨文化实践

案例九：汉族唐卡画师Q——西藏唐卡绘画技法和唐卡文化的内地传播者

通过对唐卡画师群体的案例研究，更进一步探索，唐卡绘画比一般的绘画更加神圣的是它不仅仅是安住在某一个事物中，而是安住在佛菩萨的功德中。画者对佛菩萨的功德理解的越深刻，就更能画出美的唐卡。

“绘画唐卡的过程是修行是自觉，完成后与有缘人结缘是觉他。我们通过对佛宝的恭敬造像与供奉，希望可以最终开启我们所有人本有的佛性。”——画师Q（2016年）

画师Q是外来者接受西藏唐卡绘画基本理念和规则的典型代表，因而具有深刻的意义。画师Q有在内地企业工作的经历，深刻了解市场经济的运作逻辑和规则。但在学习唐卡绘画后，却能够深入理解其内在的精神价值，并与藏传佛教的相关教义伦理很好地结合起来。因此，在其于沿海大城市开办的唐卡工作室中，仍然能够秉持传统的唐卡绘画精神。在向内地人传授唐卡绘画技艺的同时，画师Q也在传播西藏的唐卡文化及其内在精神价值，这是尤为难能可贵的地方。

四、结论与启发

1. 主要结论

追踪调查的阶段性结果显示，西藏唐卡画师在参与市场经济的实践过程中，通过不断调整和创造新的价值理性，来寻求一个在宗教信仰、职业传统、市场实践和日常生活之间多元平衡的行动逻辑，市场经济和商业伦理并没有发挥一种决定性的作用。这集中表现在唐卡画师对物质财富和精神财富的认知不同。一般而言，画师们认为适当的物质财富是需要的，但认为创造精神财富的价值更大。因此，当许多画师实现了生活的富足之后，尽管有能力但也并不愿一心去追求经济利益的最大化。

自德国社会学家马克斯·韦伯以来，有一种流行的观点认为，欧洲近代以来商业行为的伦理价值化，也即新教伦理导致了资本主义的诞生①。世界其他国家和地区要进入现代市场经济时代，也需要普遍接受商业行为的伦理价值化。自改革开放以来，中国东部沿海市场经济高度发达的地区，在某种程度上确实展现了商业行为伦理价值化的过程。但从西藏自治区的情形看，唐卡画师显然并不接受这套逻辑，而是选择在非商业化的传统职业道德中，有甄别性地引入部分市场理念，把有限的、适度的商业化行为给予合法化，但仍然坚持拒斥唐卡领域商业行为的伦理价值化。如此来看，经过近些年的市场实践，画师群体仍努力保持自身的文化传统，实际上并不是逃避现代化的非理性选择，而恰恰是主动融入现代化的理性选择的结果。

回到本文开头所提及的关于“西藏农牧民观念落后”的争论，显然这并不是一个有效的命题。因为，赞成这种观点的人必然已经完全接受了商业行为的伦理价值化，因此将不接受这种伦理价值的人视为“落后”和“保守”。但商业行为的伦理价值化也并非是无可置疑的普世价值，而是发端于欧洲近代基督教的宗教改革运动之中。并没有充足

① 马克斯·韦伯著，阎克文译：《新教伦理与资本主义精神》，上海人民出版社，2010年。

的理由把基督教的新教伦理凌驾于藏传佛教相关的职业伦理之上。与此同时，质疑和反对“西藏农牧民观念落后”这一流行观点的部分学者则认为，随着市场经济的不断扩展，西藏当地人已经在很大程度上学会了按照市场经济规则行事，接受了商业行为的伦理价值化和经济理性，因此，再说西藏农牧民观念落后已经过时了。但事实上这种观点又过于乐观和趋于简单化了。仅就5年来西藏唐卡画师的职业行为变迁看，乐观的估计他们能够很快从所谓“观念落后”迈入到适应市场化和产业化发展的快车道并不现实。画师并不排斥市场，并且会利用市场，但这并不代表他们完全接受市场经济所推崇的价值理念。西藏唐卡画师的职业行为并不按照传统“经济人”的假设行事，缘于其对“理性”概念的认知不同。就如同画师对“素质”的定义与经济学家不同一样，画师并不认为越会经营、挣钱能力越高的画师素质就越高。

2. 归因分析

西藏唐卡画师职业行为变迁的方式受到诸多因素的影响。从历史传统角度看，西藏历史上的绘画大师们就曾不断协调传统绘画中观念“二重性”的张力，不断自觉地寻找传统与创新的最佳平衡点，当代优秀的唐卡画师的绘画实践也正是遵循了西藏历史上绘画大师们曾走过的道路①。

从宗教信仰角度看，西藏唐卡画师作为藏传佛教信徒，受宗教信仰影响很深。同时，唐卡画师由于职业的关系，对绘画与宗教信仰的关系需要不断去思考，对藏传佛教、本教的教义在唐卡中的体现需要不断再认识，宗教信仰目前仍是影响唐卡画师职业行为变迁的核心性、基础性因素。

从文化自觉的角度看，随着政府层面对包括唐卡在内的非物质文化遗产保护和宣传的力度不断加大，唐卡画师对唐卡本身的认知也在不断深化，并赋予其更多的内涵。在此过程中，越来越多的画师开始自觉学

---

① 李健：《试论西藏本土绘画艺术观念的二重性与西藏唐卡画师的创新实践》，第二届中国唐卡艺术节高端论坛，2015年；《西藏的唐卡艺人——职业行为变迁与多元平衡策略》，社科文献出版社，2016年。

习和研究唐卡绘画的历史及宗教、文化、艺术内涵。画师对唐卡内涵的理解越深，唐卡的精神内涵对画师职业行为的影响和约束越强，因此可以说，唐卡画师对自身文化传统的再认知过程，也即文化自觉的过程，对其职业行为具有越来越重要的影响。

从市场实践角度看，唐卡画师在经历和参与了唐卡产业化的市场实践后，已经具备了一定的根据亲身体验进行反思的能力。如画师在参与市场经营的过程中发现风险较大，就可能因风险厌恶而选择与市场保持一定距离；或发现参与市场经营所获得的综合收益并没有专心绘画更高，也会选择与市场经营保持距离。画师们通过参与市场实践进一步加深了对市场经济的体认，促使画师能够根据个人经验对如何参与市场经济做出理性判断，并据此调整个人的职业行为。

从社会关系角度看，由于唐卡绘画技艺传承仍主要采用传统的师徒模式，师承关系和同窗师门关系非常重要，同一师门内的画师及学徒通过举办展览、过林卡、技艺切磋等方式不断维系相互间的联系和沟通，并获得群体社会网络的支持，这对年轻画师在行业内的立足尤其关键。因此，画师的社会关系网如同一只看不见的手，形成了某种对唐卡画师职业行为的规范和约束机制。其他类似的关系网，如唐卡画师行业组织、来自同一地域的画师结成的地缘性绘画组织、画师与内地唐卡收藏家结成的长期性合作关系，以及画师与寺庙和僧人之间形成的社会关系网络，均会对画师的职业行为产生明显的影响。

以上仅列举分析了五类主要的影响画师职业行为的因素，当然，由于唐卡画师群体职业行为牵扯因素较多，不排除还有其他因素在发挥着重要作用。

3. 现实启发

西藏的发展并不需要为国家 GDP 的增长作多少贡献，西藏的发展就是为当地的民生改善、人民幸福服务的。如果仅仅是产业发展了，GDP 增长了，人民经济收入增加了，但民众并不感到幸福，则这种发展的意义就会大打折扣。中央治藏方略提出的“改善民生，凝聚人心是西藏经济社会发展的出发点和落脚点”，意义也在于此。

当前，西藏唐卡画师对来自政府方面的扶持政策和公共服务是迫切需要的。政府扶持方向的确立应该建立在对唐卡绘画内在规律与画师职业行为逻辑深刻理解的基础上，把有限的资金用在刀刃上，并且对什么是刀刃进行充分论证。通过此次调研可以发现，在支持个别的盈利性唐卡企业之外，还应该大力支持数量众多的公益性/社会性唐卡企业组织和民间唐卡绘画学校，不仅在资金上支持，更需要在组织注册等方面提供政策支持和便利，使政府的扶持力量与民间自发的社会力量结合，以培养更多的优秀唐卡绘画人才，加厚唐卡发展的沃土。在政府制定唐卡产业发展政策、引导唐卡产业化发展的过程中，应该更多听取唐卡画师的意见，吸收唐卡画师在参与市场实践过程中形成的有益经验和民间智慧。政府只要能够帮助最需要帮助的人，并因此造福更广泛的当地人，就能赢得更多尊重和拥护，实现多方共赢的大好局面。

“亚豁”拉鲁家族变迁史

次仁央宗

一、亚豁家族的缘由

17世纪40年代至20世纪50年代，西藏社会是在历辈达赖喇嘛的实际统治下运行。在这个制度体系当中，大范围、长期居统治地位的是西藏的贵族。客观上讲，贵族作为一个社会阶层，对近代西藏政治、文化的影响巨大。一定程度上甚至可以说，近代西藏的政治、文化历史，就是一部西藏贵族史。

在西藏，贵族有等第之分。这种等第，一是看家族所拥有的以领地大小为中心的财富状况，二是看个人因官爵而得到的权势大小。根据这两个因素，在西藏一般把贵族家庭分成大、中、小三个不同类型的等第。

随着达赖喇嘛转世灵童的认定，新的最大的贵族家庭“亚豁”不断地出现。“亚豁”，即达赖喇嘛父母的家庭。在藏语中，“亚”是父亲的最高敬语，而“豁”指农田，也引申为“庄园”。于是人们用“亚豁”（父亲的庄园）这一既显示权势，也显示财富的名词来尊称达赖喇嘛的家庭，使得“亚豁”约定俗成地成为一个专有名词。

“亚豁”家庭的出现，松动了等级森严的贵族阶层。而“亚豁”家庭本身，也因达赖喇嘛的缘由，逐渐地被佛教和封建的等级观念所调适。

公元1708年，在西康理塘一个很普通的家庭出生了一个名叫格桑嘉措的男孩，男孩8岁时出家进理塘寺当僧人。公元1719年，男孩12岁，被西藏地方政府认定为六世达赖喇嘛的转世灵童。公元1720年，灵童被西藏地方政府迎往拉萨，是年在拉萨布达拉宫举行坐床典礼。与此同时，灵童的父亲很快被清朝康熙皇帝册封为“公”。“公”在清朝中央政府中是一个长期存在的爵位名称，而对于当时的西藏贵族社会，它是一个代表贵族封号的新名词。有皇帝的封号是何等的高贵。所以“公”的封号，自然也与达赖喇嘛的灵童有着密切的关系。或者说，“公”的品级一经出现，就成为达赖喇嘛灵童家庭成员所专门拥有和世袭的品级标志。皇帝的封号，在很大程度上为达赖喇嘛的家庭带来了家族权力优势和稳定的社会地位。

新灵童和他的父母及其他家庭成员，受到了西藏地方政府盛大仪式的欢迎。西藏地方政府为了表示对灵童家庭的重视，不惜耗巨资为其建造府邸并封赐大量的土地。从此之后，一个新的名称“亚豁”开始出现。西藏的第一个“亚豁”家庭最早出现于七世达赖喇嘛的家庭——桑珠颇章（桑颇）家庭。

继第一个亚豁·桑颇家庭之后，还有五家“亚豁”家庭，即十世达赖喇嘛的家庭宇妥，十一世达赖喇嘛的家庭彭康，八世和十二世达赖喇嘛的家庭拉鲁，十三世达赖喇嘛的家庭朗顿，及十四世达赖喇嘛的家庭当采。

西藏近代300年的历史中，总共出现了14个达赖喇嘛。但“亚豁”家庭只有6个。这数字上的不相符有深刻的含意。一世达赖喇嘛根敦珠巴生活的年代正好是格鲁派创始人宗喀巴大师初创格鲁教派时期。1409年，宗喀巴大师创建了格鲁派第一座寺庙——甘丹寺。差不多30年后，1447年根敦珠巴修建了格鲁派的第四座寺庙——扎什伦布寺。二世达赖喇嘛根敦嘉措在世期间任哲蚌寺第十任赤巴，修建了哲蚌寺甘丹颇章宫。二世达赖喇嘛生活的年代，格鲁派受到当权者仁蚌巴势力的敌视和压制。1498 年到 1517 年，仁蚌巴禁止格鲁派参加每年藏历正月举行的传召大法会。三世达赖喇嘛索南嘉措把格鲁派教理传播到蒙古，“达赖喇嘛”的尊号也是从他开始出现的。四世达赖喇嘛云丹嘉措，系蒙古汗王家族的后裔。五世达赖喇嘛洛桑嘉措带领格鲁派从动荡的政治秩序和教派纷争中获取最高权势，1641 年，格鲁派与蒙古固始汗联盟，夺取西藏地方权力，在拉萨哲蚌寺建立甘丹颇章政权。六世达赖喇嘛仓央嘉措是个与众不同的达赖喇嘛，他的文学造诣和文学影响远远超过了他的政治建树。六世达赖喇嘛生活在格鲁派权势稳固的年代里，西藏地方政府在布达拉宫背后的拉鲁区域修建了一所“卓康”让其父母居住，这应该是“亚豁”家庭的雏形。

七世达赖喇嘛格桑嘉措，由于社会和政治环境的因素，成为政教权力集中于一身的人物。他的家庭，也因为清朝中央政府的支持和格鲁派势力的强大，成为第一个获得特权的达赖喇嘛家庭——“亚豁”。在西藏贵族社会中，“亚豁”家庭的出现，极大程度上是与清朝中央政府的封赐分不开的，同样也与达赖喇嘛为首的拉萨甘丹颇章地方政府在西藏掌权后所形成的权威分不开。“公爵”是清朝中央政府封赐给西藏地方官员的最高爵位之一，在某种程度上可以说是清朝中央政府对于高等级贵族的一种认可标识。在封建制度里，等级的高低是社会地位的一种标志。而皇帝的认可，强化了贵族官僚本身拥有的权力优势，并且这种优势转化成家族优势，甚至使之成为世袭。八世达赖喇嘛强白嘉措生于 1758 年，系后藏托布加拉日岗人。以七世达赖喇嘛家庭为例，西藏地方政府把布达拉宫后面的拉鲁庄园作为八世达赖喇嘛的“亚豁”，并给“亚豁家庭”以土地和农奴，遂使其成为大贵族家庭。

“亚豁”家庭的产生，与格鲁派在西藏社会的巨大影响及其在西藏政治经济领域的特权性强势地位有直接的关系，同时也与清朝中央政府的支持下形成的强势文化有着密切的关系。“亚豁”家庭所拥有的社会、政治和经济地位，使其表现出一种超越贵族等级的文化观念，同时还表现出藏族人对于宗教信仰所带来的群体思想模式、情感模式和行为模式的集合特征。“亚豁”家庭的出现，使得对达赖喇嘛的“非物质文化”的精神信仰，逐渐折射到“亚谿”的“物质文化”上，同时也说明宗教的“非物质文化”的精神信仰是可以外化的。

二、亚谿·拉鲁家族

在很大程度上，拉鲁家族不仅凝聚了“亚谿家庭”可能具有的一切特点，也集中体现了西藏贵族文化的内涵。因此，可以将“亚谿·拉鲁”作为贵族家族的典型。

关于拉鲁地名的由来，在拉鲁·次旺多杰老先生的回忆录《拉鲁家族及本人经历》中是这样描写的：“拉鲁嘎彩位于布达拉宫北面约二里处。该地日照良好，温度适中，春天来得早。古时，那里林木茂密，大小池沼星罗棋布，绿草如茵，风光秀丽，令人赏心悦目，所以被人们称为‘龙与神的少男少女们游乐嬉戏的林苑’，简称为‘拉鲁嘎彩’。据说，在古代吐蕃第三十代王（芒松芒赞）时期，该地便已成为游乐之地。后来，甘丹颇章政权建立，第六世达赖喇嘛仓央嘉措每在处理政教事务之余，亦前往该地休息，并在这里最大的一个池沼中央新建了一座三层楼高的宫殿，以作休暇之用。据说，宫殿竣工后，仓央嘉措每天都穿着得道者的服装，兴高采烈地率领随从人员前去游玩。当时的民歌也唱道：‘拉萨呀拉萨美，拉鲁比它还要美’。”“拉鲁”藏文直译，指的是“神”“龙”。神龙嬉戏的地方，应该是仙境。可见，美丽的自然景观，是该地方能够获得美名的原因。后来因得到六世达赖喇嘛的喜爱，又增添了人文气息。

“拉鲁”全称“拉鲁嘎彩”。这个地名可能早于六世达赖喇嘛时期。六世达赖喇嘛时期，西藏地方政府为其专门兴建了一座称为“卓康”的休闲宅邸。该建筑在当时显得非常醒目。楼高三层，平面屋顶，和周围的一片平原和谐共处，凸显该建筑的奢华、脱俗。该建筑还能让当时的人们联想到神圣、高贵、威信以及与之相匹配的庄严词藻。

到了七世达赖喇嘛时期，在拉萨以西修建了罗布林卡格桑颇章，从此罗布林卡成了达赖喇嘛坐夏的好去处。罗布林卡的落成，在某种程度上可能冲淡或替代了拉鲁嘎彩建筑曾发挥的作用。慢慢地，该建筑成为一种被封存的记忆。

1762 年，乾隆皇帝派章嘉呼图克图到西藏，认定出生在后藏托布加拉日岗一家小贵族家庭中的男孩为七世达赖喇嘛的转世灵童。灵童法名为强白嘉措，在布达拉宫举行了坐床典礼。依照七世达赖喇嘛时期的惯例，中央政府封八世达赖喇嘛的父亲索朗达吉为“公”，拥有尊贵的贵族身份。与此同时，西藏地方政府也为新达赖喇嘛的父母以及家庭成员准备府邸、所属土地和人民。当西藏地方政府寻找相对合适的吉祥之地为新达赖喇嘛父母修建府邸时，拉鲁嘎彩受到关注。那所傲然独立的建筑以及周围幽静美丽的环境，无疑成为兴建“亚豀”府邸的首选因素。很快，有拉鲁嘎彩一带大兴土木，在修缮旧建筑的基础上，一个新的豪华建筑——拉鲁府邸出现在人们眼前。八世达赖喇嘛的父母及其家庭成员很快在一个喜庆的日子里迁居至此。与此同时，地方政府在尼木地区划拨土地作为他们的家业，称为“雅德康萨豀卡”，同时还从别处划拨土地作为领地。

八世达赖喇嘛是索朗达吉的第三个儿子，此外他还有两个儿子，是索朗扎西和洛桑多吉。按照习俗，二儿子洛桑多吉成为一名僧官。他对政治的热情更胜于他的哥哥索朗扎西。他一生活跃在可能出现的任何一个政治场合上。正因为他的这种张扬性格，使得他到处树敌，其中包括驻藏大臣。最终在一次权力争夺的陷阱中，他成为了输家。1790 年，他被押送至京城。还好，皇帝并没有重罚他，反而召见他并保留了他的堪布头衔，不过他再也没能返回西藏。1791 年藏历初三，他在京城度过了生命中的最后一天。消息传到拉萨，三大寺等寺院为他超度并守七诵经。

与洛桑多吉不尽相同的是他的哥哥索朗扎西。索朗扎西的政治生涯平淡无奇，却能在没有任何困难的情况下继承父亲的“公”的官爵。毫无疑问，他是个相对本分的人。他婚后生有两个儿子，其中长子洛桑土登旺秋成为第四世哲布尊丹巴呼图克图。1782 年 4 月 9 日，继承“公”爵位的第二年，他可能是去参加一次大型的活动，在库伦逝世。

他的次子热旦朗杰继承了“公”的爵位。兄弟俩携手并进，一同在廓尔喀境内并力抗敌。等兄弟俩回到拉萨后，都得到了嘉奖升迁，热旦朗杰还被皇帝赐予孔雀花翎，遗憾的是他还没能够充分享受特权带来的有利资源时便去世了。对于贵族家庭来讲，最大的悲哀还不在于单个人的死亡，而在于家庭无嗣继承，“亚谿”家庭也不例外。为了家族的延续，八世达赖喇嘛的外甥成为继承人。由于需要因袭“公”爵位，还报请皇帝。虽然皇帝允许他袭位，但不知何因后被废止。

此时，八世达赖喇嘛的叔叔一家对于亚谿家庭的贡献非常大。他的叔叔罗桑平措参与各种典礼，与上层建立密切的关系，由于他的热情和交际能力，很快得到了重用。1778 年，他得到了皇帝赐予的一枚印章。后来在摄政如何安排年轻的达赖喇嘛当权事宜上，他也发挥了非常大的作用，有力地推动了八世达赖喇嘛的亲政。达赖喇嘛亲政后，他一如既往地参加各种活动典礼，直到 1789 年去世。他有一子叫洛桑格顿扎巴，是达赖喇嘛同母异父的兄弟。可以推论，亚谿家庭的婚姻状态是一妻多夫的形式。也许是其父人际关系广的原因，洛桑格顿扎巴一步入仕途就处处受到关照，包括驻藏大臣在内。1789 年，驻藏大臣巴忠奏请皇上任命他为堪布，可惜没有回音。不过，这没有影响他的运气，他很快被达赖喇嘛任命为位于山南地区的聂德珠寺的主持。但他在处理人际关系上不像其父亲，他的运气也由他的性格终止，最终他因得罪驻藏大臣，1790 年和他的哥哥洛桑多吉一同被押送到京城。到京城后，皇帝不仅不降罪，反而召见了他们并赐给了堪布的名号。当他的哥哥在汉地去世后，达赖喇嘛向皇帝请求，使他有幸回到拉萨。他还是那样的积极，后来在与尼泊尔谈判（1792 年）中，除了噶伦噶喜（多仁）和宇妥之外，他应该算是第三个重要人物。遗憾的是谈判还没有得出结果之前，他便走完了一生。

还有一个人物叫班丹顿珠，也应该出自亚谿家庭。据说他是八世达赖喇嘛叔叔罗桑平措的侄子，但与达赖喇嘛似乎没有血缘上的关系。从中能够看出八世达赖喇嘛家族的婚姻状况，八世达赖喇嘛的父亲和叔叔可能不是同一个母亲所生。也许因他的出身关系，班丹顿珠很少像他的几个兄弟一样热情洋溢地出现在这样或那样的政治宗教活动中，但因达赖喇嘛叔叔的原因，他还是有机会经常穿梭于前后藏的贵族社交上。最终他的光环来自他的儿子，七世班禅洛桑丹巴尼玛。因为是班禅的父亲，1787 年他得到了“公”的封号并被皇帝赏赐珊瑚顶戴和孔雀花翎。然而他的生命也只延续到 1789 年。他们的相继离开，使得亚谿拉鲁家族难以后续。虽然生命的接替需要女性更多付出，但贵族家族的延续，女人始终处于被动或者说女性的生死并不影响到一个贵族家族的延续，亚谿家庭也不例外。男性的相继离世，造成了家族延续的困境。很难确定，亚谿拉鲁家族的延续后来是如何继续的。但有一点可以肯定，男性的相继离开并没有致使家族内女人们的离析。拉鲁·次旺多杰老先生在他的回忆录中写到：“第八世达赖喇嘛的父系断绝后嗣。当时，达赖喇嘛之母请求达赖喇嘛赏给文书，准予其领有拉鲁家族产业。于是，达赖喇嘛便赏给其母亲盖有达赖喇嘛印章的黄缎子文书，其文曰：‘拉鲁家族产业可由公爵之家属继续掌管。’之后，达赖之母平措旺姆又与地方政府的一名孜本（审计官）索朗扎西结婚，生有子女若干。但是，依照定制，非达赖喇嘛父系后嗣不得赏给公爵的封号，故其长子索朗多吉（有误）仅按一般官员规矩申请了公职，取得了贵族子弟赛囊巴的地位，成为地方政府的官员。”此外拉鲁·次旺多杰老先生的回忆录中也有一些描写讲到亚谿拉鲁后续的情况，但与毕达克先生的《西藏的贵族与政府》有明显的差异。《西藏的贵族与政府》是在许多史料的基础上完成的，而老先生的回忆录仅凭个人的记忆，所以在人物和事件的叙述上可能出现了偏差。但毫无疑问，该家族男性成员缺少是事实，最终使其延续的力量越发变得脆弱。难以相信，近百年之后，这个家族仍然还在继续。

1857 年，经金瓶掣签认定十一世达赖喇嘛的转世灵童，摄政热振活佛为灵童起名为洛桑丹巴坚赞赤列嘉措。按照惯例，达赖喇嘛灵童坐床的同时，地方政府要为灵童的父母及家庭成员修建亚谿府邸、划拨家业和土地。理论上讲，达赖喇嘛的圆寂、转世以及新旧“亚谿”家庭的更替是一种规范性行为。但实际上，大兴土木，从政府、寺庙或者其他贵族的土地中划拨一些合适的地出来，是一个相当辛苦的事情。加上近百年的时间里，西藏社会已出现了八世到十二世共五辈达赖喇嘛。可想而知，地方政府在百年当中差不多平均十几年就要大兴土木劳民伤财。这样的事实，给西藏地方政府的经济造成了极大的压力。为解决困境，政府也在寻找其他办法。其中家庭混合或替代都可能是一种减轻政府经济压力的好措施。就这样，一个先前没有案例，但符合贵族家族发展的文化现象便出现了。这是一个不换瓶只换药的现象。拉鲁，一个旧的“亚谿”遂变成新的“亚谿”。

从表面来看，拉鲁府邸是一个充满福气的院落。一个家庭居然出现两个达赖喇嘛，真是稀奇。不过，这两辈达赖喇嘛并没有血缘关系。两个毫无关联的家庭成为一个家庭，极大的原因在于政府的经济压力，当然还有一个关键的因素，是旧的亚谿家庭面临着无法继续的问题。

八世达赖喇嘛所属的“亚谿”家庭父系断嗣，已是近百年前的事。到了十二世达赖喇嘛被认定时，八世达赖喇嘛的“亚谿家庭”的母系血统的延续也变得岌岌可危，后来也变得人丁稀少，无人承担其家族延续的任务。在找不到文字依据的情况下，口头传说成为一种佐证。据说，八世达赖喇嘛所属的“亚谿”，最终由其同母异父的唯一弟弟次丹多杰接管。同样是据说，次丹多杰后来爱上了一位与自己身份不相称的女人并与之同居，从而被迫从家庭内分离，不久也死去。这个男人的死，造成了这个家族绝嗣的最终事实。虽无文字记载也无口头传说，但有一点不难想象，该“亚谿”家族的延续已非常艰难。总之，就在十二世达赖喇嘛转世认定时，这个家庭已经破败到了无人能撑起的地步。所以，新“亚谿”的注入或者说并入，不但没有造成家庭内部利益的冲突，反而寻找到了一个恰到好处的家族延续点。同样，新的“亚谿”也寻找到了一个引以为自豪的家族历史作为自己的血脉依据。家庭内部的好，为化解矛盾带来了便利。同时最为重要的，就是两个家族的混居，既减轻了政府的经济负担，也符合政府的政治需要，而且该“亚谿”家庭不能给政府造成什么威胁。三方得利，过程自然就顺当。

1859 年，皇帝赐十二世达赖喇嘛的父亲平措次旺为“公”。有了

“公”的名号，便有了活跃的资本。他似乎充分利用这个资本，频繁地出现在各种活动和典礼上。只可惜，在他得到“公”名号的第六年便离开人世。平措次旺有三个儿子，幼子为十二世达赖喇嘛。他的大儿子为僧官，曾任堪布和大堪布之职。二儿子益西诺布旺杰继承父亲的名号。益西诺布旺杰是一个非常积极的人，也是从亚豀拉鲁家庭确定以来（从八世达赖喇嘛开始）家族历史上出现的第一个噶伦。他继承父亲的名号之后，在父亲奠定的人际关系和权力基础上更上了一层。

十二世达赖喇嘛在世期间，由于清朝中央对西藏地方政府的政策松动，致使西藏等地内部出现不稳定，哲蚌寺因摄政热振活佛“克扣寺庙布施”，联络甘丹寺僧众攻打摄政府，迫使摄政逃到内地寻求保护。此外，更大的矛盾出现在西康。西康瞻对地方发生部落纠纷，后发展成部落间的械斗。在这期间，益西诺布旺杰为弹压瞻对事乱奉献了主意，为此皇帝在1868年赐他三品官位和孔雀顶翎。他在政治上表现出来的能力，使他的威信逐步递增。1875年，十二世达赖喇嘛突然在布达拉宫暴亡，他接受了为20岁的弟弟——十二世达赖喇嘛建造灵塔的监工任务。也许是因修建灵塔付出的辛勤，也许因其他原因，总之在1880年时他已经是一名噶伦了。后来他以噶伦的身份，参与过解决后藏纠纷，陪同驻藏大臣至日喀则等等。1883年，拉萨传召法会结束之时，一名尼泊尔商人和两名藏族妇女之间的口角引发冲突，最终导致西藏地方政府要给尼泊尔支付942098卢比的赔偿费。益西诺布旺杰作为噶伦，与噶伦然巴一同参与解决该矛盾的谈判。不过，事端的解决并没有给他带来好处，反而让清朝中央政府认为他愚钝无能。中央的评价自然影响到他在地方政府的威信，就这样他似乎成了一个闲置的人物。1888年，对于他是个转机。那年，英国对锡金的渗入导致了西藏边境的摩擦。益西诺布旺杰被任命为锡金边境藏军总司令，赴驻守在江孜的锡金边境藏军指挥部。他在任锡金藏军总司令期间建立过功勋，也吃过一些败仗，功过相抵，他始终没有得到清朝中央政府的肯定。这或多或少挫败了他的积极性，他变得郁郁寡欢。也许因中央政府对他的态度冷淡，加上有同僚对他进行指控，回到拉萨后他身心劳累，于1891年患疾而亡。

益西诺布旺杰活着的时候，给亚豁拉鲁家族带来了最高荣誉和最大利益。他是西藏近代历史上出现的第一个被称为“噶公”的人物，也是第一个有“公”名号同时接受噶伦官职的人。他死后的第二年，十三世达赖喇嘛把“公”的封号转赏给他的儿子——年仅 11 岁的晋美朗杰。

晋美朗杰到了娶妻的年龄时，拉鲁家庭的管事人员想与大贵族“夏扎”家族建立婚姻关系。夏扎家中当时有三个待嫁的姊妹，其中最小的在家削发为尼。夏扎家庭内部商量后，决定把大小姐、二小姐嫁给晋美朗杰。两姊妹嫁进拉鲁家后不久，姐姐不幸患疾身亡，而妹妹虽与夫君相濡以沫，但始终未孕。对于一个贵族家庭来讲，无后将会使家族破落甚至消亡。在此关头，家庭成员又一次商量后决定让晋美朗杰再娶。

再娶可能是解决后继的最好办法，但也存在问题，即可能会使家庭内的两个女人不和。所以，拉鲁家决定再次与夏扎家联姻。婚姻的对象，就是那位在家削发为尼的小妹妹。这个女子对于拉鲁家族的延续是个非常重要的人物，同样，她在西藏贵族社交圈中也是非常值得一提的人物。

夏扎家的最小女子名叫央宗次仁。她外貌端庄典雅，内心热情温和。由于她在女孩中排三，家里决定让她当尼姑。但由于是幺女，让她在家修行。也许是在家中的原因，她慢慢懂得世俗的情缘，最终因情破戒，当政达赖喇嘛十三世的兄长朗顿·顿珠多吉成为了她的情夫。

朗顿·顿珠多吉活着的时候人们称他为“朗顿公”，是个非常热衷政治游戏、有政治能力和政治见地的人物。他证明了“公”的名号带来的特权如果运用得当，可凌驾于噶厦。当时他们两人的私情已经成为公开的秘密，而且得到了周围的默许，有赞誉的说是郎才女貌，因此他们两人的关系一直在延续。事实上，这样的默许并非是因为他们的身份和地位，而是西藏文化使然。在西藏社会，对于类似的事情都会以相对宽容的态度来接纳。朗顿公有妻儿，所以央宗次仁没有办法成为他名正言顺的妻子，最终央宗次仁有孕在身。虽然如此，但并没有影响到两人甚至两个家庭的平静生活。

1904年，英国入侵西藏，朗顿公随十三世达赖喇嘛一同逃亡蒙古，不幸在途中死去。他的死，直接导致了央宗次仁和她初生婴儿命运的改变，尤其是孩子的命运。夏扎家庭和央宗次仁都不得不面对这个问题。夏扎家的问题是孩子无父，拉鲁家的问题是无嗣，两个合二为一，成了解决问题的最好办法。就这样央宗次仁带着初生的婴儿嫁到拉鲁家，成为拉鲁晋美朗杰的第三个妻子。

央宗次仁嫁进拉鲁家后，她的儿子成为晋美朗杰的养子，取名为平措热杰，是拉鲁家族想当然的继承者。

与拉鲁晋美朗杰成婚后，央宗次仁再也没有为拉鲁家添一子半女，但是他们的婚后生活非常融洽。她的姐姐，拉鲁·晋美朗杰的原配夫人后来另立门户吃斋念佛，修行终身。拉鲁作为夫家，安置她的寓所并保障她以后生活的全部需求。

晋美朗杰在他37岁时死去，他的死使十二世达赖喇嘛父系后裔彻底断绝。平措热杰作为晋美朗杰的继子，成为晋美朗杰死后拉鲁家当然的合法继承人，加上他本人是十三世达赖喇嘛家族亚谿·朗顿家族的后裔，血统自然也就变得更加高贵。他的这种特殊身份对他成为拉鲁家的继承人不仅没有任何阻力，反而还给予了帮助。他不仅成为拉鲁家族的继承者，也顺利地继承了"公"的名号。还是花季少年的时候，他和他的同父异母兄弟朗顿·贡噶旺久分别成了亚谿·拉鲁和亚谿·朗顿的继承人，他们经常一起出入于典礼等仪式，成为人们视线的焦点。可惜天不从人愿，亚谿·拉鲁公平措热杰在17岁那年病逝。他的死使得拉鲁家庭再一次出现由女人来掌管家业的局面。家族延续的问题，又一次成为头等大事。为了解决这个问题，拉鲁家决定为央宗次仁招夫婿。于是，贵族然巴家的二少爷成为她的第三个男人。

贵族然巴家的二少爷在家期间，是与哥哥共妻，生活过的也和谐平静。后来成为拉鲁家的夫婿后，首先他以一个较小的官职获得了扎萨的名号，出没在各种重大的典礼和仪式上。但官运和地位的改变并没有使这个少爷忘却原先的妻子。所以他们背着两个家庭，仍与原妻保持私密的关系，最终导致这段婚姻的解体。然巴二少爷回然巴府，继续过他的共妻生活，而央宗次仁也没有气馁，仍然活得风风火火。

龙厦家族适时出现了，无论是家庭还是成员，他们都具备传奇因素。这个传奇式的家庭最终成为与拉鲁家族共命运的家庭。

贵族“龙厦”家族的历史，最早可以追溯到吐蕃时期的一个名为苏穷·西绕扎巴的贵族，这是家族的缔造者。事实上，所有的西藏贵族家庭都会有传说中的家族缔造者。这些缔造者的真伪，其实对于家族的成员来讲不是那么重要，重要的是每个家需要历史，并且历史越古老就显得越有厚重的文化底蕴。据说，从五世达赖起，历代龙厦家族都有人出任地方政府的官员，但这只是一种说法。龙厦家族的祖业位于今天日喀则达那地区。

虽有龙厦家族成员从五世达赖喇嘛时期开始做官的说法，但似乎没有做过高层官员，所以在龙厦·多吉次杰之前，家族内从未有过影响卓著的人物。直到龙厦·多吉次杰出现，才彻底改变了该家族的社会、经济、政治地位。

龙厦·多吉次杰（1881—1940），8 岁丧父，随母亲在达那地区生活。多吉次杰的母亲是个有远见和对儿子报有极大期望的女人，她非常重视对儿子的日常教育，聘请地方上的高僧大德和有名望、有学问的人来给儿子授课。良好的家教，帮龙厦·多吉次杰培养出了很完整的贵族的气质和爱好，对诗词歌赋的喜好，不仅表现在学习理论上，而且表现在实践上。所以他离开母亲、离开家乡，来到拉萨这个陌生的城市后，很快融入拉萨的贵族社交场合。据说，年轻的多吉次杰常常在他拉萨的寓所里邀请拉萨的民间艺人，一起吹拉弹奏。有时邀请那些被称为有知识的人物，包括有名望的藏医，与他们探讨文化和医学。总之，他是个聪明有才智的人。

刚到拉萨的多吉次杰，作为贵族的后裔，顺利地做上了一名官僚，不过其职级不高。在母亲的督促下，他娶了达那地区一个小贵族莱贵巴的女儿，婚后有一子。种种迹象表明，他似乎是只身一人到的拉萨。到拉萨后，他租住在一个富裕人家。后来这户人家与他建立了婚姻关系，使得这所宅院成为龙厦的第一个府邸。他的第二个妻子丹增卓嘎，虽不是贵族出身，但从小在家过着衣食无忧的生活。尽管她不能像贵族小姐一样接受贵族教育，但家庭条件的优越，使她从小就养成了良好的礼仪。加上她美丽的容颜和大方得体的举止，嫁给一个贵族少爷似乎也不是难事。他们两个的婚姻，在某种程度上互补了双方家庭的缺憾。龙厦家庭需要财力的注入，而他妻子家需要贵族的名号。婚后，他的第二任妻子为他生育了五男一女。

1911 年，十三世达赖在印度避难期间，开始和西方文化有了接触。他意识到西藏社会需要注入新鲜的血液才能有发展。当他还一筹莫展的时候，英印政府驻锡金的政治专员、英国人查尔斯·贝尔爵士给了他建设性的意见。于是在十三世达赖喇嘛的提议下，噶厦会议决定从中层贵族家庭中选派四个子弟赴英国留学。四个留学生分别是：芒仲·西绕格桑，17 岁，学习矿物勘探；强俄巴·仁增多吉（当时叫仁岗·仁增多吉，后入赘到强俄巴家后改名），11 岁，学习电机；吉普·旺堆诺布，16 岁，学习电报报务和地形测绘；果卡娃·索郎贡布，16 岁，学习军事。当时，噶厦从中层贵族家庭中遴选孩子的原因，是因为大贵族家庭抵制这件看似不靠谱的事情。这四个年轻人成为西藏历史上第一次由政府派遣的留学生。决定派遣这四个年轻人后，棘手的事就是要选择一个大脑够用、应变能力超强、能够代表政府官阶的人物来充当这四个留学生的监护人。龙厦·多吉次杰是不是第一人选，不得而知，但他肯定是最佳人选，也是最终人选。

噶厦会议通过后，龙厦夫妇带着四个留学生奔赴陌生的大洋彼岸。到了英国，他受到了较高的礼遇，不过他并没有因此而变得骄横。他和妻子在英国期间努力学英语，为了能够接触和掌握现代化知识，他们夫妻俩先后到法国、德国和意大利进行考察。欧洲国家的政治运行机制，或多或少地刺激着他的大脑，影响着他的价值观念。在不断的考察和感悟中，改良主义思想有意无意地在多吉次杰心中开始孕育了。他最终的认识便是，西藏要在现代世界中求得生存，就必须改革。正是因为他的这种新思想和新观念，无论是国外藏学家还是国内藏学家，都认为他是当时西藏地方政府中少数几个对世界有广泛了解的官员之一。龙厦·多吉次杰的经典思想是他常说的一段话："西藏必须自愿地进行改革，否则就会经历像法兰西那样的命运。"

正当龙厦的思想被西方文化冲击之际，他年轻的夫人有了身孕。尽管他们夫妇思想不保守，但在异国有孕，他们仍非常担心在这个几乎完全是黄头发、蓝眼睛、白皮肤人种的国度里，生出来的孩子也与之相同。所以，他们决定马上返回西藏。他们急切的请求得到了西藏地方政府的理解和认同。为避免孩子降临在此，他们谢绝了一切好意挽留，迫不及待地离开了英国。不等他们回到西藏，孩子在印度的大吉岭降生。生出来的孩子依然是黑眼睛、黑头发、黄皮肤。舒心之余，他们更多的相信因为大吉岭与西藏毗邻、有佛祖保佑才使孩子没有被改变。

回到拉萨，多吉次杰成为十三世达赖喇嘛的宠臣。他们在英国的经历成了达赖喇嘛百听不厌的故事；他超前的思想，成了达赖喇嘛改变西藏政治的一种推动力。同样，达赖喇嘛的信任和爱护，给他以施展能力的天地。他雄心勃勃，富于幻想，开始实施各种尝试性的改革。有达赖喇嘛的支持，他很快从一个低级职员荣升到孜本这样的显职。职务的升迁以及实际权力的掌握，使他很快成为贵族社交上的座上客。当龙厦·多吉次杰展现自己魅力的时候，拉鲁遗孀央宗次仁是他的知己。对于他们的关系有很多传说。毕达克先生在他的书里也写到："她（央宗次仁）与西藏最有影响的人物之一孜本（审计官）龙厦打得火热，但结婚是不可能了，因为这意味着两个家族必有一个消亡。"这种看法，说明他们之间可能有暧昧关系。而这样的关系也得到了旁人的证实。如果这种关系成立，那么大胆推测，龙厦·多吉次杰的儿子次旺多杰成了拉鲁家族的继承人，可能也与之有关系。我们翻开拉鲁·次旺多杰老先生的回忆录，有这么一段描写："……为央宗次仁择一夫婿，以继承拉鲁家族事业，他们（拉鲁家族的人员）草拟了一份人选名单，上呈第十三世达赖喇嘛，请求审示。当时，我父亲龙厦·多吉次杰甚得第十三世达赖喇嘛的宠爱，不知他对达赖喇嘛讲了些什么，达赖喇嘛在那份名单上亲笔批示由我去继承拉鲁家业'为好'。这样我便被决定过继给拉鲁家族当养子。”

次旺多杰是龙厦夫妇在大吉岭出生的孩子，也许正是因为他在母体中的千辛万苦经历，注定了他一生的传奇。

次旺多杰原名阿旺洛桑。也许是他在母体中的经历，也许父母为这个未出世的孩子所花费的身心劳累，总之他出生不久后取了一个出家人的名字。这个名字在某种程度上确定了他一生可能为僧的命运。是什么原因让他的父母改了初衷？总之在他 11 岁那年，他父亲龙厦·多吉次杰带着他远行到珠峰脚下的绒布寺。这座寺庙为世界最高寺庙，与龙厦祖业有供施关系。龙厦·多吉次杰带着虔诚的心，请求该寺活佛杂绒布哇仁波钦为儿子更名。活佛把阿旺洛桑更名为久美次旺多杰。更名后的次旺多杰，人生路拓宽了很多。

话说次旺多杰出生后不久，随母亲回到故乡达那，与外祖母共同生活。大概到了六七岁时，他又跟着母亲回到拉萨。这时的龙厦·多吉次杰已身居要职，他的府邸也修得光鲜亮丽，坐落在布达拉宫前，名为“德吉夏”。

次旺多杰回到拉萨后，父母把他送到布达拉宫脚下的私塾读书。拉鲁·次旺多杰老先生的回忆录中有这样的描写：“当我八岁，父母亲将我送到地方政府文告抄写员贡噶仁钦在布达拉宫山前开办的私塾去读书。老师身材高大，神情严肃，对学生从来不苟言笑，所以我们都很怕他。私塾制度很严格，当阳光照到根培乌孜山（该山在拉萨西郊）头时，学生就要到学堂，到后立即背诵赞颂文殊菩萨的经文《文殊智经》。然后根据学生们的不同水平，分别读书一个多小时。读书完毕，休息一个小时。……休息完后，又开始上课，主要是在习字木板上练字。拉萨时间十二点钟放学生们回家吃饭，临走之前，由班长检查每个人是否写够规定的行数，如果有人没写足，就由班长根据其未写够的行数用竹板打面颊。有时，老师亲自检查，谁若是没有写够行数，老师就用皮鞭抽谁的屁股。下午放学时，也同样需要检查。平时，学生们请老师检查所定的字体好坏时，若是写的不好，老师便用笔写在习字板上，让学生临摹，或是指导学生应该如何写好。如果还写不好，老师就又用鞭子抽打。抽打时，总是让四个年龄较长的学生按住被打人的四肢，脱掉他的裤子再打。由于我对老师很害怕，处处谨慎小心，写的字也比较好，所以挨打的也比较少。”

次旺多杰十二岁那年，他的命运有了突变。老先生在回忆录中写道：“‘自在佛太宝（即十三世达赖喇嘛）批示，命你到拉鲁家去当义子。你的异母兄长旺钦玉拉已入赘到夏扎家。你生母的孩子当中，以你最长。我本想把你留在身边，但是自在佛太宝对咱们格外施恩决定令你到拉鲁家去。拉鲁家比咱们家大得多，你到那里去，一定会幸福的。’我也只得回答说：‘谨遵父命。’我原以为去到大户人家，不仅生活舒适，而且也用不着去上学了，因为学堂的老师太厉害。这样，我到拉鲁家当义子之事就决定了下来。为了做准备，专门比照我的身材，缝制了各种缎袍、彩靴和汉刀碗套。一切准备就绪后，在一个黄道吉日，拉鲁家派出上百名骑手和仆人来迎接我，他们也给我带来了整套的服装。我家给迎接我的人们摆了两天宴席。前往拉鲁家的那天，我全身盛装，穿着黄色缎袍，腰系大红绸腰带，腰上挂着汉刀碗套，脚穿彩靴，发辫上挂着黄金嘎乌，左耳戴索吉耳坠，右耳戴绿松石耳坠。骑在拉鲁家来迎接我的人专门为我牵来的一匹膘肥体壮的青骢马上，左右各有一人牵马，另有一人扶持着我。我的舅父平措旺秋带领四名仆人送我前去。我们一行约有十骑，来到拉鲁家。……我到达拉鲁宅第后，立即在楼下的大厅里举行了庆祝典礼。在大厅的中央为我安下一个小坐位，我在那上面就座。在我坐位的东面，安置着一个小坐位，那是央宗次仁的。在那个坐位的下首，依次坐管家、司库等一应仆人。大家坐定之后，便开始按顺序献麦穗酥糕、头道青稞酒，本宅人们献上祝贺哈达。本宅的人们贺礼之后，便由客人们献贺礼，拉鲁和龙厦两个家族的亲戚朋友们献上哈达，送礼品，庆贺活动盛况空前。第二天，我父母带领着家里人来到拉鲁家，大家一起兴高采烈地度过了几天喜庆的日子。……当时，我仅有十二岁。从外表上看，我只能是拉鲁家的义子，哪里算得上什么‘女婿’？我到拉鲁家以后，央宗次仁是家里的长者，我称呼她为‘夫人阁下’，她则称呼我为‘少爷’。我和央宗次仁之间年龄相差三十多岁，她除了等待几年之外，别无他法。”

幸运让人感到惊羡，人们揣测着次旺多杰和央宗次仁的关系。一个12岁的少年，一个30多岁的少妇，从年龄上来讲他们间似乎不该是夫妻关系。但外人坚信，12岁的少年入赘到拉鲁家，成为30多岁的少妇的新丈夫。在采访次旺多杰老先生时，他说：他到拉鲁府邸后，从未对央宗次仁叫过一声“母亲”，而央宗次仁也从来没有对他称呼过儿子，他们之间总是以“夫人”和“少爷”来相称。所以他也觉得他们之间不该是母子关系，否则不会这样称呼对方。但他也否认他们之间是夫妻关系，因为他们之间没有夫妻那点事。

无论次旺多杰是作为养子还是作为丈夫离开龙厦府邸来到拉鲁府邸，有一点是相当明显的，那就是他的命运被改变了，他的生活也因此有了戏剧般的变化。

十二岁的次旺多杰，虽然身边没有了父母的关爱，也还是个懵懂的少年。拉鲁府的大大小小成员对于新来的主人关心备至，爱护有加。虽然大家族中的礼数很多，但在学习这些礼仪的过程中，他还是没有感到压力和陌生。所以，来到拉鲁府邸的次旺多杰，生活看来比想象的简单和平静。作为拉鲁家惟一的男性继承人，需要他很快有责任意识和体态姿势。拉鲁府邸一方面给这个未来的主人加码学礼，另一方面为这个幼嫩的少年提供优越的生活条件。初到拉鲁府，次旺多杰还像平日到私塾读书。但不久拉鲁府决定让他进孜康（俗官学校），学习和训练如何成为合格的俗官，同时也决定给他聘请高僧和有名望的学者到府做家教。就在他到拉鲁府差不多半个月，拉鲁府做东，与私塾老师商量后给他举行了毕业典礼。

在过去，就读私塾的学生，无论时间长短，都会在离开私塾时举行一次毕业典礼。一般毕业典礼会在夏季举行。夏季的西藏充满着绿色。因袭传统习俗观念，夏季到来之际，人们会择日到任何一个园林消夏。在藏语中称“亚吉”。无论寺庙、政府还是不同等级的家庭，都会看重和分享这种踏青娱乐。当然，其气氛和范围因经济条件不同而有区别。当私塾学校的老师和孩子的家长商定后，选定某一园林空旷场地，为孩子们举行毕业典礼。毕业的孩子有时一个，有时几个不等。因为是毕业典礼，所以称“吞恰”（即毕业茶）。举行典礼之际，家长会送礼钱礼物和上等哈达表达谢意。这一天的所有开支，包括孩子们吃的喝的，都由毕业生的家庭支付。有些家庭还会给孩子们发一些小钱作为奖励。反过来，老师会给毕业学生一条哈达，并送上祝福。

次旺多杰离开私塾后，来到孜康。他的父亲作为首席孜本，在他考试的时候虽然回避了，但并没有影响他顺利地走进孜康的门。次旺多杰在孜康，与所有考进孜康的贵族子弟一样，开始掌握筹算、文法、写作，并且与官员一同到实际工作中进行训练。由于父亲的原因，他在孜康学习实习还不到半年，就进入候补官员之列，名字通过噶厦审核后送到达赖喇嘛处。在藏历三月八日，他顺利地成为一名新任命的贵族官僚。

过去，按照西藏地方政府惯例，贵族子弟进入官阶的机会每年有三次。第一次是藏历初二，被称为“杰布洛萨”（国王新年）。那一天，达赖喇嘛请所有的俗官到布达拉宫喝茶看戏。那天的仪式排得满满的，其中一个重要的仪式是“新谒”，即新任官员首次拜见达赖喇嘛。与此同时，达赖喇嘛也为新任官员摸顶祝福。藏历三月八日，藏语称“杰多”（初八食子节）。那天僧俗官员们在布达拉宫举行换装仪式，同时也有一些新官员被任命。整个换装仪式相对简单，只是把冬季的官帽换成夏季的官帽，从这一天开始，无论气候变化有多大，官员都要着夏服直到燃灯节那天。新任官员都能拜见达赖喇嘛，并能得到达赖喇嘛的摸顶祝福。第三次任命新官员的时间，是在藏历十月二十五日的燃灯节。燃灯节是为纪念宗喀巴大师圆寂而设定的日子。这一天，藏族每家每户都会点灯纪念，并吃象征泪珠的疙瘩面。这天一大早，僧俗官员都会到布达拉宫，再次举行换装仪式：夏季官服换成冬季官服。与此同时，新任的官员如同前面所说，会得到达赖喇嘛的面见并祝福。

由于龙厦·多吉次杰的原因，次旺多杰在政府部门中找到了肥差，担任地方政府波细列空（粮食管理部门）管事官。没有多久，幸运再次降临。就在次旺多杰 15 岁那年，拉鲁家收到十三世达赖喇嘛的木板手札（达赖喇嘛在写字板上写书信，包裹在四方布中送到个人手中，这是非常荣耀的事情），写道：“拉鲁宫原系仓央嘉措修建的游乐场所。此后，第八世、第十二世达赖喇嘛回见其父母时，也曾在此居住过。我也将于后天前往，应速作布置。”达赖喇嘛的光临，可想而知是莫大的关怀和荣誉。拉鲁府邸上下忙碌着，布置庭院房门、器皿食物。欢乐之余，增加了不少的惶恐。

毫无疑问，有达赖喇嘛的特别关照，有达赖喇嘛宠臣龙厦的扶持和照应，拉鲁·次旺多杰平步青云已经成为定局。

此后，17 岁的次旺多杰顺利地通过了“仲廓艺考”（高等级贵族家后裔步入官阶后进行的一种技能考核，其中包括骑马射击射箭等技艺）。考核没多久，他有幸到扎齐仲扎玛康（扎齐为地名，现为扎齐居委会一带；仲扎玛康，属于贵族子弟兵营，类似于军官学校）服役军训。他受训期间，恰逢龙厦接替擦绒·达桑占堆藏军总司令之位。所以，次旺多杰在军营中有很多机会表现其能力。作为年轻的军官，这是值得倾羡的机遇。从官阶角度来讲，年轻的军官在某种程度上预示着会成为后备力量。另外，精干的英式军官服也成为年轻时尚的符号。

1933 年 12 月 17 日，十三世达赖喇嘛圆寂。布达拉宫顶上响起一阵阵达玛鼓声。山脚下的人们停下手中的一切，口诵经文并立马点上酥油灯，搁在窗台上以示哀悼。

正当人们陷入深深的苦痛中时，诈伪百出的贵族政治暴露出来。达赖喇嘛的圆寂并没有中断权力的争斗。在相互残杀中，第一个受到迫害的是达赖喇嘛的宠臣贡培拉。十三世达赖喇嘛在世时，他如同宦官，虽无名分，但掌控着实际权力，尤其是军权。据说，罗布林卡坚色颇章是达赖喇嘛为他建造的。坚色，在藏语中有心腹、宠爱等意思。坚色颇章修建时，他担任监工。贡培拉平日里常陪伴在达赖喇嘛左右，加上达赖喇嘛对于他的喜好，所以他不仅能给达赖喇嘛以建设性的建议，还能影响达赖喇嘛对于人和事的认识和评价。正是因为这样的原因，他树敌颇多。所以当达赖喇嘛圆寂、无人主持西藏最高政治权力时，人们利用他与司伦朗顿平日里的矛盾，向他提出质疑，甚至搜查其房屋最终以抄到枪支弹药为由，说贡培拉图谋不轨。那些本来支持贡培拉的官员在这个当头也失去了声音。最后，贡培拉被抓捕监禁，不久被流放。

达赖喇嘛圆寂后，受到迫害的第二个人是龙厦·多吉次杰。由于西方现代文明的影响，龙厦已经成为一个彻头彻尾的改革派。他有一套改革的理论，也有一套把这种理论付之行动的举措。起初的一些举措，得到了达赖喇嘛的认可和支持。所以即使有阻碍，也没能形成阻力。达赖喇嘛在世时，龙厦着手扩增藏军的力量，并且借着达赖喇嘛对自己的宠信，想把藏军现代化。为此，他借助孜本职位，亲力亲为地监督和参与各种征税，并加大打击没收寺庙、活佛、贵族非法占有的庄园土地，增加对寺庙、活佛、贵族的土地税，通过这些来补充政府对军队的开支。毫无疑问，这些举措触及了上层统治者的利益，但由于达赖喇嘛的支持，来自上层统治者的不满情绪没有表现在明面上。

1931 年，龙厦被授予藏军司令。这个殊荣看似来得突然，其实就是达赖喇嘛对他建设藏军的一种肯定。毋庸置疑，事实充分表明十三世达赖喇嘛拥有的绝对权力，以及龙厦获得的最高信任和宠信。龙厦的权力达到了顶峰，作为孜本，他握有西藏的经济命脉，作为马基（司令），他拥有对西藏军事（包括政治）绝对的支配权。权力使他变得更加自负、张扬、傲慢，甚至于跋扈独断。

龙厦·多吉次杰对于藏军建设的功绩是卓著的：藏军人数达到 2200 人，这是藏军成立后的最高人数；与此同时，他重新整顿藏军的生活作风、制定藏军守则，还建立了代本司令部（相当于一个团）；加强了装备，制定了军服（放弃不整套的英军制服，制作统一的藏式制服）；通过税收等措施，解决了藏军的军饷和待遇。

他以聪明才智，逐渐并顺利地推进他的改革思路。但他的工作作风给自己树敌不少，尤其是来自高等级官僚和僧人的怨恨。

尽管不能说他在窥视西藏政治最高权力，但他的权力实际上已经越过了噶厦。他很少在孜康出现，大多时候是在布达拉宫或扎在军营里。他在布达拉宫达赖喇嘛的私人传阅室里处理政务、批示公文；在军营里他大胆尝试藏军建设的改革措施。总之，从 1929 年到 1933 年，4 年的时间里，他一直是西藏最有权威的人物之一。当时发生了一个较为严重的市场纠纷案。西藏地方政府制定了一个禁烟令，直接导致尼泊尔商务委员会无法从事烟草贸易。拉萨市场上悄然出现烟草黑市交易。龙厦果断下令抓捕最大贩烟商杰波夏巴（夏尔巴王），从名字上就能分辨出这个人是夏尔巴人。他被抓不久越狱，躲在尼泊尔使馆。龙厦态度强硬，要求交出犯人，尼泊尔使馆不得不做出让步。杰波夏巴最终死在狱中，尼泊尔为此提出抗议，藏军分庭抗礼、严正以待。最后因英国人调停，事情才没有闹大。从此后，龙厦的独权更加明显，也无人敢指责，以至于后来凡是有典礼活动，地方政府要立一顶专门的帐篷供他使用。即使达赖喇嘛参与的仪式活动，他也有一顶独立的帐篷。这样的规矩，在他之前从未出现过。

十三世达赖喇嘛圆寂不久，种种矛盾似乎都针对贡培拉一人。最终在“民众大会”上，彻底挤垮了贡培拉。其实，这里的幕后操控者应该是龙厦。

清除贡培拉的势力，使得龙厦和三大寺站在了一条线上。但利益共赢，并没有带来彼此间的默契。没有达赖喇嘛，政局通常是由摄政代理。龙厦等人提出成立一个“摄政委员会”，而三大寺为主的代表提出推举一名活佛充任摄政。对于西藏，前者是一个新的政治名词，而后者是西藏政治运行中司空见惯的制度模式。按照惯例，摄政一般由功德林、策墨林、丹杰林、热振寺、德珠拉章等庙宇的根本活佛来担任。当然也有过班禅、甘丹赤巴，甚至俗人当政的现象，但后三种既不具备普遍性，也不具备推广性。

最终，龙厦等人面对各大活佛、高僧以及异己者，只能做出让步，年轻的热振活佛被推举为摄政。

达赖喇嘛圆寂后发生的一连串事情，逐渐削弱了龙厦的权力。龙厦也看到了这点，所以在新摄政当政伊始，便笼络同盟，密谋成立“众聚乐地”，成员中包括他的两个儿子。“众聚乐地”的宗旨是改革，其中包括噶厦的改革，要求噶伦每四年换届，而且提出“民众大会”的权限高于噶厦，等等。他们在几次密谋后的某一天，联络了近 80 名僧俗官员联名向噶厦挑战。第二天，有人开始担心，有人开始埋怨，有人开始退缩，有人开始怀疑。很显然，龙厦并没有觉察到这些变化，反而他深信他们的行动会有预想的结果。

噶雪巴·曲吉尼玛，一个彻底改变龙厦及其家族命运的人物，在这个时候成为利益杠杆上最重要的砝码。据说，他原先是丹杰林寺的管事，后来成为一个低等级官员。按惯例，成为贵族官员，无论品级高低，都需要父系土地，藏语中称“帕谿”。显然，噶雪巴拥有的“帕谿”来的蹊跷。据说该“帕谿”位于江孜附近的喀尔噶地方，原本是丹杰林寺的“曲谿”（寺庙所属土地）。曲吉尼玛生于1903年。1919年，他已经成为一名政府的低级官员。1924年，他担任桑宗宗堆（六品官职）。1927年，他在藏北任职，品级没有变，但受到更多的关注。1933年时，他已经是一名仁细（四品官员）。几年间的命运变动，可以用几个成语来概括他的生活态度：见微知著，见风使舵，见缝插针。噶雪巴·曲吉尼玛成了告密者，噶伦赤门和摄政热振联手了。噶伦赤门以避难为由，向哲蚌寺为首的一些寺庙传递了一个信息，说有人要谋害他和摄政，并要对社会制度来一次大的革命，消息震惊了三大寺以及贵族社会。龙厦等的请愿书如期交到了噶厦，证实了赤门噶伦的说法。噶厦联合三大寺，密谋对策。龙厦得到通知，噶厦要在布达拉宫召开地方政府最高官僚会议“仲孜会议”。龙厦尽管不知道这是个阴谋，但他似乎感觉到一丝丝火药味，所以，出门时他带上了手枪。按照惯例，他到了布达拉宫，先要到摄政办事处朝拜。还不等他进门，侍卫官向他直接宣读了逮捕令，并下令他脱去官服、解开发结。狼狈不堪的龙厦·多吉次杰很快整理思路，他乘人不备逃了出来。他一边往山下跑，一边找随从，因为他们身上有枪。就在这时，随从看到狼狈不堪的老爷，惊恐万分，失声高喊：老爷，手枪在这儿。声音惊动了看守，他们发现龙厦逃跑，猛追直扑，龙厦和随从全部被擒。龙厦被带到摄政办事处后，宣布脱衣革职。他的官服早已脱掉了，头发也早已散开，唯有靴子还穿在脚上。当龙厦被迫脱掉靴子时，发现两双鞋内都藏有密咒。于是龙厦的罪行重了很多，马上被押解并监禁在布达拉宫所属的“夏钦角”监狱内，他的府邸也马上被贴封条。那天是1934年5月10日。这一天，拉萨抓捕了不少人，其中也包括噶雪巴。

第二天没有再抓人，但拉萨街上冷冷清清，空气中弥漫着恐慌。又过了一天，一切趋于平静。到了第四天，龙厦的支持和同情者开始活动斡旋，想寻找到营救龙厦的办法。赢得三大寺的同情和支持，是对政府施加压力的最好办法。不过密咒的发现，让三大寺的支持和同情者变得不那么坚定。发现寻找不到寺庙的支援后，龙厦的支持者想通过武力帮助龙厦越狱。为了坚定龙厦支持者的决心，龙厦的两个儿子都参与了营救父亲的行动，但最紧要关头，拉鲁·央宗次仁的一席话，使得行动变得犹豫不决，最终放弃。央宗次仁认为，帮助龙厦越狱，不仅会使龙厦家族遭灭顶之灾，而且拉鲁家族也会遭到同样的命运。

这是个不平静的昼夜。地方政府已经决定抓捕一切参与这个事件的重要人物，龙厦的两个儿子也在其中。天蒙蒙亮，抓捕行动开始了。随后，地方政府还成立了调查委员会，专门调查“龙厦事件”。调查的结果，称他罪恶多端，甚至把达赖喇嘛和班禅活佛的不和也归咎到龙厦身上。

调查委员通过两周的调查，最终以重大罪行宣判龙厦等人的处理结果。为了不影响达赖喇嘛灵童的寻访，龙厦由死刑改判为挖去双眼，没收其所有财产。他的两个儿子分别砍掉一只手一只腿，并且还宣布龙厦后裔从此不得充任政府官职。判决出来后，央宗次仁带着管家找帕邦卡活佛、色拉寺杰扎仓主持土登宁波向摄政和噶伦赤门求情。帕邦卡活佛与拉鲁是世交，而色拉寺杰扎仓与拉鲁是供施关系。历辈帕邦卡活佛在宗教界享有很高的威望，而热振活佛与帕邦卡之间也有很深的私交，加上色拉寺与热振寺的关系，种种交错的关系，使得判决有了改动，保住了龙厦两个儿子的手与腿。

龙厦的双眼被挖了。“众聚乐地”组织被解散，龙厦的支持者被抓捕入狱。龙厦的两个儿子被释放，噶雪巴也被释放了。这就是震惊西藏政坛的“龙厦事件”。拉萨大街小巷都在议论着，议论龙厦，议论热振，议论赤门也议论噶雪巴。

噶雪巴释放没多久，被提升为孜本。拉萨街头有歌谣，说他是用500秤银子从赤门那儿买的孜本官职。这种说法相对缺少真实性。当时的噶雪巴要拿出500秤银子还是很困难。不过也有人猜想，这是赤门对噶雪巴密报的奖赏。从“龙厦事件”始末来看，这种可能性还是存在的。

拉鲁·次旺多杰保住了手，但心理还是受到极大的伤害。回到拉鲁府邸后，他一心想如何向赤门噶伦报仇。就在这个时候，他接受了大商贾邦达仓·尼玛的请求，同意与他的小妾扎西央宗结婚，并继承邦达仓·尼玛的经商事业。很多人认为，次旺多杰接受这样的提议，可能被扎西央宗的美色所打动。其实不然，他想通过经商，结识一些帮派，以便为父亲报仇。复仇想法遭到央宗次仁的强烈反对，她提议走出现在的困境，替父亲报仇，唯一的出路还是次旺多杰做官。

最捷径的办法，似乎要先改变次旺多杰的身份。1935年5月，次旺多杰与比他大30多岁的央宗次仁成婚。次旺多杰成为名正言顺的亚豁拉鲁府的主人。尽管如此，这样的改变并没有给次旺多杰带来官运。

就在这个时候，央宗次仁的亲戚德格台吉的小妾多央拉正在为家庭财产分割打官司。家庭纠纷案往往是费时间、费精力、费财力的持久战。多央拉为了打赢这场官司，常常到拉鲁府找央宗次仁帮助。央宗次仁得知多央拉在打官司的过程中认识了噶伦赤门。央宗次仁看出了机会，她鼓励多央拉勾引噶伦赤门，并告诉她有了赤门做靠山，官司十拿九稳。确实如此，官司赢了，赤门和多央拉同居了。央宗次仁乘机求多央拉帮忙，让赤门噶伦提供给次旺多杰一个官职。这对于赤门，是个棘手的问题。曾经是他下令革去龙厦世袭官位，现如今要反悔是不可能的。但耐不住小情人的一再求情，最后他找了个非常荒唐，但又不失为万全之策的办法：让次旺多杰给自己找一个非龙厦的“亲生父亲”。经央宗次仁、龙厦夫人、次旺多杰，还有一个贵族家庭“协噶宁巴”府的老爷商议后，给次旺多杰找了一个“亲生”父亲。很快，次旺多杰给噶厦递交了一份入仕申请书。申请书中说明自己并非龙厦之子，亲生父亲为协噶宁巴的老爷。1936年2月初，经摄政恩准（不是很重要，只是一种形式），噶厦传令同意次旺多杰作为亚谿拉鲁的继承人、协噶宁巴的后裔，成为政府官员。梅·戈尔斯坦在他的《喇嘛王国的覆灭》一书中有一段描写：“后来，龙厦之子拉鲁·次旺多杰通过请求恢复了政府官员的职位。他申辩说，自己实际上并不是龙厦的儿子，他声称自己的生父是另一位贵族协噶林（宁）巴，他的母亲和协噶林巴都发誓确实如此。他运用这种软弱无力的手段（以及大量的行贿），凭借拉鲁家族的名望，重新得到官职，被授予‘赛囊巴’（少爷）的职位，成为20世纪40年代西藏一位重要官员。”拉鲁老先生的自述，也证实了这个说法，他是用认爹以及通过贿赂，得到噶伦赤门巴的帮助，从而有了四品官位。

拉鲁·次旺多杰很快被安排在噶伦办公室做噶准。噶准是噶厦的喉舌和耳朵，任务是上传下达。

次旺多杰的勤奋、努力和教养，给噶厦办公的噶伦们留下了好的印像。他聪明地抓住这样的时机，不时地向各噶伦表达自己的想法，希望龙厦得到保释。

自从次旺多杰做官后，龙厦的待遇不断得到改善。从监狱潮湿阴冷的一层，迁到能够有阳关照射到的二层。1938 年 5 月，龙厦获释。

1939 年，拉鲁·次旺多杰在央宗次仁的提议下，与吞巴府建立了婚姻关系。吞巴·德吉，一个端庄富态的贵族小姐、央宗次仁的侄女，被娶进了拉鲁府。

与所有成功的一夫多妻婚姻的家庭一样，拉鲁夫人对于新的年轻的拉鲁夫人表现出宽容的态度，她以主妇的态度对待自己的外甥女，并把她的两个孩子当成自己的孩子。而新的年轻的拉鲁夫人的到来，对于“拉鲁”家庭本身来讲并没有多少震动，吞巴·德吉嫁进拉鲁家后，无论是家庭内部成员还是外部成员都称她为“将古朽”（太太），央宗次仁则被称为“拉将古朽”（太太）。同样的“太太”，后者尊贵不少。吞巴·德吉成为拉鲁夫人后，并没有忘记拉鲁老夫人应该拥有的身份。也就是说，年轻美貌的拉鲁夫人并没有破坏和剥夺央宗次仁作为拉鲁拉将古朽的身份和地位，有道是：聪明的老妇人，还有贤惠的小夫人。

1941 年，孜本协噶宁巴·其梅多杰病逝，次旺多杰接替了他的位置。1946 年，次旺多杰接替噶伦彭雪担任噶伦。

次旺多杰担任噶伦时，西藏政治上最高决策层是：摄政达扎·阿旺松绕，首席嘎伦然巴·图登贡钦（大僧官）、索康·旺钦格勒、嘎雪·曲吉尼玛以及拉鲁·次旺多杰。

拉鲁担任噶伦后的第一个重大任务，是与噶伦索康·旺钦格勒一同完成的。1947 年，他们两个分别带着 200 多藏军挺进热振寺。热振活佛被“请”到拉萨，很快被押到布达拉宫山“夏钦角“监狱。在一个黝黑的夜晚，拉萨的天空有些凄凉，据说住在雪（布达拉山脚下）的居民听见过一声声惨叫，热振活佛圆寂了。热振活佛的圆寂始终是个迷，与拉鲁·次旺多杰、与龙厦的另外几个儿子有无关系，只能猜测了。

拉鲁·次旺多杰晋升噶伦没有多久，他很不情愿地接受了噶厦命他去藏东昌都担任昌都基巧（总管）的任务。昌都基巧由噶伦担任，这是十三世达赖喇嘛时期的制度。热振活佛担任摄政时，没有一个噶伦愿意去昌都担任基巧一职。所以，到昌都任基巧的都是扎萨。到了达札活佛担任摄政时，由于他的独权，十三世达赖喇嘛的一些政策得以恢复，其中噶伦兼任昌都基巧的政策也随之恢复了。而拉鲁作为新噶伦，成为恢复这一政策的实施者。

虽然万分不情愿，但拉鲁·次旺多杰携夫人和家庭成员，带着 30 余名保护他及其家人的藏军浩浩荡荡地上路了。到了昌都，他做的第一件事是接替原基巧——扎萨·宇妥。也许是年轻，也许是有抱负，他到昌都后忙忙碌碌，修建新的总管机构，不再在寺庙内上班；此外，安排人事、制度措施等等。1950 年，新任噶伦阿沛·阿旺晋美接替了他的昌都基巧职务。

西藏教育发展回顾

次仁央宗

纵观西藏六十年历史，现代学校教育如同翠绿的松石一般，镶嵌在由远及近的西藏历史画卷上。尽管伴随着一阵阵求索的阵痛，但现代教育推动西藏彻底实现了从旧到新的转变。

吐蕃时期到1951年西藏和平解放之前，几经变革，西藏社会被赋予了浓厚的宗教属性，给予藏民族的启示是，只有依靠个人的美德来维系今天的世界和求得来世的幸福。打开60年前的记忆，我们发现，西藏教育存在的滞后和缺失的部分，逐渐把藏民族培养成一个对于自己和自己生活的环境不进行历史的、发展的和批评的态度，接受既定事实，求助超自然的菩萨。当人们在改造千年历史环境时，其关键不是教育，而是宗教。众所周知，教育作为一种社会现象，它是整个社会发展的基础。而解放前的西藏教育，基本上是以寺院教育为中心的封建核心文化教育，其教育形式主要有三种——寺院教育、官办教育、私塾教育。我们不妨在这里阐述一下这三种教育形式。

根据历史记载，公元8世纪中叶赞普赤松德赞在西藏山南地区建立了藏传佛教的第一座寺庙“桑耶”，不久有当时的贵族七子弟剃度出家（史称“七觉士”），成为该寺庙的第一代僧人，寺院教育也就在这个时候开始萌芽。后来随着僧人的不断增加，在桑耶寺内出现了由13名高僧和25名僧童组成的“确吉拉扎”（佛法学校），这便是西藏寺院教育的雏形。1409 年，宗喀巴大师于拉萨东郊创建了“格鲁派”主寺——甘丹寺，内设显宗学院“夏孜扎仓”“强孜扎仓”，专门讲授和研习显宗教义。1416 年，宗喀巴的弟子嘉央曲杰在拉萨西郊创建了格鲁派实力最雄厚的寺院——哲蚌寺，其内设有三个显宗学院“罗塞林扎仓”“果莽扎仓”“代央扎仓”，和一个专修密宗教义的“阿巴扎仓”。1418 年，宗喀巴的另一个弟子嘉钦曲杰在拉萨北郊创建了格鲁派第三大寺院——色拉寺，内设专门从事显宗教义研究的“色拉迈扎仓”和“色拉吉扎仓”，以及专攻密宗学说的“阿巴扎仓”。1447 年，由一世达赖喇嘛根敦珠巴在后藏日喀则修建了格鲁派第四大寺院——扎什伦布寺，该寺内设专事显宗理论研习的“夏孜扎仓”“吉康扎仓”“脱色林扎仓”，以及专攻密宗理论的“阿巴扎仓”。以上这些名寺古刹的创建，使得西藏逐步形成了以寺庙为依托的寺院教育。

寺院教育，其目的是培养知识僧人。通过艰辛的历程，获取各种格西学位后，成为向社会和众人传授佛法的高僧。

所谓的官办教育，主要是指原西藏地方政府在拉萨设立的两所官吏学校，即僧官学校和俗官学校。这两所学校是专门为培养地方官吏、为贵族子弟和少部分寺庙僧人担任官职所设置的。

西藏僧官学校藏语叫“孜拉扎”，始建于 1754 年。僧官在藏语中称“孜仲”，所以，西藏也有人称“孜拉扎”为“孜仲拉扎”。“孜拉扎”附设于布达拉宫内，隶属于原西藏地方政府“译仓”机构。“译仓”是原西藏地方政府的秘书处，掌管历代达赖喇嘛的文书、印信以及负责政府内全体僧官的任免。“孜拉扎”是西藏最早的官办教育，也是历史最为悠久的官办教育。它从创办至解散经历了 200 多年的历史。“孜拉扎”内的教学管理由“译仓”下属的“朗吉扎仓”（佛教司礼机构）来负责。“孜拉扎”内的学生基本上是贵族子弟，也有少部分为非贵族家庭出生的寺庙僧人。“孜拉扎”常年在校生约 50 名，就读于“孜拉扎”的学员毕业后并非全部充任僧官，其中一部分学员学业完成后要转入“朗吉扎仓”专门研修佛教经典、佛教仪轨，“朗吉扎仓”把他们培养成各种佛教典礼上的主持者或参加者。

俗官学校，顾名思义是培养俗官的学校。该校在藏语中被叫做“孜康拉扎”。“孜康拉扎”始建于七世达赖喇嘛时期，隶属于原西藏地方政府“孜康”（审计处）机构。五世达赖喇嘛执政伊始，在哲蚌寺内创建的西藏噶丹颇章地方政府，内设一些行政机构。其中有一所机构叫“孜吉康布”（核算室），而“孜康拉扎”正是在“孜吉康布”的基础上成立的。“孜康拉扎”内有常年在校生30人左右。俗官在西藏被称为“雪仲”，因此“孜康拉扎”有时也称为“雪仲拉扎”。凡是贵族家庭出生的子弟都有资格和权力进入“孜康拉扎”，确切地说也只有贵族家庭出生的子弟才有资格成为“孜康拉扎”的学员，这就决定了“孜康拉扎”的学员必须是世袭贵族家庭的子弟，并且他们的家有家族世袭庄园。

此外，原西藏地方政府所属的官办学校还有一所“门孜康”，是传授藏医藏药的学校。“门孜康”始建于十三世达赖喇嘛执政时期。五世达赖喇嘛时，在“哲蚌噶丹颇章”内成立了“畅松堆拜林”（仙人聚集林），主要研习藏医藏药。后来校址搬迁到布达拉宫内。第司·桑杰嘉措维修布达拉宫时，西藏地方政府把藏医学校从布达拉宫内迁移到布达拉宫对面的药王山上，更名为“热齐卓盆林”，并划拨了专门的庄园来供养学校，同时还给学生制定了课程和“门让巴”学位，创制了教学用具和制图卷轴等。十三世达赖喇嘛时期，有在校生30人左右，学生分别来自寺庙僧人、社会庶民，也有极少数贵族子弟和商人子弟。

此外还有一种教育形式，就是私塾教育。当时在拉萨、日喀则、山南、萨迦等地方都有私塾教育。私塾教育有两种形式：一种公共私塾教育，就读的学生有贵族子女、商人子弟、私仆，以及大小差巴的子女等；另一种为家塾，家塾是家庭私聘教师在家为子女进行教育。家塾一般只有大型或中等贵族家庭、大商人家庭和一些大差巴家庭才有能力置办。无论属于哪种私塾教育形式，教育目的在于让学员学习藏文文法、掌握藏文写作的能力，贵族子弟可以在私塾内接受基础知识，为进入“孜康拉扎”打下基础。

解放前西藏真正意义上的现代学校教育，大约开始于清朝末年到民国年间。最早由中央政府创办的学校，当推1904年在拉萨成立的官办学堂，这是中央政府在西藏进行学校教育的一种尝试。由于西藏传统观念的影响，这所学校自创办开始就解决不了生源问题，到1907年只好停办。此外驻藏大臣联豫在拉萨举办了一所藏文传习所和一所汉文传习所，有10名汉族子弟和20名藏族子弟入学。同时他在拉萨修建了两所初级小学堂，招收藏、汉子弟。1907年8月，他又在西藏达木（即拉萨市当雄县）设立了两所初级学校，藏汉族子弟都招收。然而这些尝试性的学校教育都没有能够继续，随着驻藏大臣的更替而夭折。

西藏作为一个多民族聚居区，除藏族外还有一些少数民族生活在这里，其中回族是较早生活在这快地方的民族之一。回族人为了教育其后代，于1910年在拉萨创办了回民学校。学校主修阿拉伯文及古兰经，类似于寺庙教育。

20世纪20年代，英国人对西藏进行西式教育的尝试，分别在西藏的江孜、亚东两地开办了英语学校，但都遭到西藏民众和僧侣的反抗，未逾3年被迫停止。

与此同时，西藏地方政府也曾尝试着把贵族子弟输送到国外接受西方教育，拉鲁·次旺多杰的父亲龙厦·多吉次杰就曾带四个孩子到英国。

1938年，国民党中央政府在拉萨创办了一所完全小学——拉萨国立小学。这所学校是在原回民学校的基础上建立的。学校设有藏文班、回文班、国文班、幼儿班、贵族子弟班，课程内容包括藏文、回文、汉文、算术、历史、地理、公民、常识、音体等等。学校实行高小2年、初小4年的“4·2学制”，每年招生一次。学校对优秀生发放奖学金，对贫苦生发放助学金。学校开办初期共有师生60人，2年后发展到150人左右，到1946年学校有教职工20人，学生达300人，1949年7月停办。该校办学9年间，共培养了4期小学毕业生，人数达200人左右。

综上所述，解放前的西藏教育经历了漫长的发展过程，但教育始终没有推广到整个西藏社会，也没有能够帮助藏族青少年认识社会、改造社会和发展社会。正因为这样，生产力低下、社会封闭成为必然的结果。

我们再回顾一下和平解放以后的西藏教育。

1951 年西藏和平解放，给西藏的教育事业带来了翻天覆地的变化，西藏的教育开始从无到有、从小到大地发展起来。

小学教育：1951 年初，人民解放军进藏部队在昌都地区创办了西藏的第一所小学——冬学，为新西藏的教育拉开了序幕。1952 年，中共西藏工委、驻藏部队与西藏地方政府进行协商，决定在拉萨创办西藏第一所现代公办教育小学——拉萨小学，当时称之为“塞兴拉扎”（校址原是贵族塞兴的林苑）。经过半年的筹备工作，拉萨小学于 1952 年 8 月正式建立。学校创办伊始只有十几间教室，10 个教学班，40 名教职工和 400 多名学生，学生基本上由藏族构成，其中也有一部分学生是回族。学校为了让孩子们能够静心学习，实行人民助学金制度，给每个学生发 35 块银元，每个学生每年发两套衣服，特别是对孤儿，学校进行收养并实行“三包”（包吃、包穿、包住）。1953 年 5 月 23 日，在日喀则地区成立了西藏第三所小学，同年又在江孜地区创办了江孜小学。这两所学校学生共 200 余人，教师 10 人。1956 年拉萨又成立了另一所小学，这样把原来的拉萨小学改名为拉萨第一小学。

“文化大革命”期间，教育仍是西藏工作的重中之重，小学教育以每年递增近 1000 所的速度在发展，到了 1976 年全区共有小学 6131 所。据 1979 年统计，全区已有小学 6266 所，在校生 240000 多人。从 1979 年到 1989 年，这 10 年间西藏小学教育进行了整顿。为了全区小学教育布局更加合理，有计划地增减教师、有计划地解决学龄前儿童入学的问题。从 1982 年 9 月 1 日起，对中小学学生免收全部学杂费，提高人民助学金享受标准，在中小学内设立奖学金制度，对边境地区的学生实行包吃、包住、包穿、包用的办学方法，并要求全区各地、县根据自己的实际情况开办小学。

中学教育：1956 年 4 月，西藏自治区筹委会成立。同年 9 月在拉萨成立了西藏第一所中学——拉萨中学。1963 年，拉萨中学发展成西藏第一所完全中学。为新西藏培养了第一届西藏高中毕业生 21 人，并把其中的 8 名毕业生保送到内地各大院校，成为西藏第一批大学生。这些老拉中学员，后来成为西藏各个领域的中流砥柱。

1956 年以后，中学教育在全区逐渐普及，日喀则、昌都两地的小学内还附设了初中班。到了 1960 年，全区除了阿里外，其他地区都成立了普通中学（班）。到 1965 年底，全区共有普通中学 4 所，学生 1059 人，其中高中生 91 人。改革开放以后，根据中央关于《西藏工作座谈会纪要》精神，西藏自治区政府先后召开了几次全区教育工作会议，提出了教育调整方案，从西藏的实际出发，按照教育的自身规律，对中学教育进行调整。为了更好地发展西藏的教育事业，从 1985 年开始，全国各省市对西藏的教育事业给予大力的支持。北京、天津、上海、辽宁、河北、河南、四川等 16 个省市创办了内地西藏中学（《西藏的孩子》的作者罗布次仁就是学员当中的一分子）。内地中学的建立，在开放后的西藏社会引起了强烈的反响，在很大程度上彻底改变了藏族人对于子女教育的理念。从起初的反对质疑，到后来积极主动地把子女送到内地中学。

高等教育：随着教育事业的发展和办学条件的逐步改善，西藏不仅普遍建立了中小学教育，而且还创办了高等教育。1965 年，西藏自治区成立前夕，在陕西咸阳创建了藏族人民的第一所大学——西藏民族学院。这所学院是在 1958 年成立的西藏公学的基础上发展创建的。西藏公学成立之初，西藏工委明确提出：这是一所政治学校，其目的是为了民主改革培养干部。当时的西藏公学规模较大，有学生 3500 多人，师资力量较为雄厚。随着西藏自治区的成立和西藏教育的需要，这所学校发展成一所高等学院，并为新西藏的建设输送了大批骨干人才。西藏自治区各部门、各地区都有该学校毕业的学生，成为社会的中坚力量。

改革开放也影响着高等教育的发展，西藏大学的成立正是高等教育调整后西藏高校发展的典范。

除此外，1960 年拉萨创办了第一所西藏幼儿园。1980 年，西藏自治区在拉萨成立了托幼领导小组，加强对全区幼儿教育的领导，并对全区幼儿教育进行了调整。1985 年，西藏自治区儿童福利基金会在拉萨成立，其宗旨是向社会各界宣传儿童和少年教育事业的重要性，并动员群众关心、支持儿童和少年的教育。1987 年 10 月，西藏第一所现代意义上的幼儿园——自治区试验幼儿园在拉萨成立。

同样，西藏的中等职业技术教育、成人教育和扫盲教育，也在积极探索发展中。中等专业教育始于 1957 年，当时西藏工委在拉萨建立了西藏的第一个师训班。1965 年，西藏自治区在拉萨成立了西藏师范学校。1988 年自治区政府在调整教育结构的同时，在拉萨第二中学内附设了西藏第一个职业技术班。办班伊始，招收了财会、文秘、烹饪 3 个班，1989 年又新增设了服装、建筑、旅游 3 个班。至于成人教育和扫盲教育，是从 1952 年开始的。西藏军区在拉萨开办了藏文训练班（后改为西藏军区干部学校），这是西藏最早的成人教育班。1956 年西藏自治区筹委会根据西藏的实际，提出了要重视群众业余文化学习的问题，紧接着在全区各地举办了学习班、夜校、冬学等群众扫盲业余文化学校。1984 年，自治区政府在拉萨成立了党政干部自修大学。

纵观西藏的教育发展，可以看到每一个阶段的教育改革和创新思考，都给西藏社会带来剧烈的影响。解放初期，各种教育形式让当时的人们感觉到自己突然生活在完全不同的好几种状态中（笔者调查时得知，很多人的祖辈，一代代都是一种单一的方式度过自己的一生，后来到了我们这一辈，开始有了真正的学校教育，当时大人们有很多焦虑，但也已经开始看到了渐渐转变的生活，尤其是从我们这代上学的孩子身上看到了与老辈们不一样的生活）。类似的感觉，出现在改革开放后恢复高考的过程中。同样，内地中学的建立，更是让人们在观念上有了巨大转变。教育的逐步改革，使孩子以及他们的家长自觉不自觉地开始来到祖国内地，了解祖国内地。内地和西藏有了更多的彼此沟通、彼此介入。正是这些不断到内地求学的孩子们，使得西藏老百姓的时间与内地同步，与内地更加休戚相关，结成一体。

旅游发展对西藏拉萨市堆龙德庆区桑木色然玛村经济社会发展的影响

旺希卓玛

本报拉萨2017年9月21日电，记者从西藏自治区政府新闻办获悉：2012年至2016年，西藏累计接待国内外游客8236.06万人次，实现旅游总收入1108.33亿元，西藏旅游业已初步形成规模经济，打造了以拉萨“雪顿节”为代表的西藏特色节庆旅游品牌，旅游文化深度融合发展，为全面推进重要世界旅游目的地建设打下了坚实的基础。

至2017年8月，西藏各类旅游企业达到2809家，旅游从业人员达到35万人，旅游车辆达到3235辆，拥有国家A级景区1139处，风景名胜区16处，国家历史文化名城3座和中国历史文化名城2座，中国传统村庄5个，全行业固定资产达200多亿元。

党的十八大以来，西藏旅游业发展迈上了新台阶。仅2016年，接待国内外游客达2315.94万人次，实现旅游总收入330.75亿元，是2012年的2.6倍，旅游总收入相当于西藏生产总值的27%左右。旅游业在促进地区经济社会发展、实现旅游惠民富民等方面发挥了重要作用。①

西藏自治区地处中国的西南边疆，与南亚的印度、尼泊尔、不丹、

① http://news.china.com/news100/11038989/20170922/31499864.html（《人民日报》，2017年9月22日23版）。

缅甸等国家和克什米尔地区接壤，是“一带一路”上中国面向南亚开放的重要通道。西藏主动参与“一带一路”和孟中印缅经济走廊建设，举办“中尼旅游联合协调委员会”年会、“西藏旅游海外推广周”专题活动，规划建设冈底斯国家旅游合作区，推进国际交流与合作。截至目前，西藏旅游形象宣传片在全球144个国家和地区落地播出，西藏旅游国际化、开放化水平正在不断提升。①

上述两个新闻报道中的数据和内容，让我们了解了目前西藏旅游发展的状况和未来发展趋势。在西藏，旅游业的发展对西藏人民建设美好生活有着重要的影响。

2011年，我参与“青藏高原环境与发展延续研究——青藏高原山水文化研究”课题，到西藏拉萨当雄等地调研时，抽空去桑木村回访，再次了解旅游对村庄社会文化生活的影响和发生的变迁。

2011年9月15日，我到桑木村时，没见到次仁旺堆，他已经不当村长了，和妻子齐美去了羊达乡他们自己开办的采沙场。在家里的是老二，已经在农牧学校毕业，正在找工作。我询问了村里开展旅游的情况。菅老板也不在村里做旅游了，到拉萨市开了个小旅馆。村民自己想做，但没有客源，参与的人不多。

2017年8月12日，我去桑木村回访。有好几路公交车都路过桑木村，公交车票是一元钱，真的比北京的公交车都便宜。到堆龙德庆和东嘎镇的道路两边全都是商铺，没有空地，变化真大。到桑木民俗村口时，感觉有点灰蒙蒙的，像北京轻度雾霾时的天空，是开发的太快，还是人多，车多，或许还有一些企业和建筑工地造成的？因为没有买礼物，就在民俗村的村口买了三斤酥油，黄色的好的40元一斤。沿着四组的路往五组色然玛村走，路依然是那么窄，最近下雨的缘故，脚下都是泥泞。路两边在建新房，还有的在盖像城市的一排排楼房。走到村口，看到熟悉的“典噶”和“达经”还在，村口小广场还在，原来的

① 新浪新闻中心综合：http：//news. sina. com. cn/o/2017-09-12/doc-ifyktzim9929512. shtml

小商店没了。周围几户的房子都建的很漂亮。老房子色拉庄园还在，但门锁着，外墙的下边白色有点剥落。我知道，到9月会用白色的土粉刷一新。

村民说，村里有政府招商来的开发商投资，在林卡那里建房子，还没有建好，有村民参与旅游，但游客不多。在村口有几位村民在门口站着，我问见到次仁旺堆没有？她们说他出去了。我问，齐美在家吧？有位年轻媳妇告诉我，她不在了！我大吃一惊，齐美比我还小一岁，年轻的时候长得很漂亮，后来就是胖了一点，脾气特别好，温柔善良。真得没想到，齐美走了！村民说次仁旺堆的姐姐在家，她是聋哑人。我给次仁旺堆打了电话，他一早去了哲蚌寺，这会还回不来。我还是去家里看看。到大门口时，看到有辆红车从身边开过，停在了家门口。有个高个的男孩，至少1.85米以上，带着一个女孩，抱着一个小孩进了家门。我到门口附近时，厨房屋顶上那两条大狗对着我狂吠。我不敢走近大门，担心两条大狗扑下来。男孩终于出来了，原来是次仁旺堆的小儿子，记忆中的那个憨憨的小男孩，10年后长这么大，这么高，还结婚有了儿子。开的红车是16万多元的猎豹车。到家里我问候了哑巴姐姐，把酥油给她，给第一次见面的小不点100元。虽然说不出话，但依然能感受到哑巴姐姐的热情，忙着给我倒清茶。齐美在世时，家里一直是有红茶或酥油茶的。问了孩子妈妈过世的情况，当时次仁旺堆到成都治病，妈妈自己住在厨房里。等孩子们发现送到拉萨的医院时，已经没有救治的希望了，估计是脑梗或心梗走的。我的眼泪忍不住流下来。2005—2007年，我在村里调研时住在这里。齐美总是按时做好饭，等我或叫我回来吃饭，永远是那么善良而有耐心。当时做学生的我，没有钱支付给村民家里的误工费，我只能每次从拉萨工作站附近买一大塑料袋白面饼带来，那就是这个小儿子最喜欢的点心。现在，长成大小伙子的他，开着进口的几十万的车，还在说，因为环保检查，他们家投资60多万元的采沙场停工了。

我们知道，这十年有党和国家对西藏的各项优惠和扶持的政策，有全国各地的对口援助和支持，西藏经济社会长足发展和长治久安，西藏呈现发展速度快、质量效益好、民生改善实、改革开放深、生态环境优的良好局面，展现出美好的发展前景。通过2017年9月7日西藏自治区政府新闻办的新闻发布会，我们可以了解到，五年来西藏全面深化改革，推动经济社会发展，基础设施建设、重大项目实施等方面取得较大的发展成就。

西藏经济实现跨越式大发展，2015年全区地区生产总值突破千亿大关，2016年达到1150.07亿元；社会固定资产投资规模不断加大，五年累计完成固定资产投资5745.86亿元，2016年达到1655.5亿元，年均增长24.7%，高出全国10.4个百分点；地方财力持续快速增长，2016年地方财政收入达到206.37亿元，五年年均增长21.2%；地方财政支出2016年达到1640.98亿元，五年年均增长15.1%，着力加大民生、支农、社会事业和生态文明等方面投入；对内对外贸易迅猛发展，全区社会消费品零售总额2016年达459.41亿元，五年年均增长13.4%，高出全国1.2个百分点。

交通出行更加便利，基本建成以公路、铁路、航空、管道为主的综合交通运输体系，截至2016年底，公路通车总里程达到8.21万公里，比2011年增长30.5%；能源保障更加有力，以水电为主，地热、风能、太阳能等多能互补的新型能源体系初步形成，水电站建设进程加快；水利设施更加完善，一大批水利项目建成投入使用，大型灌区体系基本形成；通信网络信息实现与内地同步发展，高原已进入了卫星、光缆、网络、信息新时代。

西藏人民的民生民利得到充分保障。自治区坚持本级财政收入70%以上用于保障和改善民生。基本公共服务能力不断提升，以免费医疗为基础的农牧区医疗制度覆盖全体农牧民，寺庙僧尼等人群全部纳入基本医疗保险范围；从学前到高中阶段在全国率先实现了真正意义上的15年免费教育；一批高校毕业生实现了区外就业，城镇登记失业率持续控制在2.5%左右；覆盖城乡居民的社会保障体系不断健全，各项社会保险参保人数达到300万人次；各族群众生活水平不断提高，2016年农村居民人均可支配收入达9094元，城镇居民人均可支配收入达到

27802元。①

2017年8月15日，中央第六环境保护督察组进驻西藏。重点是督察西藏自治区党委、政府贯彻落实国家环境保护决策部署、解决突出环境问题、落实环境保护主体责任情况。在此之前，西藏自治区政府的相关部门组织了环境督查。2017年7月，次仁旺堆的采沙场被关闭了。这是他小儿子的生计来源，他还是很关注的。他手里有一份给堆龙德庆区人民政府及有关部门的“色德沃玛采沙场情况说明”，希望能够再生产或得到补偿。

这10年，堆龙德庆县改为堆龙德庆区，社会经济发展迅速。到2016年，堆龙德庆区以全面建成小康社会和建设团结美丽健康幸福新堆龙为目标，积极抢抓“撤县设区”重大历史机遇和“十三五”重要战略发展期，牢牢把握稳中求进的工作总基调，坚持以“六大战略”为抓手，扎实推进改革发展稳定各项工作，实现了党的建设全面加强、经济持续健康发展、民生事业大幅改善、生态环境保持良好、民族团结、宗教和睦、社会大局和谐稳定。全年地区生产总值预计完成26.62亿元，同比增长21.11%，完成目标任务的108%；全口径公共财政收入预计达到11.63亿元（其中，一般公共预算收入5.68亿元，政府性基金预算收入5.95亿元），同比增长97.78%，完成目标任务的185.66%；全社会固定资产投资预计达到77.2亿元，同比增长33%，完成目标任务的102.37%；社会消费品零售总额预计达到9.76亿元，同比增长12%，完成目标任务的102%；工业增加值预计达到12.71亿元，同比增长20%，完成目标任务的102%；农村居民人均可支配收入预计达到13056.28元，同比增长17.12%，完成目标任务的101%。

党中央、国务院高度重视西藏的生态建设与环境保护，为加强西藏的生态建设与环境保护，促进西藏经济、社会可持续发展，提高各族人民的生活水平，作出了巨大的努力。西藏以推进生态文明建设为核心，以构建生态安全屏障为抓手，以建设美丽西藏为目标，以严格环境监管

① 人民网：http：//xz.people.com.cn/n2/2017/0908/c138901-30710067.html

执法为手段，以加强环保能力建设为基础，主动适应经济新常态，全面推进生态环境保护、污染防治与辐射环境管理等各项工作，确保了全区环境质量持续保持在良好状态。

党的十八大以来，西藏树立绿水青山就是金山银山、冰天雪地也是金山银山的理念，坚持生态保护第一，像爱护自己的眼睛一样爱护生态环境。西藏先后颁布实施了《西藏自治区环境保护条例》《西藏自治区湿地保护条例》《西藏自治区生态环境保护监督管理办法》《西藏自治区矿产资源勘查开发监督管理办法》等 30 多部地方性法规和政府规章，基本涵盖了生态环境保护的各个领域，尤其是《西藏生态安全屏障保护与建设规划》实施 8 年来，西藏生态环境的保护取得了显著的成绩。

堆龙德庆区着力改善民生事业，增进人民福祉实现新突破。围绕“一年脱贫、四年巩固”的工作目标，扎实开展扶贫攻坚，将精准扶贫工作全面纳入经济社会发展各领域中。着力发挥产业发展的拉动作用，鼓励自主创业、强化劳务输出。着力发挥易地搬迁的推动作用，完成了波玛村 100 户和桑木村 300 户集中安置工程建设，有序开展抽签入住工作。着力发挥社会保障的兜底作用，全面实施低保线与脱贫线双线合一，制定完善教育、医疗、救助等专项机制。建立区、乡（镇）两级“建档立卡”贫困户月收入动态监测机制，积极开发精准扶贫业务综合管理平台，深入开展低收入群体摸排调查工作，为下一步精准制定巩固提升措施提供了依据。经堆龙德庆区自验，全区贫困发生率低于 3%，基本完成了现行标准下 1324 户、4430 名“建档立卡”贫困群众全部脱贫的工作目标。大力完善公共文化服务体系，以践行社会主义核心价值观、“老西藏精神”“两路精神”为主线，立足区文化活动中心，深入推进“书香堆龙”建设，着力完善区、乡（镇）、村三级公共文化服务体系，积极创建国家公共文化服务体系示范区。坚持优先发展教育事业，编制了《堆龙德庆区教育改革与发展“十三五”规划》，全面加强教育设施建设，全面推进园林式、书香化学校建设，全力提升中小学、幼儿园标准化建设水平，进一步加强幼儿教育，在全市率先普及学前双语3年教育，全面推进义务教育，加强学籍管理，全面控辍保学，实现外来流动人员子女就近就便入学。大力提升卫生服务水平，积极推行“先诊疗、后结算”优质医疗服务机制，全力实施“零差率”药品政策，农牧民和僧尼免费体检率达100%，群众看病难、看病贵的问题得到有效缓解。着力完善社会保障体系。扎实开展“四业工程”，切实提高农牧民群众就业技能和就业水平，城镇登记失业率严格控制在2.2%以内。扎实开展城乡社会养老保险工作，大力推行低保户规范化动态管理，积极开展临时救助工作和城乡医疗救助工作，强化弱势群体服务，进一步完善社会福利院基础设施建设，社保体系日益完善。

堆龙德庆区着力加强生态保护，优化生态环境实现新突破。成功创建桑木色玛村、嘎冲村等28个行政村为“自治区级生态村”，实现覆盖率93.3%；创建东嘎镇、乃琼镇、古荣乡、马乡、德庆乡为“自治区级生态乡（镇）”，为创建“自治区级生态县”奠定坚实基础。严格落实建设项目环境影响评价工作。进一步加强对“三高一低”重点企业的监管工作，严厉打击非法采砂、采石、采矿行为。完成8400亩拉萨周边防护林和1.91万亩区域防护林建设。全面启动保护母亲河行动，严格实行河长制，加强水生态治理与保护。强化城乡土地管理，在土地确权登记颁证工作的基础上，扎实开展农村宅基地确权工作，引导农村土地合理有序流转。

2016年，堆龙德庆区完成招商引资项目51个，项目总投资近66.29亿元，实际到位资金1.76亿元。北京对口援藏单位始终高度重视援藏工作，紧紧围绕产业发展、市政设施建设、新农村建设、城镇基础设施建设等重点领域，坚持对口支援资金向基层、向农牧区倾斜，坚持80%的资金投入到基层，全年投入援藏资金5000万元，实施了3个援藏项目，有力地推进了区域经济发展；进一步深化人才援藏和智力援藏工作，组团式医疗援藏深入推进，选派19名干部赴北京对口援藏单位跟岗学习，邀请11名干部赴朝阳区交流挂职，北京市朝阳区选派医疗专家团指导区医院成功创建为二级乙等医院。①

在西藏和拉萨市堆龙德庆区社会经济发展，民生不断改善的大环境下，次仁旺堆虽然不当村长了，一家人也不参与旅游了，但开采沙场挣了一些钱。今年，因为西藏环境保护的督查检查，采沙场不符合环保要求被关闭。次仁旺堆让小儿子开餐馆，他出租自己盖的100间房子，他们有了更多的生计选择，相信他们的生活会变得更美好。

堆龙德庆区编制了《堆龙德庆区“十三五”旅游总体规划》，启动了堆龙德庆区全域旅游规划编制工作，组建了堆龙德庆区吉雄谷旅游文化发展有限公司，积极实施“一条环线”和“一带画廊”旅游发展战略。堆龙德庆县桑木村入选中国最美休闲乡村。② 2016年，为了积极响应国家旅游局组织开展的旅游规划扶贫公益行动，并希望借此机会能为西藏扶贫脱贫事业与旅游发展贡献一份力量，北京华汉旅规划设计研究院申请将“拉萨市堆龙德庆县东嘎镇桑木村”作为对口援助旅游扶贫试点村，免费为桑木村提供规划设计及后续有关服务。拉萨市堆龙德庆县东嘎镇桑木村旅游规划扶贫项目正式启动。

桑木村地处拉萨市郊，距离城区约12公里，紧邻青藏公路，交通十分便利。全村共有5个村民组，一组拥有较大的土地储备，主要以种植、养殖业为主；二组在村委会的带领下，盖集体商品房，每年户均分红5000余元，同时以民族手工羊毛地毯加工为主要特色；三组有三世达赖喇嘛出生的曲康麻布寺和历史悠久的水磨坊；四组大部分土地被国家征用，村民主要以运输业和外出打工为主；五组主要是种植特色产业“藏年花”，还有历史悠久的色拉庄园和大量传统村落建筑，独具特色，具有非常大的旅游开发潜力。

为了大力发展拉萨市乡村旅游，打造新的旅游品牌，拉萨市计划投资400万元打造桑木村景区，以促进拉萨旅游业发展。目前，该景区有

① 中国西藏之声网：http：//www. vtibet. com/xw_ 702/jj_ 710/201612/t20161223_ 449461. html

② 西藏商报：http://www. xzdldq. gov. cn/cgly_3699/201510/t20151013_856679. html（2017年02月10日）。

2.67 万平方米林卡，农产品丰富，民间习俗众多，均与乡土自然相结合，经过多年的开发，现在也有了一定的知名度。以桑木村乡村人文旅游资源为依托，以乡村旅游市场需求为向导，将深入挖掘乡村文化资源的社会经济价值，科学规划，突出重点，力求特色，把桑木村乡村自然旅游景区建成一个集观光、休闲、娱乐、度假为一体的自然乡村旅游目的地。①

桑木村村民的生活发生了怎样的变化？因为 2011 年和 2014 年的回访都没有见到次仁旺堆，这次去桑木村也没见到次仁旺堆，第二天，他打来电话，约我一起吃个饭。但因忙于《中华大典·藏文卷》项目的检查、培训和会议，一直没有时间。离开拉萨前的 8 月 22 日中午，我约了次仁旺堆到拉萨八廓街附近的顶峰咖啡屋喝杯咖啡，聊聊他和村庄这几年的情况。在仁莫切（小昭寺）的路口见到了次仁旺堆，10 年没见了，看起来他外形上没有太大的变化。穿着休闲的运动衣裤，旅游鞋。我们一起往大昭寺走，他低着头，背着手走路，只是感觉没有以前抬头挺胸的精气神了，也许是齐美走了的缘故。

坐到咖啡馆里，点了两杯美式咖啡和英式的点心。次仁旺堆递过来 200 元钱要付账单，说他请我。因为是我约他来的，点餐时我用微信付了账单。在拉萨也和在北京一样，很多地方都可以用微信付款了，包括住宿宾馆街道附近的水果店和面包店等，这使我感受到西藏和内地同步发展的节奏。我想了解一下次仁旺堆和桑木村近几年的生活情况和变化。看到这里有许多拉萨的市民，还有外国人、僧人。次仁旺堆感慨，他在西藏长这么大从来没来过这样的地方，他说我的孩子也没来过这样的咖啡店。一般都是去藏面馆，或餐厅炒菜。现在，次仁旺堆坐在咖啡屋里，喝着他不习惯的美式咖啡，给我说起这几年的变化。不当村长后，他开了采沙场，家里的两辆大车还在跑运输。村里的人大多都把地卖了，外地人来村里盖房子（我想他说的卖了是指租出去了），村里只有两三家人没有卖。他没有卖自己的 6.4 亩地，但也不种地了，盖了房

① 中国西藏网：http：//www.tibet.cn/travel/news/1453946365212. shtml

子。去年盖了 52 间，以每间每月 300 元的价格整租给一个外地老板，那个老板转手就以 750 元的价格租给了别人。他说知道，但自己不会经营。今年盖了 48 间，刚买了门，还没有完工。我们相互加了微信，我回到北京后，次仁旺堆还给我发来了他新盖房子的录像和语音，告诉我，那边是去年盖的房子，这边是今年盖的房子。视频里可以看到大铲车正在院子里施工。我也加了次仁旺堆小儿子的微信，他的微信头像是黑色背景板上的一句话："你不努力，谁也给不了你想要的生活"。虽然小儿子高中都没上，就跟着爸爸去采沙场工作了，但在社会大学里他已经成长起来，感觉是个积极向上、努力奋进的有为青年。在微信朋友圈里，可以看到小儿子发的视频，正在往新盖的院子里栽一棵大树。次仁旺堆现在几乎每天早晨去哲蚌寺转经，然后一整天呆在寺院里，帮寺院做些力所能及的事。他说只有这样心里才感觉轻松舒服，如果不去寺院会浑身不舒服的。齐美走了两年了，次仁旺堆还没有从失去妻子的伤感中走出来，采沙场交给小儿子管理，他每天去寺庙，宗教信仰是他目前的一种寄托。

西藏农村的旅游人类学田野调查

旺希卓玛

西藏位于青藏高原，独特的地理位置，美丽的自然风光，悠久的历史，灿烂的文化，别具一格的风俗人情，不胜枚举的文化古迹，独一无二的藏传佛教色彩构成了独具魅力的自然资源和人文资源，吸引了海内外的旅游爱好者，为旅游业的发展提供了良好的基础。近二十年来，西藏的旅游业发展迅速，已逐渐成为西藏经济发展的支柱产业之一。青藏铁路的建成通车，进一步推动了西藏旅游业的迅速发展。旅游业进入了西藏的农村，西藏农民参与到旅游活动中，开展旅游的西藏农村的社会文化发生了不同程度的变化。在西藏，居住在农牧区的人口占总人口的81.1%。因此关注旅游发展与西藏农村变迁的关系具有重要的现实意义。

2005年到2007年，我对西藏农村参与旅游的两个村庄进行了调查，分别是西藏拉萨市堆龙德庆县东嘎镇桑木村五组—色然玛村和拉萨市城关区蔡公堂乡次角林村，了解了西藏农村开展旅游对农民生活的影响。在色然玛村，从2002年起，村民就参与到外来开发商出资开展的民俗风情旅游活动中。从2004年开始，次角林的村民由村委会组织开展了旅游接待活动。在西藏社会经济迅速发展的今天，西藏农村的农民有了一个新选择——参与旅游业。

一、研究问题和调查点选择

（一）研究问题

近几年，随着西藏旅游业的发展，西藏农村作为旅游目的地，不断地接待来自各地的游客，旅游对西藏农村的社会文化、经济、环境等诸多方面产生了影响。村庄和村民在社会结构和心理上发生了什么样的变化？文化会发生什么变迁？旅游使文化正在经历着一个怎样的“重构”过程？旅游对村庄的未来发展有怎样的影响？这些都是人类学所关心的重要问题。本选题即研究旅游与西藏农村的变迁。

（二）调查点的选择

我选择西藏农村已经开展旅游的西藏拉萨市堆龙德庆县东噶镇的桑木村—色然玛自然村和西藏拉萨市城关区蔡公堂乡次角林村作为博士论文的调查点。为什么选择这两个村庄呢？

从人类学的研究方法来说，选择一个村庄进行研究，是社会学人类学研究中社区研究的传统和经典方式。找到一个好的切入点，选择一个范围不大，但足以代表现在旅游业进入西藏农村后产生影响和变迁的样本入手，进行田野调查和分析。这种认识社会的方法，被称为社区调查研究法或典型（微型）调查分析法。

本选题是研究旅游与西藏农村的变迁，通过对西藏农村一个村庄的田野调查和民族志描述，分析旅游对村庄的经济、社会文化、环境等方面的影响。了解村民和村庄整体的变迁，旅游业如何融入村民的经济发展和社会文化生活。选择一个村庄的研究是否就能了解旅游引起西藏农村变迁的进程呢？著名社会学家、民族学家费孝通先生是这样概括这种调查研究方法的：“微型研究就是在一定的地方，在少数人可以直接观察的范围内，同当地人民结合起来，对这地方的居民的社会生活进行全面研究。这种微型研究是过去社会人类学常用的方法。我们也做过这种研究，比如我的《江村经济》、《禄村农田》等都是例子。但是在少数民族社会调查中还不多，而且也不够‘微’，也没有体现‘型’的特点。‘微’是指深入到生活的实际，而不是泛泛地一般化的叙述，要做到有地点、有时间、有人、有行为，这样才能说是‘直接的观察’。‘型’是指把一个麻雀作为一个类型的代表，解剖得清清楚楚，五脏六腑，如何搭配，如何活动，全面说明；而且要把这个麻雀的特点讲出来，它和别的麻雀有何不同，为何不同等等。这样的‘微型’研究是民族研究的基础，通过比较不同的‘型’，就能逐步形成全面的宏观的认识。”① 要采取这种调查方法认识西藏农村，首先必须找到一个足以代表整体的样本，即从西藏无数农业村庄里，选择出参与旅游业发展的最具典型性和代表性的村庄。

桑木—色然玛村的乡村民俗旅游打破了传统景点的只看寺院的单调，重在游客的参与和体验，得到了广大游客和旅游界的认可。2006年，堆龙德庆县桑木村、城关区蔡公堂乡次角林村和当雄县当雄乡达布村三个景点被拉萨市旅游局列为拉萨市农牧民群众参与旅游服务示范区。桑木村为来藏游客提供了一个深入民间、体验民俗风情的窗口，具有选择调查点的典型性和代表性。

2005 年 7—9 月，我参加中国藏学研究中心的课题《全国百县市国情跟踪调查—拉萨卷》的调研。我们曾到桑木村五组—色然玛村调查，与村长、开发商、导游和村民建立了良好的关系。2006 年 7—8 月随《西藏及其他藏区现代化研究》课题组再次到村里调查，对村庄的基本情况比较了解。因为已两次进入村庄调查，对该村概况有了基本了解，积累了一些调查资料，有调查的基础。作为藏族人，本人也容易进入调查点，走入研究对象的内心世界，了解到比较真实的资料，不存在难于进入田野等问题，便于参与式调查。本人所具有的汉文化背景又会让我作为一个他者去观察。

选择次角林村作为另一个调查村，是因为那里有历史悠久的人文旅游资源，而且自然风景优美。我从拉萨市旅游局了解到那里的村民已经

① 费孝通：《民族社会学调查的尝试》，载《费孝通民族研究文集》，民族出版社，1988 年，第 279 页。

在开展旅游接待，主要是拉萨市民周末去休闲度假。我想了解西藏农民自己是如何开发旅游的，村民和村庄都发生了什么变化，目前他们面临的最大问题是什么。因此，我选择这个村庄，与色然玛村进行旅游影响和变迁的比较研究，探索在西藏农村发展旅游的最佳途径，对西藏农村未来的旅游发展提供一些建议。

（三）研究资料的准备

对于一个社区的研究，一开始必不可少的应该是搜集和整理当地的历史文献资料。为撰写博士论文，我搜集和阅读了大量相关文献，包括前人研究成果、调查资料以及西藏的报刊资料，网络信息等。西藏社会经济发展、旅游业发展的历史和现状的相关文献和资料。本次调查资料主要由以下几个方面组成：1. 文献资料包括与本课题相关的人类学和旅游人类学的研究论文和专著；2. 国内对西藏的社会调查资料等；3. 收集到的西藏自治区、拉萨市和堆龙德庆县的档案、史志、旅游等部门收藏的有关本课题的档案和资料；4. 各级政府部门的各类统计资料和报表，以及政府下发和上报的总结报告、旅游发展规划等文件；5. 田野调查资料：访谈记录、录音、拍摄图片、绘图、调查问卷，田野调查笔记中的感想、思考等。

田野调查是人类学者获取研究资料的最基本途径和进行理论研究的最主要基础，同时也是民族志构架的源泉。本世纪 30 年代以前，人类学的调查比较流行的是全面调查，研究多以民族志的撰写和描述为主，直到近几十年来才向专门化的研究方向发展。我选择旅游与西藏农村的变迁作为主体，而这方面又缺乏前人的研究，这就决定了我的调查既是一次全面调查，又是一个有关旅游影响和村庄变迁的专题调查相结合的调查。

在确定选题和调查点后，我曾经于 2005 年 7—9 月、2006 年 7—8 月，在西藏拉萨堆龙德庆县东噶镇桑木—色然玛村做过近 5 个月的调查，这篇博士论文的开题报告就是建立在笔者 5 个月的田野调查基础之上。2006 年 9 月在开题报告通过答辩后，2006 年 10 月—2007 年 3 月，我再次去桑木—色然玛进行了为期 6 个月的田野调查。

在进入村庄后，我被安排在村长家居住。我与他们“同吃、同住、同劳动”。可以观察村民的生活方式，融入和参与到他们的生活当中。四组的其美在小广场边上租了一间房，开了一个甜茶馆，这里就成了村民聚会、娱乐、聊天和传递信息的场所，也是我更多地接触和了解村民的地方。在最初的几天，我没有进行任何刻意或深入的访谈。我只是观察，逐渐与人们建立个人关系，他们慢慢地习惯我每天的出现。我告诉村长和村口的年轻人，我为什么到村里来调查，我还告诉他们我要把村庄的历史和今天的变化写进我的论文里。进入村庄的次数和时间长了，村民们不再向刚开始那样，顾虑我问这么多要干什么，当我出现在村子里时，他们会微笑着跟我打招呼。我可以在村口的小广场、村民家里或村庄的道路上，在他们有时间的时候访谈，或者在他们干活的地方边干边聊。桑木村的村长次仁旺堆和次角林二组组长平措扎西就成了我的主要访谈人，能比较方便地获取村庄的情况。此外，村里的一些老人和曾当过村干部的人也是主要访谈对象，他们有一定的文化知识基础，知道并能讲述村庄的历史和变化。我有意识地对桑木村参与旅游和未参与旅游的人家进行比较性的访谈。

前两次的调查使我了解了村庄的基本情况。2006 年 10 月进入村庄之后，通过观察和询问，我自己画了村庄的图，用相机拍下了村里的几条主要通道和两边居住的人家，拍下了每家的大门和门牌号。在村口让村庄的村民们画出居住的图纸，还标注出道路、村委会、旅游的主要活动场所、平时经常煨桑的“典嘎”的位置。问清了参与旅游接待的村民和未参与旅游接待的村民住在哪里，村长的两个孩子和村庄里的其他孩子成了我的好帮手，他们非常热心。调查使我对村庄的全貌和村民的生活有了较为明晰的了解。

（四）田野调查技术

1. 参与式观察

参与观察是人类学工作者最重要的田野工作方法之一，也是收集第一手材料的最基本的方法。作为人类学的参与观察者，我的观察和研究是从一个外来研究者的角度进行的。我不可能对当地社会达到当地人所具有的那种文化逻辑支配下的“无意识”（或下意识）的思维和行为，因为我的价值观仍然是我成长的社会所赋予的，有着相当大的主观成分掺杂其中。这种主观成分来自于我个人的生活经历、教育背景，其中文献和田野材料的取舍，无疑都经历了个人的主观选择过程。在论文中我使用了一些个案，代表了以当地村民为主的主位的观点，也就是通常所说的“内部人的视角”。但我更多的是从一个外来研究者的角度来观察和诠释在旅游进入西藏农村后的变迁。我只是对看到、听到、访谈到的当代西藏农村社会勾勒出一个基本的框架。任何一个村民，包括十来岁的孩子，都比我更加了解当地社会潜在的文化逻辑和行为规则，他们是这个社区地方性知识的专家。当然，一个研究者和研究对象之间最大的区别就是有无学理上的论证和分析。作为一个外来者、一个人类学研究者，我尽可能以一种客观和公正的态度去理解当地社会；去发现和探究那些被本民族研究者“见怪不惊”的思维定势所忽略的文化事项，并将之作为藏族社会整体中的一个有机组成部分，从细微的现象中去研究它们与整体之间的有机联系和互动。从旅游进入西藏农村的语境中，了解旅游对村庄在经济领域、社会领域、文化领域、环境领域的影响。村民从被动参与到主动介入旅游的过程，分析村庄在社会结构层面的（包括个体的和群体的涵化）和心理层面的变迁。

对于长期的田野调查来讲，观察的时间至少要一年，这样才能清晰地把握整个村落或社区的季节更替和生活历程，也才能真正深入到当地人们的生活当中，了解他们的文化。从 2005 年 8 月起，我调查的时间已有 5 个月，第二次调查时间更长，以期对村庄有深入、细致的了解。在调查中，我充分尊重他们的生活习惯，自觉遵守我所了解到的村里的习俗，这是对我这个外来的参与观察者的要求，也是田野调查的基本要求之一。

参与观察的好处在于研究者可以亲眼目睹实际发生的事情，而不是不加分析地认同报告人所提供的情况。而且，只有参与过当地的一些实际活动之后，才会被当地的人们所真正接受，与他们建立亲密的合作关系。

2. 访谈

人类学所强调的直接性、深入性，面对面的对话，实际上就是访谈，是获取第一手资料的主要方法之一。我在村里访谈的对象有老人、年轻人、青壮年男性和妇女等，主要使用的是结构性访谈、半结构性访谈和非结构性访谈三种。

我第一次在桑木村的调查就是半结构性访谈和结构性访谈的结合。在去村庄之前，格勒导师为我们上课，详细讲了如何调查、调查的具体问题等。就调查内容、观察、记录、家庭个案等做了具体指导，强调聊天的方式容易被接受。所以在调查时，我自己有一个关于家庭婚姻基本情况、经济生活、社会组织与公共生活、宗教与传统习俗的基本思路，在聊天中插话，依次提问。因为我是带着《拉萨卷》的调查任务去村里的，有总课题组设计好的调查问卷。这些问卷基本上是以社会学的定量分析的方式设计的，因为调查后要使用 SPSS 统计方法得出结论。我在村里，对参与旅游的 15 户和未参与旅游的 10 户做了入户调查。另外跟随王金红教授和刘志扬博士一起就村民的政治生活和民主选举的参与等进行了半结构的访谈。

在做调查记录时，我选择的是当时记录加录音（MP3）。尽管以前的人类学者一般不主张如此，但我认为这样更准确。还记录了一些说话时的场景和对方的神态、情绪和自己当时的感想。

3. 问卷

2005 年，我是以拟好的调查问卷结合《拉萨卷》的问卷调查一起进行调查的。这样，在每户的调查时间很长。当时有东嘎镇的吴镇长陪同并做翻译，村民当作上级来调查的任务对待。这样的好处是效率高，很多基本情况能很快了解到，但也为以后自己的人类学访谈埋下隐患。2006 年，当我再次去村民家中访谈时，有的村民说，你去年不是来问过了吗？我只有耐心解释，与别人多聊天，还买一些糖果等给孩子们。2006 年，除使用自己设计的问卷外，我还结合正在进行的拉萨市农牧民城市居民家庭全面建设小康计划和第二次全国农业普查所填的调查表进行调查。

4. 参与式农村评估方法

我在色然玛调查时，还使用参与式农村评估方法。使用 PRA 工具的座谈会、绘图方法能够快速帮助我掌握传统调查方法往往需要十多天才能掌握的信息，而且可以借此机会，介绍自己以及自己调查的主题，取得村民的理解。

在色然玛村的调查中，我没有要求召开专门的调查会，而是借村庄召开的不同主题的村民大会和桑木村村委会时，提出问题，了解他们对村庄旅游发展及村庄未来发展的想法。我刚好赶上 2006 年全国新农村建设的调查，他们组织全村的村民在村委会开会，了解村民家庭的基本人口情况、住房、财产、教育等，我就跟着做调查。另一种方式就是在村口的小广场和甜茶馆里，一般聚集着十几个人，老人、年轻人、妇女、学生等都有，他们的聚谈自然形成一个个不同主体的“座谈会”。我就村庄的神山、植物、动物、亲属称谓、村民的业余生活、年轻人的活动和想法、旅游让村庄发生的变化等提问。这种场合原本就是村民聊天的地方，他们说起来无拘无束，我也融入其中，只是当时不好记录，有时我也记，反正，村民已经习惯了这个一手拿笔记本、脖子上挂个相机、到处串门、见人就问的我了。

我在村口的小广场和甜茶馆里请村民们绘出村庄的居住格局、标出每家的位置，哪些是参与旅游接待的人家。在村民讨论中绘出的社区图往往包含着更多、更准确的信息。这份社区图由双胞胎村民中的单增主笔绘图，其他村民参与。他们用一上午的时间绘出了详细的图，标注了每家的房主名称，还标出了公路、河流等。因为绘图的时间长，我去村里拍三纵两横的道路和两边的村民家的门及门牌号，以配合村民的绘图一起使用，利用现代化的工具，更形象、真实的记录和保留村庄的原貌。村庄社区图是村民地方性知识的体现，虽然这种方法表面看起来并不精确，但实践证明社区图高度浓缩了村落社区的各种信息，真实可信。根据社区图，我在田野中对访谈对象的选择就更加具有了针对性，同时也节省了大量的时间。

从事过具体田野调查的研究者都会有这样的体会：无论事先调查提纲设计得如何周全，实际调查过程如何仔细和全面，当我们离开调查点回到自己熟悉的生活环境中开始动笔写作时，往往会发现竟然还有许多关键问题和细节被忽视和遗漏了。在信息通信高度发达的现代社会，我们可以利用已经普及化了的电话等信息工具对调查对象作进一步的访谈，还可以用手机短信询问和回答一些需要了解的内容。我曾打电话到次仁旺堆家核实一些问题，还发短信给营总，了解桑木民俗旅游的最新动态和相关数据。

我深知田野工作本身并不是学术成果，正如哈维兰所说：在最终的记录中，民族志学家必须弄清三方面的问题：他或她在田野中做什么，以及为什么？他或她对谁访谈和向谁学习？要带回什么东西来用文献加以证明？不清楚这些问题，一个人就无法判断描述的有效性。民族志的田野工作，如果正确的完成，它的最终成果是关于一种文化的条理分明的陈述，为理解被研究民族的观念和行为提供解释的框架。① 在博士论文的写作期间，我尽量多阅读人类学、旅游人类学的理论书籍，用理论确立明晰的分析思路，指导调查，知道自己要调查什么，如何运用调查资料，将文献与研究结合，努力写出合乎学术规范，对现实应用又有指导意义的论文。

5. 回访

2011 年，我在中国藏学研究中心社会经济所工作。参与“青藏高原环境与发展延续研究—青藏高原山水文化研究”课题，到西藏拉萨当雄等地调研时，我抽空去桑木色然玛村和次角林村回访，再次了解旅游对两个村庄社会文化生活的影响和发生的变迁。

2011 年 9 月，次角林村的村民在村委会的组织下，依然在自己接待游客，来旅游的人数和收入也在增加。很多村民盖了新房子，政府还建了一些安居工程的房子给贫困户。还有政府招商来的开发商要投资开

① ［美］威廉·A·哈维兰（William A·Haviland）著：《文化人类学》（第十版），上海社会科学院出版社，2006 年，第 24 页。

发次角林整个山谷，正在洽谈。2011 年 9 月 15 日我到桑木村时，没见到次仁旺堆，他已经不当村长了，他和妻子齐美去了羊达乡他们自己在那里开办的采沙场。在他家里见到老二，他已经在农牧学校毕业，正在找工作。我询问了村里开展旅游的情况，他告诉我菅老板也不在村里做旅游了，到拉萨市开了个小旅馆。村民自己想做,但没有客源,参与的人不多了。

2014 年，因参加《中华大典·藏文卷》课题调研，我再次来到西藏拉萨。因为时间有限，我选择了去次角林回访。位于拉萨河南岸的拉萨市城关区蔡公堂乡次角林村，与拉萨市区和布达拉宫隔拉萨河相望，是拉萨市的南窗口。过去的次角林是一个以农牧业为主的村庄，随着中国西藏文化旅游创意园区暨《文成公主》大型实景演出项目、拉萨河景观工程等项目的建设，次角林村成为拉萨市大力实施“文化兴市、产业强市”战略的一个典型。次角林的开发，村民都拿到了补偿款，平措扎西在老院子的后边盖了新房子，楼上楼下，房间很多，也很宽敞，说建房需要 20 万元。村里许多人家都盖了新房或正在建房。村民说政府给补助一部分，不足部分贷款或自己出资建。可以看出，次角林村民的生活水平明显提高了。

2017 年 8 月，《中华大典·藏文卷》项目对西藏的项目开展调研和中期检查培训，我借机对调研点继续进行跟踪回访。

10 年时间过去了，当初调研时桑木村比次角林发展得快。现在看起来，次角林是政府和相关部门、公司整体规划开发投资，村民一亩地能拿到 14 万多，家家都富起来了。桑木村在村庄周围新修了宽阔笔直的大路，路边都是商铺。村民们无论是租地、跑运输、参与旅游发展，生活都富裕了。西藏的农村将和全国人民一起进入新时代，踏上新征程，开创社会主义建设的新篇章。等我再去回访时，必将看到美丽的西藏新农村，农民们过上了美好的新生活。

旅游发展对西藏拉萨市堆龙德庆区桑木色然玛村社会文化变迁的影响

旺希卓玛

进入调查点的印象

2005 年 7 月，我们参加导师——中国藏学研究中心副总干事长格勒博士主持的《中国国情丛书——百县市经济社会调查·拉萨卷》课题的跟踪调查来到西藏。在课题调查的同时，我们也在为自己的博士论文选择调查点。格勒导师建议我将拉萨河南岸的西藏拉萨市城关区蔡公堂乡次角林作为博士论文的调查地，因为那里有历史悠久的人文旅游资源，而且自然风景优美。从拉萨市旅游局了解到那里的村民自己在开展旅游接待，主要是拉萨市民周末去休闲度假。我们想了解西藏农民自己是如何开发旅游的，村民和村庄都发生了什么变化。进去拍了一些图片，感到次角林的确是气候宜人，风景秀丽，具有悠久历史的次角林寺、宗赞寺就坐落在其中。因为当时村里有动物疫情，有关部门建议我们最好别去。

2005 年 8 月 10 日，由于课题调查的需要，华南师范大学的王金红教授和中山大学的刘志扬博士带我和师弟王万洪一起去了堆龙德庆县。堆龙德庆县县委副书记、人大主任多吉和办公室主任伦珠次仁陪同我们去了所属的羊达乡、德庆乡进行调查。因为我们当时在选择博士论文的调查地点，想了解西藏农牧区开展旅游对农民生活的影响。在返回堆龙德庆县的路上，他们带我们去了桑木村。根据陪同我们的县办公室主任伦珠次仁介绍，2002 年，桑木村就开展了民俗旅游。当我们沿着青藏公路走到村庄的路口时，看到路边几棵大树上悬挂着五彩的龙达，在来来往往的车流中随风飘舞，为进出村庄的人们千万遍的诵经祈祷。迎面还看到一块“桑木民俗自然村”的巨大牌子，指引着进村的方向。进村的路边是一片白色的蔬菜大棚。正是要收获的季节，向远处望去，成熟的青稞那沉甸甸的金色与年花（洛萨梅朵）的紫色交相辉映，地头上大柳树浓重的绿色错落有致地横亘在田野上。近处是洁白的座座民居和屋顶上飘扬的五彩龙达，背景是青山上缭绕飘浮的白云和碧蓝的天空。大自然用彩笔在高原上绘成的田园风光令我们惊叹。据说传统农业种植的油菜在 6 月盛开时，鹅黄的花海映衬在蓝天和白云之间，也令人流连忘返。

走进桑木村五组色然玛自然村，看到正对着村口的墙壁上画着“切玛”① 和敬青稞酒的碗，还有表示热情欢迎的孔雀等图案，左边是藏文的“扎西德勒”，中间的“切玛”下方是英文的“OK”，右边是汉语的“扎西德勒”几个字。这副用藏汉英三种文字写的欢迎横幅是汉族的开发商营总请人写的，既表现了藏民族的传统文化特色，又融进了多元文化的因素，向来自世界各地的游客表示欢迎。这是旅游发展的需要，是旅游对村庄影响的表现，也是多元文化和谐融合的体现。几个身着鲜艳的藏族服装的藏族导游小伙子，站在村口热情欢迎我们，他们会说汉语。村口的场地上停着一辆大巴和一辆中巴，游客们已经到村民家中去了。这一天我们既是调查者又是游客，公司的营总和导游带我们去了接待游客的村民家。我们感受到了村民的淳朴和热情，观察了藏族村民展示给游客的传统生活。

---

① 藏语音译为“切玛”。在藏族人民的生活中，每当举行重大的庆典仪式或者欢度藏历新年之时，切玛作为吉祥物。切玛是在精制的斗型木盒中用隔板分开，分别盛入炒麦粒和糌粑，插上青稞穗、洛萨梅朵等，象征着人寿年丰、吉祥如意。

二、旅游进入色然玛村

色然玛村位于拉萨市堆龙德庆县东噶镇西郊，位于堆龙河畔，村子距拉萨市15公里，紧邻青藏公路，交通条件便利。每年8月，金黄色的麦田里点缀着紫色的洛萨梅朵，蓝天白云和青山下，古朴的藏式农舍、郁郁葱葱的林卡、村中纵横交错的小溪构成了一幅恬静美丽的西藏农村风光画。桑木村历史悠久，据说村名是莲花生在此修行时所起。三世达赖喇嘛诞生在这里，他的出生地的寺庙至今保存完好。西藏民主改革前，桑木村是哲蚌寺、色拉寺的庄园，村民全都是藏族。

色然玛村原来是一个典型的农业村，是一个自然村。全村总户数68户，总人口数为303人。其中50岁以上52人，18—50岁160人，18岁以下91人。全村拥有554.16亩土地，主要作物有青稞、小麦和小葱、萝卜、土豆等蔬菜，主要收入来源是粮食收成。人均年收入为1600元，其中现金收入较少，现金主要来自出卖少量蔬菜和外出打工就业。因就业机会有限，目前村民在驻县企业就业的只有8人（月薪约450元）；外出打短工的有10人（月薪约300元），主要工作为帮人种菜、建筑工地小工、采石、中巴司机等。桑木村保留着拉萨地区传统的农村生活方式，有着深厚的民间文艺基础，是拉萨地区有名的“歌舞之乡”，村中活跃着很多民间艺人，是当年县乡文艺宣传队的骨干。67岁的丹增，1975年就代表西藏民间艺人到北京演出过。桑木村一组二组是传统的手工羊毛地毯加工村，家家户户至今仍然从事地毯、卡垫加工的经营活动。2002年年初，旅游开发商和东嘎镇桑木村五组达成合作协议，由外来的开发商出资将桑木村五组开发成一个民俗旅游点接待中外游客。

在色然玛村，经过当地政府和旅游行业管理部门的同意，内地来的汉族开发商营会荣在村中租赁场地，以公司+农户的形式开发和经营旅游。桑木色然玛村的乡村民俗旅游改变了过去在西藏只看寺庙的单调旅游方式，重在游客的参与和体验，得到了广大游客和旅游界的认可。游客在村中的主要旅游活动是：游览村庄，观赏西藏美丽的乡村风光；走进农家，融入藏族百姓中，体验藏族村民日常生活；林卡休闲，品尝青稞酒、酥油茶、藏餐，体验藏族饮食文化；观赏民间歌舞并与藏族群众一起跳锅庄，领略西藏民间歌舞艺术的魅力。村里还有民族手工艺品的展厅，据说投资了30万，向游客展示西藏传统特色产品如藏传佛教的宗教用品、藏药、藏刀、藏香、地毯等，既丰富了参观内容又可增加收入，促进民族手工业的发展，方便了游客购买藏族传统手工业产品。

2002年，色然玛村接待旅客2400余人，2003年为2600余人，2004年为5000余人。2005年，开发商重新组合成立了西藏桑木民俗旅游有限公司（旅游接待的具体村庄是色然玛村）。公司的力量加强了，对桑木村的投入加大了，桑木村的客源增加了，村民就业的人数和收入进一步提高。2005年接待游客26000人，参与旅游接待的村民有37户52人，收入达202800元，平均每户增收2900元。① 来自国内的游客基本包含全国所有省份，海外游客主要来自美国、加拿大、德国、英国、法国、意大利、奥地利、日本、韩国、马来西亚等十几个国家和港、澳、台地区。2006年，堆龙德庆县桑木村、城关区蔡公堂乡次角林村和当雄县当雄乡达布村三个景点被拉萨市旅游局列为拉萨市农牧民群众参与旅游服务示范区。桑木村为来藏游客提供了一个深入民间、体验民俗风情的窗口。

旅游项目能够进入西藏的农村，首先是因为西藏旅游业快速发展的大背景；二是游客需要领略、体验西藏民俗风情的旅游产品；三是因为桑木色然玛村具备旅游开发的自然和人文旅游资源；另外，拉萨市旅游局、堆龙德庆县响应拉萨市委关于旅游扶贫的工作指示，对全市旅游资源经过调查研究，初步确立了6个旅游扶贫项目试点。堆龙德庆县东嘎镇桑木村成为拉萨市旅游的“家庭旅游试验示范点”，以达到切实提高农牧民的收入，达到“旅游扶贫”“旅游支农”的目的。② 再就是有投资商——来自北京的菅总，在拉萨的电信、旅游小商品市场经营了几

---

① 根据桑木色然玛村的调查数据。

② 刁云英：《拉萨确定旅游扶贫试点　农牧民靠“旅游”脱贫》，西藏商报。

年，积累了一定的资金。他对藏族文化和传统有浓厚的兴趣，也看好旅游投资项目。菅总结识了从桑木色然玛村走出去的次仁群旦，是促成旅游开发的一个重要契机。在2002年的春节期间，菅总到色然玛村过藏历年，次仁群旦的二姐夫单增贡嘎是村里的民间艺人，小时候曾是寺院的僧人，学会了乐器。民主改革后回到村里，在村里的传统节日活动中成为歌舞表演的组织者和主要表演者，还教村里的年轻人学习藏族传统的乐器演奏和歌舞表演。他还代表西藏农民到北京汇报演出过。在单增贡嘎家中，他被藏族村民的热情和淳朴所感动，也被藏文化的神奇所吸引。他相信有很多游客都想了解藏民族的传统生活和习俗，想感受这种独特的文化。

色然玛村的旅游开展起来了，村民也参与进来，有了一些收入。但菅总曾坦率的说，我是商人，在商言商。热爱藏文化是我的一个初衷，我的目的是要盈利。让村民们参与旅游接待，客观上促进了他们增加收益、脱贫致富。

谁可以参与旅游？由谁来决定？村民是怎样被选择的？开发商有他的标准。我在东噶镇找到一份资料，可以看出当时的要求。色然玛村有哪些人参与了旅游？从2002年至今有那些变化？因为到桑木旅游公司的村民主要是做导游、跳舞的和家访，所以，我按照这三类来统计。通过对他们的访谈，可以进一步了解旅游对个体和群体的影响。

现将2004年东嘎镇人民政府关于堆龙德庆县东嘎镇桑木村选定旅游定点农户的报告节选如下：

随着人民群众生活水平的提高，来藏旅游的人数逐年递增，西藏的旅游业的发展面临着大好的形势。为了使我镇桑木村的旅游开发更好地纳入西藏旅游的正常轨道，提高旅游服务的品位和质量，不断地完善旅游项目，更好地为游客提供品尝藏民族农家饭，参观藏民族风格农舍的服务，而且可以让游客留宿来深入体会藏民族的起居生活，使游客置身其中、留连忘返。拟选的十户旅游定点农户的基本情况和所需扶持的内容及资金如下：

1. 巴珠，桑木村五组组长，家中三口人，八亩地，拥有多种牲畜，主要以养鸡为主。若选为旅游定点户，还需添置藏鸡种30只，每只25元；藏式卡垫两对，每对1600元；软垫两对，每对80元；毛毯两对，每对450元；木床六张，每对500元；床上用品四套，每套100元；藏式木柜一套，3000元；改良奶牛四头，每头3000元，合计需资金21910元；

2. 达珍，家中四人，一亩地，主要以编织藏式毛毯为主。若选为旅游定点户，还需添置编织毛线200斤，每斤10元；毛线各种染料500元；藏式卡垫两对，每对1600元；软垫三对，每对80元；毛毯两对，每对450元；木床四张，每对500元；床上用品四套，每套100元，合计8240元；

3. 达瓦次仁，家中七人，十二亩地，有各式藏式厨具可供展示。若选为旅游定点户，还需添置一些厨具，所需资金3000元；藏式卡垫两对，每对1600元；软垫两对，每对80元；毛毯两对，每对450元；木床四张，每对500元；床上用品四套，每套100元；藏式柜子一套，3000元，合计11660元；

4. 普布旺堆，家中五人，六亩地，主要是夫妻二人共同纺线、编织藏毯、氆氇被等。若选为旅游定点户，还需添置羊毛100斤，每斤10元；藏式卡垫两对，每对1600元；软垫两对，每对80元；毛毯两对，每对450元；木床四张，每对500元；床上用品四套，每套100元；佛龛一件1500元，合计8160元；

5. 朗杰，家中三人，七亩地，主要是酿制纯正青稞酒。若选为旅游定点户，还需添置一些酿酒的硬件设施如酿酒坛、盛器、柴火、青稞等，所需资金3000元；藏式卡垫两对，每对1600元；软垫两对，每对80元；毛毯两对，每对450元；木床四张，每对500元；床上用品四套，每套100元，合计8660元；

6. 卓玛次仁，家中三人，收藏多种传统农具可供参观。若选为旅游定点户，还需添置部分农具，材料费及木工劳务费2000元；藏式卡垫两对，每对1600元；软垫两对，每对80元；毛毯两对，每对450

元；木床四张，每对500元；床上用品四套，每套100元，合计7660元。

7. 达娃，家中两人，八亩地，养牛专业户，能够随时提供新鲜的牛奶、酸奶，并能让游客亲自体验制作程序。若选为旅游定点户，还需添置奶牛一头3000元；藏式卡垫两对，每对1600元；软垫两对，每对80元；毛毯两对，每对450元；木床四张，每对500元；床上用品四套，每套100元，合计8660元；

8. 央金，家中四人，收藏多种牲畜装饰品，可以供游客参观。若选为旅游定点户，还需添置部分饰品，材料费制作费需2000元；藏式卡垫两对，每对1600元；软垫两对，每对80元；毛毯两对，每对450元；木床四张，每对500元；床上用品四套，每套100元；藏式橱柜1500元，合计9160元；

9. 次仁拉姆，家中三人，是本村的小康户。拥有固定资产近200万元，其中进口车、装载机、推土机各一辆，东风车三辆。参观该村民家中，可以看到新旧对比鲜明，从贫困到富裕的转变；

10. 次仁央宗，家中三人。独特的藏式装修，体现鲜明的民族特色，墙体的壁画可令游客耳目一新，领略到藏民族传统的绘画；

11. 所有选定的农户用于房屋维修、庭院整理所需水泥等费用50000元；每家每户添置藏桌共20张，每张500元；添置电冰箱、二十一寸电视机各十台，合计110000元；

12. 此外为“农家乐”文艺队添置乐器扬琴、六弦琴、笛子、手风琴、音响设备需资金40000元；改善文艺队的服装所需资金15000元；共计55000元；

13. 为了保护并改善村子周边环境，方便游客，修建公厕一座，约需50000元；添置垃圾箱10个，约需5000元，合计55000元；

14. 不可预见支出100000元，用于其它随时所需。

15. 以上共计所需经费403990元，大写四十万三千九百九十元整。

桑木村的民俗旅游业为来藏旅游的游客提供了一个游览农区风光、深入西藏百姓生活、体验民俗风情的窗口，取得了一定的成绩。但是我们仍然要不断地挖掘乡村新的可利用资源，培育农村新的经济增长点，在带动广大农牧民群众走上富裕的道路上积极地探索。

2005 年，桑木色然玛村参与旅游接待的家庭是 15 户。参与旅游接待的村民主要来自两大家庭，一个是村里年龄最大的嫫益西家的亲戚，因为营总到村里开发旅游就是由于与嫫益西的大儿子——当时已退休的次仁群旦的友谊和推动，所以他们在村中的亲戚——姐姐、姐夫、外甥等都是接待户。另一个是当时的村长巴珠家，他自己和母亲两个妹妹家都是旅游接待户。在 2005 年的换届选举中，次仁旺堆当选为村长，巴珠成为桑木村村委会的副主任。2006 年新增的接待户中就增加了次仁旺堆的姐姐、姐姐的女儿等亲戚。2006 年新增家访户有次仁旺堆村长、扎桑、索朗卓嘎、阿勇、普布卓玛（次仁旺堆姨妈的女儿）、米玛、米玛（男）、松木加、土登强巴、尼玛强久。次仁旺堆的妻子其美是从 2006 年 5 月开始做旅游接待的，第一个月只收入 70 元，最高的一个月有 700 元，接待的都是国内游客。他家条件好，客人一般不给小费。她还想做旅游接待，可以挣些钱给孩子交学费。次仁旺堆不让她干，觉得收入少，耗的时间多，农活都没时间干。

表 4　2005 年桑木民俗旅游村的导游

姓名	祁飞翔	洛桑	丹洛	克珠	平措	次卓玛	赵小兰	红梅	次拉珍
性别	男	男	男	男	男	女	女	女	女
年龄	21	25	23	18	19	19	25	25	19
文化程度	高中	高中	高中	高中	高中	高中	高中	高中	高中
籍贯	安徽	拉萨	拉萨	拉萨	拉萨	拉萨	山东	日喀则	拉萨
婚姻状况	未婚	未婚	未婚	未婚	未婚	未婚	未婚	未婚	未婚
宗教信仰		藏传佛教	藏传佛教	藏传佛教	藏传佛教	藏传佛教		藏传佛教	藏传佛教

续表

姓名	祁飞翔	洛桑	丹洛	克珠	平措	次卓玛	赵小兰	红梅	次拉珍
去过内地何处	江苏浙江	林芝昌都	成都				北京内蒙		
何时参与旅游	05. 5. 1	05. 4. 1	05. 4. 1	05. 4. 1	05. 4. 1	05. 6. 10	05. 7. 7	05. 7. 10	05. 6. 10
月收入	600	450	450	450	450	450	450	450	450
农业和其他收入	无	无	无	无	无	无	无	无	无
住房	120 ㎡	160 ㎡	200 ㎡	200 ㎡	160 ㎡	120 ㎡	120 ㎡	390 ㎡	160 ㎡
医疗保险	没	有	有	有	有	有	有	有	有
对旅游的看法	特好	特好	特好	特好	特好	特好	特好	特好	特好
家中耐用消费品	电视	电视	电视	电视	电视	电视	电视	电视	电视

表 5　2006 年桑木民俗旅游村的导游

姓名	性别	年龄	文人程度	宗教信仰	以前职业	收入	何时参与旅游	收入	婚姻状况	喜欢这样表演吗	对游客的印象
洛桑	男	25	初中	藏传佛教	农民		2005. 5		未婚		
次拉珍	女	22	初中	藏传佛教	农民		2005. 5		未婚		
次卓玛	女	22	初中	藏传佛教	农民		2005. 5		未婚		
卓玛	女	23	初中	藏传佛教	农民		2006. 5		未婚	喜欢	很好
洛桑卓玛	女	23	初中	藏传佛教	农民		2004		未婚		
洛桑晋美	男	24	初中	藏传佛教	农民		2006		未婚		

续表

姓名	性别	年龄	文人程度	宗教信仰	以前职业	收入	何时参与旅游	收入	婚姻状况	喜欢这样表演吗	对游客的印象
扎西	男	17	初一	藏传佛教	农民		2006.5		未婚		
洛桑旦增	男	24	初中	藏传佛教	到陶磁厂打工				未婚		
赵小兰	女	20多	初中	藏传佛教	拉萨酒店		2005.5		未婚		
琼达	女	29	初中	藏传佛教	农民		2001		未婚		
旦珞	男	41	小学	藏传佛教			2006				
永胜	男	36	初中	藏传佛教					离异		

以上两表是根据村庄的调查完成的。

2005 年调查时，桑木民俗旅游公司的导游是 9 个，其中有 2 个来自内地的汉族，1 个是日喀则的，2 个是本村的，其他 4 个是东嘎镇其他村庄的。他们大多有初高中文化程度，会藏语和汉语。2006 年有导游 12 个，除洛桑和赵小兰外，其他的 10 个都是村里的。因为菅总一直面临压力，村里的人要求由自己村的人当导游。为了做好旅游接待，菅总考虑的是谁有做好导游工作的能力，但村民想的是让村里的人做，这个钱可以由村里的人挣。2005 年，跳舞的 12 个全是村里的。2006 年是 11 个，其中换了几个都是村里的。在色然玛村，参与旅游的人选，还受到传统的血缘亲属关系、在村中的权力和影响力、友谊及人际关系的影响。

尽管村里想参与旅游的人数越来越多，但只是一部分村民参与到旅游业中。我对未参与旅游的村民也做了调查，他们大多都有参与旅游的愿望和要求。村民们的想法很简单，参与旅游的村民家庭可以增加收入，改善和提高生活水平。但村民对参与旅游没有主动权，开发商和村镇领导有权决定谁能成为村里的旅游接待户。要求的标准是干净、家中有人有时间接待随时有可能到来的游客。当然，这也是外来开发商为了在村中发展旅游，建立有利于旅游发展的人际关系所做出的选择。

在这个旅游开发的场域中，各方都有自己的目标，都在发挥自己的能力，促成旅游开发项目。但对于色然玛的村民来说，他们被动地进入了这个旅游场域中，他们是被选择后，将自己的文化展示给游客。门票是 25—30 元，每接待一个游客，他们可以得到 2 元钱。在此过程中，直接和主要的受益者不是他们。菅总也说挣不到钱，因为为了“培育”市场，他必须做前期投资，可能是旅行社和导游得到的更多一些。

参加旅游接待的村民展现的是他们所传承的藏民族文化，村民们在不知情或不太明白的情况下将自己的传统文化给“出售”了，但盈利者却不是村民。当然，在旅游接待中，村民也有一些经济收入。谁来维护村民的利益，除了人类学家的建议和呼吁，最可靠的维护者是负责旅游项目开发的当地政府和旅游决策部门。在项目开发之初，考虑文化的保护，旅游对当地村民的影响，关注他们的利益。做到这些，才能保持旅游的可持续发展，促进当地社会经济的发展。

三、旅游对村庄的影响

现在在旅游的季节里，村民每天要接待来自世界各地的游客，他们带来了不同的文化。我在村里调查时，对每一个访谈对象都要问旅游对村庄、个人和家庭的影响，大家的回答有很多，共同的是：有了经济收入，会说汉语的人多了，老人们也知道“Hello”这句英语是“你好”的意思，村庄变干净了。村民见到了很多外国人，做导游的还了解了有些国家和民族的习俗。有的游客回去后还寄来了他们在色然玛村与村民的合影，还寄来游客生活的城市的街景，通过这些照片，村里人知道了从未去过的游客的家乡是什么样子的。我们一般将旅游对目的地的影响分为对经济的影响、对社会文化的影响、对环境的影响，考虑旅游带来的有益的影响和不利的影响，从当地人民的角度来看问题是人类学者从事这类研究时常用的视角。

（一）经济方面的影响

根据我在村中的调查得知，色然玛村的村民依靠传统的农业种植青稞和小麦，收获物留着自己吃或换酥油和牛肉等。个别的发展运输或外出打工的家庭经济收入要好一些。大多数村民只有种植洛萨梅朵①和蔬菜可以有一些现金收入，一年有2500—3500元。在旅游的季节，全村参与旅游接待的15户人家，每月至少增加450元的收入，再加上小费等额外的收入，一年要增加2000—3000元。其他未参加旅游的人家就没有这个收入，旅游加大了村民经济收入上的差距。

以村庄的三户人家为例。

2005年8月，我第一次到色然玛村调查时，一共有68户，303人，参与旅游接待的只有15家。开发商和导游领我们去的第一家是老村长巴珠的母亲家。走进70岁的南木杰老阿妈家，先经过的是低矮的老房子，老房子的陈旧和低矮让我们仿佛从民主改革前的历史一路走来。然后才进到高大宽敞的新房子的院落里。庭院里种了许多花，也许是高原的阳光好，花朵都长得很大，开得特别鲜艳。房檐上装饰着藏式风格的五彩图案，几间房子收拾的很干净，最显著的是拉康（经堂）里供奉的佛像、摆在柜子上的“汀”②、墙上的唐卡画像，使藏传佛教文化的氛围立刻弥漫在屋子里。与原来相比，日常生活中宗教仪式的形式是一样的，一样的按时换净水，敬佛，但多了一层向游客展示的含义。南木杰是民主改革前住在色然玛村的原色拉寺庄园代理人的妻子，经历了民主改革、人民公社、文革和改革开放，一直在村中务农，她丈夫已去世好多年了。他们共有5个孩子，现在其他的孩子已成家另盖新房居住。老阿妈与女儿尼珍及尼珍两岁的女儿一起居住，平常除了干农活还帮女

① 又叫年花，是过藏历新年时插在切玛上的。

② 藏语音译。在藏传佛教寺院和藏族家庭的拉康内供佛的柜子上，摆上盛净水的铜碗或银碗，每天清晨取来的第一桶水添上后敬佛。7个一组，一般家庭至少有一组，有条件的人家有三到五组。

儿带孩子。南木杰老人自 2002 年开始在家做旅游接待，当时每月有 500 元收入。我们进去时，南木杰老阿妈正在为游客倒酥油茶，敬青稞酒，她还为大家唱了藏族传统的祝酒歌。今年 7 月份，她的家庭旅游接待收入为 814 元。旅游让村民增加了经济收入，当年全村共有 29 户的村民参与了民俗旅游接待和表演，人均直接增收 1700 多元，最高的达 3000 元。旅游也改变了参与旅游接待的妇女和老人在家中的经济地位。

村中的林卡边上，一位穿着藏装的村民牵着两头头上缠绕着红缨穗的黑牦牛与游客合影，全村只有这两头牦牛。这里的合影与其他旅游景点不同的是不收费，在旅游的季节里，这位村民作为桑木民俗旅游有限公司的员工，由开发商给发工资。游客进村时买了门票，就不再交任何费用，给小费是游客自愿的。我们询问了他的经济收入，这位村民一个月能收入 900 多元，算是村里参加旅游接待服务收入最高的。林卡中，十几个村民和游客都穿着艳丽的藏装，唱着传统的藏族歌曲，正在跳“锅庄”①。文化的展示与游客的参与同时进行，不知是否会成为村庄未来文化的一个组成部分。此刻，我感到外来游客受到藏族传统文化的影响更大一些。

没有参与旅游的尼玛家②：尼玛，37 岁，色然玛村人，妻子是从日喀则南木林县来的，去割草了。孩子在县小学上学。家里只有一间住房，48 平米，土木结构，还是父母在世的时候买的（尼玛 17 岁时），当时花了 1000—2000 元钱。以前尼玛和姐姐住在一起，去年分家时分得这间房子。房子中间顶了一根细的木头柱子，吊着一个小灯泡，屋顶铺了塑料布不漏雨了。里面墙边的右侧藏柜上放着“汀”，供奉着佛像。左边是炉灶，夏天烧煤气，一罐气可用 2 个月。墙上黑黑的，用青稞画的白点很清晰。门边有一张卡垫床，靠东边的墙边有一张卡垫床。有一台彩色电视，是花 150 元买的旧的，能看电视节目。家里只有一个人的 4 亩地，妻子是后来的，孩子出生后没地可分。种小麦和青稞，自

① “锅庄”——藏族的民间舞蹈，在节日或农闲时跳，男女围成圆圈，顺时针行进，边歌边舞。

② 根据 2005 年 8 月调查。

己吃或换酥油和牛肉。今年有一块地被水淹了，所以粮食不够吃。2 分自留地里种葱和洛萨梅朵，葱交给姐姐帮着卖。家里养了 2 头牛，一头公牛，一头母牛。每月需要 4—5 公斤酥油，自己做的酥油不够用，靠工资去买。曾在采石场工作，6 年前受伤了，当时只赔了 600 元钱。在医院化了 3000 多元。脚一直不太好，只能干一般的活，对生活有影响。以前找过看“温室”① 的活，是早上 8 点到晚上 4 点，不干了。去年 10 月份到预制厂工作，每月有 450 元，能按时发工资。想盖房，只有借款。没有参加旅游接待，想参加，但家里房子条件不好，是由村里和老板决定谁参加。

（二）社会文化的影响

个案：做导游的卓玛说：每天有外国人和“嘉那”② 的人来村里时，村民们就去看。村口的鼓，以前是喇嘛到家里来念经时才敲的，现在每天要敲很多遍。村里会汉语的多了，还知道一些英语了。村里的环境卫生要好一些了。卓玛感受到的这些影响，是关于旅游对村庄的社会文化的影响。

旅游改变了村民的农耕生活习惯，改变了他们从事农业劳动和日常起居的时间。原来可以早点也可以晚点去地里干活。现在，他们一大早就得下地把农活干了，然后在家中等着接待游客。村民的服饰也在变化，在旅游进入村庄之前，村里的年轻人和男人大多穿西装或休闲服，只在藏历新年时穿藏装，年龄大一些的妇女一年四季都穿藏装。现在，由于旅游接待的需要，村口的年轻导游都穿藏装，在家中接待的年轻妇女也穿藏装了。接待任务完成后，他们又穿上牛仔裤和时髦的休闲服。

村民们日常交流都使用藏语，只有村长等干部、出外打工的年轻人会一些简单的汉语。我们与新当选的村长 40 出头的次仁旺堆交谈时，可以听出来他汉语说得不太流利。随着游客不断来到村里，原来就学过汉语的导游在更多的使用汉语，他们还会一些简单的英语，也许，藏语

---

① 进色然玛村路边的蔬菜大棚，村民叫其“温室”。

② 藏语把内地叫“嘉那”，“嘉”是汉族的意思。

和汉语都很流利，是他们得到这份工作的优势之一。在旅游发展中，村民与进村游客交流越来越多，很多人的汉语水平明显提高。

旅游业的发展促进了村民生活方式的变化。开发商向我们介绍说，成为接待户的标准是家里要干净卫生，现在大多数村民都注意庭院和个人的卫生。

由于是外来开发商掌握参与旅游接待的主动权，村民们从参与旅游中得到的实际收益较少，每户接待一个游客有 2 元的收入。村庄原有的行政权力中心——村长的权力受到影响，参与旅游接待的人们，在与旅游有关的工作安排上听萱总的。村庄的会议等集体活动和农业生产方面的安排要听从东嘎镇、桑木村的领导和色然玛村村长的安排。

外来开发商也要面对尊重传统与现实需要的矛盾，还有一个理解文化差异的过程。在过望果节的时候如何做好旅游接待的例子具有典型意义。

2004 年和 2005 年的八月，色然玛村的村民要过传统的望果节①，此时又是西藏旅游的旺季，是游客到色然玛村最多的时候。按照传统习俗，望果节时，村民们要为丰收的到来欢庆三天，而在这三天里，天天有游客到村里来。负责接待和家访的村民们既要过望果节，又要接待游客。一部分村民请假去过节，开发商与旅行社有协议，要安排好旅游接待活动，否则就要承担违约的责任。从公司经济利益的角度和公司员工遵守工作规定的角度，开发商不准假并说私自不来的要扣罚一个月的工资。参与旅游接待的村民的月薪是 450 元，对于一个平时没有多少现金收入的农民来说，450 元是一个不小的数目。但是对西藏农村的农民来说，传统的望果节是一定要参加的，这是他们传统文化的内容，已经成为他们生活的一部分，要为旅游而改变很难。

---

① 望果节，西藏农村预祝丰收的传统节日，已有 1500 多年的历史。于秋收前选择吉日举行，历时 1—3 天。届时村中的男女老少身穿节日盛装，或手拿青稞穗，或背负经书，打着五颜六色的彩旗，抬着用青稞、麦穗扎成的系着哈达的丰收塔，敲锣打鼓，唱着颂歌，绕行于田间地头。然后全村人聚会在一起喝酥油茶、青稞酒，预祝丰收吉祥。节日一过，便开始了紧张的秋收。

因为欢庆望果节的地点在桑木村村委会所在的三组，一部分村民来回奔波于色然玛村和桑木三组之间，另外一部分村民干脆不管什么游客接待，也不管老板罚多少钱，带着一家大小去过望果节，他们完全沉浸在观看藏戏表演，亲人聚餐，摔跤、抱石头比赛等活动中。此时，对于西藏的农民来说，没有什么比欢度传统的望果节更重要了，他们不认为自己做了什么错事。开发商面对这种情形，也只能无可奈何的摇头，将此归结于村民职业素质和组织纪律性较差，不好管理。

我想，这是一个典型的文化差异的例子。如果开发商把游客带去过传统的望果节，既完成了旅游接待任务，又让游客领略藏族传统文化，体验了传统节日的欢乐和氛围，村民按传统习俗高高兴兴地过了望果节，还避免了公司的经济损失。当我这样建议时，开发商还在对村民的不服从公司规定的行为耿耿于怀。对待同一件事，外来开发商、村民、参与观察者出于不同的文化背景，有着不同的想法和理解，行为自然也不同。此时此刻，我作为参与观察者，已将自己的情感自觉地认同在村民一边。在开发商的抱怨中，我们得知村民与开发商之间在文化上的冲突也表现出来了。

在旅游公司所盖的民族工业品展览厅旁边，有附近村民家的几棵大柳树，树枝搭在房顶上。因为担心下雨时雨水顺着树枝流到屋顶，时间长了会损坏屋面。菅总想把树枝砍了，可村民不让砍。拖了很长时间，让村长去做工作，最后，是付了 1500 元钱才把三个树枝砍掉了。菅总非常生气，这件事，在菅总看来村民是为了要钱而为难他。对村民来说，在藏民族传统的观念和习俗中，轻易是不砍伐树木、损伤花草的。因此，这位村民不愿砍伐自己家的树木是情理之中的事，而菅总没有从这个角度去理解。

在旅游市场经济的刺激下，一些藏族传统文化的表现形式更多的展现出来，比如服饰和民间歌舞。这让我联想到人类学所说的文化变迁中的“反应和复兴”。旅游在影响着色然玛村的社会和传统文化生活。

（三）对环境的影响

旅游也使村庄的环境发生了变化。2002 年，开发商与村里签订了为期6年的租地合同，在村中的林卡边上建起了民族手工艺品的展厅，向游客展示西藏传统特色产品如藏传佛教的宗教用品、藏药、藏刀、藏香、地毯等。除了村委会以外，这里是村中占地面积最大的房屋。村中的林卡，以往是村民过节欢聚的地方，现在是租给开发商让游客欣赏和参与歌舞表演的地方。2003年，桑木村利用旅游空闲的时期，组织村民维修了通往村庄和村内的道路。因为村庄每天要接待游客，村民个人、庭院和整个村庄的道路等卫生状况得到了极大的改善。村里还添置了垃圾池，村庄比以前干净多了。

（四）影响的利与弊

旅游对它所牵涉的人们是有益还是有害的？学者一直有不同的观点。其中赞成派的观点在哈勒尔－邦德的文章中得到充分显示，该文汇集了赞成冈比亚发展旅游业的专家们的看法。他们认为旅游对目的地人民最终是有益的。① 在色然玛，旅游对村庄的影响也有有益的一面。

我在村里调查时，学生们是我最好的翻译和助理。单增卓玛就是一个热心的小女孩，她是单增贡嘎的外孙女。我对好几个孩子说：你认为旅游对村庄有哪些影响？把你的想法写给我，我想知道你们的真实想法，我会把它放进我的文章里。但我离开村子时，只有单增卓玛非常认真的写好，送给我。这是村里一个14岁的孩子的看法，单增卓玛写道："自从旅游进了我们村，我们村的经济发展很快，同时，我们村的环境方面也变化很大，旅客来到我们村以后，对我们村的最大影响是以前没有工作的老人和年轻人、女的都可以在村子里每日拿到工资。年轻人中，会汉话的人可以在村子当导游。这样，这些年轻人、老人和村里的妇女的目光一天比一天前进，所以，我希望每年都有很多的客人到我们村里来旅游。堆龙县中学初二（1）班的学生单增卓玛。"

在色然玛村，旅游带来的影响也有不利的一面。旅游使参与的村民有收入，未参与的人家则没有。村民们以此分成了两部分，产生了妒嫉

① 丹尼尔·纳什著，宗晓莲译：《旅游人类学》，昆明：云南大学出版社，2004年，第19页。

和分裂。由于选择的接待户是家里干净、庭院和住房家具等较好的家庭，他们参加旅游后增加了经济收入。贫困的家庭就很难入选，他们不能参与旅游，也就无法有旅游收入，造成了村民收入差距的增大。

四、村庄的变迁

最近几年，对村庄影响最大的因素是旅游，本研究关注的的变迁，是在旅游这个因素进入村庄后发生的变迁。研究旅游的人类学家把这种变迁叫做涵化。像一切社会文化变迁一样，是个体发生的现象，当然它既可以指个体水平上的涵化，也可以指群体水平上的涵化。[①] 个体涵化包括服装和语言、家庭结构和居住模式、卫生、家庭的现代设施、婚姻、教育、宗教、传统观念的变化等。群体的变迁包括建立新道德和改变群体内部的习俗。涵化的心理影响指涵化导致群体的分裂，所以无疑它也会导致个体的分裂。[②] 与外界接触而产生变迁，当接触的对象是一个具有统治力量的群体时，常常会对接受文化的成员们产生分裂和高压的作用。为了对付这些压力，某些群体产生了反应运动，以企图保存自身生活方式的意义和内容。人类学家称之为“复兴运动”，其特征是重建失去和消退的观念和行为。通过对色然玛村的调查，我认为人类学家所说的涵化，在村庄中正在发生着。

旅游如何引发目的地社会的变化？人类学者通常预设任何社会文化体系中的各个因素都在一定程度上相互联系，并且，某个因素的变化迟早都会导致另外因素的变化。旅游的影响源于新的社会文化现实从外部引入。这种现实是当地居民及其社会体系必须去适应的，它相当于外来的、短暂居住的休闲阶层及伴之而来的目标和期望。对于这种现实，东道主必须进行的社会适应主要发生在不同群体或社会以及不同阶层之间。为应付外来游客而进行的旅游接待准备，毫无例外地要涉及一个服

① 克莱德·伍兹著，施惟达、胡华生译：《文化变迁》，昆明：云南教育出版社，1989年，第51页。

② 同上，第61页。

务阶层，而这个阶层的首要任务就是应付来自其他群体或社会的陌生人。①

当旅游进入色然玛村，来自世界各地的游客将不同的文化带到了村里，通过旅游过程的接触，相互交流和影响。对色然玛村的村民来说，这种影响包括经济领域的、社会领域的、环境领域的。正如文章所描述分析的，旅游的进入对于经济生活、家庭中的分工、人际关系的平衡、社会组织和社会生活、宗教仪式和歌舞、习俗的展示内容、村庄的环境等都有影响。在色然玛村的旅游活动中，旅游所造成的社会文化的变迁有社会结构层面的（包括个体的和群体的涵化）和心理层面的。村民参与旅游经历了一个被动参与到主动介入的过程。

旅游影响和改变了参与旅游的村民的经济收入，打破了原有人际关系的平衡，形成分裂。传统民俗或生活被天天展示，反复表演。以往在重大节日或僧人念经时使用的“阿”②，现在游客一到就要敲起来。原来只在节庆时的歌舞演出，现在只要有游客来就要表演，天天表演好几次。色然玛的旅游发展使村庄的社会影响力和知名度提高，引起桑木行政村和其他组的不平衡。旅游改变了村庄重大事务的决定者，以往村里的重大事务是由村长召集一些村中有威望的、知识面广的人商议，全村村民一家出一个能做主的人开会讨论决定。现在被分成了两部分，村里有关旅游的事务，即使色然玛村的村长参加会议，最后的决策权仍在营总那里；与旅游无关的村中其他事务由村长决定。

旅游开发商与桑木村和村民也产生矛盾。去年过望果节时，村里安排旅游跳舞的人演出一上午，营总不同意，说要接待游客。跳舞的人要求色然玛村买跳舞的藏装和鞋子才去望果节跳舞。桑木村村委会主任土登生气了，说：“对自己村还这样，不要了。”后来，远大公司的砖厂请来了藏戏团演出，还为桑木村过望果节准备了红包。为此事，次仁旺堆也被批评了。2006 年，营总在大会上说，聘诺桑老师当总经理，次

---

① ［美］史密斯（Smitl，V. L.）主编，张晓萍、何昌邑等译：《东道主与游客——旅游人类学研究》，昆明：云南大学出版社，2002 年，第 54 页。

② 一种绘有图案的鼓。

仁旺堆是副总经理，又是村长。林卡是村里的，旅游公司每月交600元钱。村长说："我说话村里的人听，外来的人我管不了。因此，连这件事都办不了。是他们管理的不好。"村里参加旅游跳舞的原来有30多个，现在只有十几个，很多人都不干了，那里收入多就到那里去干。有的人打招呼，有的人连招呼都不打就走了。村里的打麦场现在是停车场，营总付了1300元钱，但村口的人家盖房子拉的石头就放在场地上占着，营总很生气，质问放石头的人家讲不讲道理。村长对此也有怨言，说营总不会管理，村里人不听他的，可他又不会把有关的事务交给村长。

对村民的心理方面也产生影响。旅游让村里的年轻人增加了了解全国及世界的机会，他们的一些观念也在改变。村民从游客那里知道了小费的概念，也得到了很多中外游客给的小费，他们为这额外的收入感到高兴。有的人说，刚开始做旅游接待时给小费的多，现在，不知是公司老板不让给了还是别的原因，给的少了。有一位老人告诉我，最多的时候，一个月小费就有400—500元。在访谈中，可以听到对导游的不满，希望导游能多带一些游客到自己家来，这样会有更多的收入。如果没有期望的游客到家中，会去找导游和营总吵架。藏族传统文化中的注重公平、和谐等观念在经济利益面前在改变着。

但村庄中一些传统的习俗和观念依然保持其核心内涵在延续和传承，尤其是代表藏民族文化的核心内容，藏传佛教的信仰和习俗节日等，已经融入村民们的日常生活中，是变迁中的保留，也是推动村庄未来旅游发展的重要的人文旅游资源。传统的公平互助概念还在。对于旅游造成的收入差距，有些村民建议旅游接待大家轮着做，让每家受益。对自己挣钱、贫困户没有此收入有愧疚感。

在旅游进入村庄的变迁过程中，在展示给游客的宗教仪式和歌舞表演中，也体现了复兴运动，即文化的重构。其动因应该是两方面的，一是为满足游客追求真实的心理。到西藏的中外游客，不远万里，飘洋过海，到达地球的最高处，除了观看高原的自然风光，更多的想了解受独特的藏传佛教影响的藏族历史文化。在旅游中可以看到和体现这些内容的，除了布达拉宫、大昭寺、色拉寺、甘丹寺等寺庙外，村民们的社会生活中，处处体现出传统文化。另一方面，在世界现代化和经济一体化、文化多元化的今天，世界各地的文化都处于继承和变迁过程中。西藏也不例外，尤其是旅游业的发展，使更多的中外游客进入西藏，他们带来了不同的文化，对西藏的村民有着经济、社会文化和环境等方面的影响。旅游使西藏的村民们更强烈地意识到藏族传统文化特色的重要，并在努力恢复和重构。出于上述两个原因，他们在展示给游客的歌舞、藏戏和日常宗教仪式中体现出社会文化变迁中的复兴，表现方式就是对传统文化的重构。

旅游从外部直接向民族社区“真实的”日常生活渗透。村民将自己的“真实生活”展示给游客。旅游是否会成为村庄生活的一部分？旅游让色然玛村发生着改变，文化变迁的进程还将继续进行，村庄的未来将如何发展？对村庄将来的发展，我们可以从村长次仁旺堆和诺桑老师的想法中，了解村民是怎么想的。

诺桑老师认为：色然玛村离拉萨这么近，随着拉萨的发展，村里要发展旅游、运输。还可以盖商品房，如距离刚开工的农副产品批发市场近的，就可以去买房再租出去，光靠农业不行。对城市发展中征地占用了村里的土地很担心。以前农民依靠土地，每年有粮食吃，现在还有地可以干活，以后如果农民没有土地了，将来靠什么？现在找工作很难，要有文化。比如说村里的孩子到远大公司的砖厂工作，有文化的在办公室、工资还高。没文化的干其他工种，体力活，晚上还加班，收入还少。可孩子上学花费高，从今年开始又不包分配，出来没工作，还是得回去在家干活。上学挣不到钱，没意思，也影响上学的积极性。也有人想法不同，让自己孩子好好学习。他们说，钱会用完，东西会没有了，学到文化是自己的，什么人都夺不去。

次仁旺堆说：县里给了 15 万，钱在镇上，桑木村村委会需要、营总需要、我们村也需要。如果给我们村，打算将林卡修个围墙。因为村里放牛、还有孩子玩耍毁坏树林，修好后，可以发展旅游业。要修一条进村的水泥路，修下水道，把脏水排掉。安装自来水的事我已问过堆龙县自来水公司了。希望改变村庄的环境，与营总合作发展村庄的旅游业。营总想把林卡和周围的地买下来，将来好管理，但没有谈好。国家征地是每亩3万元，村里的老百姓要每亩6万元，营总暂时不提这件事了。

色然玛村走集体发展的路，思路来自桑木村委会主任、副主任和东噶镇领导的华西村之行的启发。全村开大会商量，是将国家的征地补偿款分给全村的被征地户，还是把钱集中起来，将土地收归集体，在靠近路边的地方盖商品房租出去，村民将来有收入。桑木村开了三次会。但村民担心，土地被收回后，如果换下一届领导，他不这么做，村民就什么都没有了。桑木村开会后，色然玛村的会一直没开，次仁旺堆听到村民的议论，估计不会同意，所以不想开会。色然玛村和其他组又各开了三次会，村民担心桑木村让干什么就干什么，色然玛村民的利益是否会受损失。我离开色然玛村时还没定下来。

由于旅游业的迅速发展，西藏农村正在经历着意义深远的变迁，这些变迁有的是具体的村庄所具有的，有的是整个地区普遍发生的，旅游被整合进村庄的社会生活和发展中，现在，对村庄影响最大的因素就是旅游的发展。

10年时间过去了，堆龙德庆县桑木村入选中国最美休闲乡村。① 2016年，为了积极响应国家旅游局组织开展的旅游规划扶贫公益行动，并希望借此机会能为西藏扶贫脱贫事业与旅游发展贡献一份力量，北京华汉旅规划设计研究院申请将“拉萨市堆龙德庆县东嘎镇桑木村”作为对口援助旅游扶贫试点村，免费为桑木村提供规划设计及后续有关服务。拉萨市堆龙德庆县东嘎镇桑木村旅游规划扶贫项目正式启动。

桑木色然玛村在村庄周围新修了宽阔笔直的大路，路边都是商铺。但我个人感觉村里面的规划有点不到位，民俗旅游村的牌匾附近，因为建房的缘故，显得很乱。道路依旧那么窄，房子盖得不整齐。也许是工地太多，看到村口附近灰蒙蒙的。但是，村民生计方式的选择更多了，

---

① 西藏商报:http://www.xzdldq.gov.cn/cgly_3699/201510/t20151013_856679.html（2017年02月10日）

无论是租地、跑运输、参与旅游发展、开公司、到拉萨或内地打工，村民的生活都富裕了。党的十九大召开了，西藏的农村将和全国人民一起进入新时代，踏上新征程，开创社会主义建设的新篇章。等我再去回访时，希望能看到美丽的西藏新农村，农民们过上了美好的新生活。

西藏拉萨市城关区次角林村旅游业发展的人类学观察

旺希卓玛

一、次角林的概况和旅游开发

西藏拉萨市城关区蔡公堂乡位于西藏自治区首府拉萨市东郊，拉萨河南岸。乡政府所在地距离市中心10公里，最近辖区与市区相连，最远辖区距离市中心15公里，交通方便、信息灵通、供电充足，地理位置十分优越。蔡公堂乡辖区现有三个村民委员会：白定村、蔡公堂村、次角林村。次角林村位于拉萨市城南郊区，与拉萨市仅隔一座拉萨大桥，总面积43.36平方公里。拉萨市公交公司112路每天从公交总站发往次角林四趟车。

次角林村委会是蔡公堂乡人民政府下属最小的村民委员会。全村共有4个村民小组，一组叫潘沃，二组叫鲁若，三组叫香拉，四组叫普巴。截至2006年10月，全村共有233户，950人。全村占地面积为10391亩，耕地面积1275亩（人均耕地面积不足1.5亩），菜地195亩，林地1250亩，荒地5300亩，宅基地2000亩。①

蔡公堂乡属温凉型半干旱高原季风气候区，全年平均气温偏低，年平均为7.8摄氏度。绝对最高气温为29.4摄氏度，最低为-16.4摄氏

① 根据菜公堂乡乡政府提供的相关数据整理。

度。6月份最热，日平均气温为15.9摄氏度；元月份最冷，日平均气温为-2.2摄氏度。全年降水量平均为441.7mm，主要集中在6—8月份，占全年降水量的81.9%。年蒸发量为2198mm，为降水量的5倍。冬春降水量较小，气候异常干燥。每年10月至第二年5月，阴天少，晴天多，年日照时数为3065.3小时。由于空气稀薄，透明度高，因而光照强度大，年太阳总辐射量为每平方米188千卡，比北京、沈阳等地高出30%—50%以上。无霜期较短，平均为140天左右，初霜期一般在9月下旬，中霜期一般在5月中旬。

次角林沟的自然资源有耕地、草场、林地、泉水、河滩、荒坡等。山坡地由于受半干旱气候条件制约，植被稀少，仅生长着少量矮小杂草。可利用的矿藏资源有花岗岩、石灰岩和少量沙金等。土地中的土壤均为河流冲积物质，土质为粉沙性壤土，土壤结构多为单粒，土层厚度0—100m。PH值为7.38，呈弱碱性，土壤通透性良好，但保肥水能力较差。种植作物主要为小麦，青稞，蔬菜，土豆，大葱等。沟内生长有藏柏树、柳树，许多百年桃树，还有苹果树、叟树①、卓（枝条可做酥油灯芯）、元宝树（树皮可做尼木藏香的原料）等经济林木，山坡上的灌木丛中还有药材。

历史上次角林村的农牧民依靠传统的种植、养殖业发展经济。改革开放后，次角林村民的生活有了较大的变化。从上世纪八十年代末到九十年代，村里有85名左右的商户在拉萨市区铁崩岗一带靠买卖旧货为生，主要是女性，这些商业活动所创副业收入是当时农户的重要收入。2003年以后，由于城市的整体改造的需要，不允许摆设摊位，使他们失去了一个重要的收入来源。90年代末，村民开始去拉萨做建筑工，成为另一个主要的收入来源。2000年由村委会与拉萨市个体商人共同出资50万元，成立次角林沙石厂，办厂三年收入160万元，2004年沙石厂停产。2003年的次角林村人均收入达到2369元，但其中50%以上为乡镇企业及多种经营的收入。2004年，只有二组开办旅游度假村，

① “叟”为藏语音译。

2004 年—2006 年旅游收入 19 万元，但村民的参与有限。近几年，村中还有一部分村民购买了车辆，跑客运和拉货物。村民还是依靠传统的种植、养殖业发展经济。2005 年次角林村实现总收入 6046625，人均纯收入 2517.3 元，其中农牧民现金收入 2261.4 元。2006 年实现总收入 7813933，人均纯收入 2809.36 元，其中农牧民现金收入 2613.3 元。

次角林村自然旅游资源丰富。有较大的草场、林地、泉水等自然资源，气候宜人，风景秀丽，是不可多得的自然旅游风景区。有拉萨附近的著名神山——奔波日（又叫宝瓶山，据村民说是康巴人的神山）、彬角拉、在仁、若仁、地布杂、纳色、托和娘可、香拉、阿尼将过、多样等。次角林沟内有 30 多处泉水（曲汩）、两个水库，大的叫“滋因清波”，在四组；小的叫“鲁增”，在二组。饮用水主要是山上流下来的雪水和泉水。目前，次角林被确定为西藏自治区首批水土保持生态建设示范区。次角林水土保持生态建设示范工程共治理水土流失面积 35 平方公里，包括水土保持林、人工种草、封禁治理、排洪沟、蓄水池等。它的建设对改善拉萨城区生态环境，提高综合效益都将产生重要作用。

村里有大大小小的林卡几十处，这几年，村里开展旅游就是在林卡里。属于村委会的林卡有 10 个：达和东林卡（核桃林卡）藏戏队的 30 亩、中撒林卡（新居林卡）安居工程附近 100 多亩、林卡撒波（新林卡）二村旅游接待的林卡 60 多亩、古秀林卡（苹果林卡）村委会背后的林卡 80 多亩、卓康林卡是原次角林僧人夏天住宿的场所有 70 亩、香嘎林卡在次角林附近的林卡 20 亩、次角林寺林卡 6—7 亩、确果林卡在四组的桥附近 15 亩、浪嘎结瑞在二组 12 亩、溪嘎林卡学校旁边 10 亩。这些，都是村庄将来开发旅游的宝地。

近几年，不断有国外的、国内的投资者要开发次角林。听村民说新加坡悦榕集团已签了协议，租了 87 亩山坡地，还预留了 200 亩。位置在次角林寺周围。另外次角林村二组北面山坡 30 亩地出租给家具厂；四组上面探查铜矿的是西藏洪城矿业有限责任公司，如果有适合发掘的铜矿，他们将租用位于次角林村吉隆沟的 15 亩土地建设选矿厂及附属设施。一组附近的达和东林卡（核桃林卡 30 亩）使用权已归藏戏队，由拉萨市一位退休干部（家在次角林四组）捐资修建房屋。建材厂还占地20亩。已停办的沙石厂也占了几十亩地。一组附近有安多藏族买的10亩左右地。用于旅游开发的是二组建度假村的60亩新林卡。

人文旅游资源：次角林自然风景区具有独特的自然风光和民俗风情，历史悠久的次角林寺、宗赞寺就座落其中。传说当年文成公主带进西藏的一些工匠，后来住进了次角林。次角林又名“赤仆”，据说朗达玛灭佛后，黑衣僧人骑染色的黑马射杀朗达玛后，穿过拉萨河，反穿白色羊皮袍，骑变成白色的马逃进次角林沟。当追兵追来时询问黑衣人的去向，次角林沟的村民说在被云彩遮住的山里边。所以次角林沟又叫“赤仆”，藏语的意思是“被遮住了”。

根据藏文《东噶大词典》次角林的词条解释翻译，次角林，又名次角桑旦林。18世纪末，廓尔喀侵略军入侵西藏聂拉木、荣夏、吉仲三个县并在那里烧杀抢掠。吉仲县桑丹林寺的僧人为保生存逃至拉萨，向第八世达赖喇嘛的经师嘎钦·益西坚赞（吉仲桑丹林寺创建者）汇报情况，请求建立佛寺为安身地。于是，嘎钦·益西坚赞经师从布达拉宫向四周查看地形，认为拉萨河南岸这个地方建立寺庙最为理想。公元1789年，经师在直布（“赤仆”）正式创建次角林寺，属格鲁教派。现有占地面积2685平方米。在三组还有卓康，是原次角林寺僧人夏季休息的场所。

宗赞寺，又叫贡觉赤赞多杰赤赞，由松赞干布主持创建，属格鲁派寺院。现有占地面积286平方米。

还有一个宗教活动场所叫日吾宗赞，又名益当旦珍杨吉，公元15世纪由宗喀巴主持创建，属格鲁派。现有占地面积117.5平方米。

传说噶尔·东赞曾被关押在次角林，现在还可以看到他被关押过的房子的残垣断壁等遗址，仿佛还在告诉人们历史上的政治风云。其后代的房名（家名）被称作“嘎仓”。因为被关押的人吃“朵玛”①，次角林的人也吃“朵玛”，所以拉萨人称次角林的人是吃朵玛的人。

① 一种用青稞和叫“措”的红颜料做的食物，次角林的人因关押禄东赞的原因吃朵玛。

民主改革前次角林“溪卡”的管理人住的老房子还在，解放时，次角林“溪卡”的强宗逃往印度，“溪卡”的房子被分给农奴们居住，现存有部分老房子。

次角林村的“藏戏队”成立于1963年，组建已有四十多年的历史，远比娘热乡藏戏队历史悠久。藏戏队能将西藏八大部藏戏演绎的栩栩如生，还有囊玛等歌舞表演。现在，主要是四组的两位老人在教年轻人。

次角林还有独特的节庆活动。每年的藏历四月十五日，次角林村最隆重的活动是“梅朵却巴”，即宗赞寺的宗赞佛与蔡公堂村蔡公堂寺班丹拉姆女神一年一度的相会。村民举办隆重的仪式，把宗赞佛抬到公堂寺（不过现在的宗赞是坐汽车前往蔡公堂寺的），在蔡公堂寺的神殿里和班丹拉姆女神相聚，第二天两神与民同乐，而后依依不舍地再度分别，回到自己寺庙。

次角林有民间互助组织“给度”，所过的“衮菘”和“亚菘”[①] 充分体现了藏民族邻里互助的特色。次角林村的给度遵循古老的传统，在村庄的葬礼、节日、宗教仪式、农业生产的春耕仪式等方面，依然发挥着邻里互助的作用。

次角林村的四个自然村一共有10个给度，一组有潘沃给度和仲达给度，二组是堆巴和麦巴，三组有亚巴、玛巴、克里趟三个给度，四组有三个。二组的给度分为麦巴和堆巴，即村庄上部给度和下部给度的意思。给度组织的负责人是一般是年龄大的，与邻里的关系处的比较好、有威信的人。经济因素不是重要的决定因素。

次角林村的给度是以居住空间相邻的村民之间组成的民间互助组织，一般有10—20户。谁家有婚礼、葬礼或节庆活动时，每家出青稞、钱和人力互相帮助。据村中80多岁的老人说，他们小的时候就知道村里有给度，每年都过公菘和亚菘，家里有事了互相帮助。文革时期给度的活动停止，1985年重新开始。

---

① “衮菘”和“亚菘”是给度在藏历的冬季和夏季活动名称的藏语音译。

二组麦巴的约定内容是藏文的，由平措扎西帮忙翻译，我记录。据说是三组的旺钦的哥哥洛尊写的，他的藏文程度好，现在自治区最高人民法院工作。

给度约定的内容如下：

原来有个麦巴给度，因为种种原因，没有继续办了。家里出了什么事或者有人去世，传统的仪式由自己家承担，但自己家承办有困难时互相帮助。现在，这个组织越来越扩大了，加入到这个组织的人应该积极参加组织活动。俗话说，人总是有生有死的，一家承担太重，还要托亲戚，为了减轻这种负担，1985 年　月　日①恢复这个给度的活动。给度出人力、物力的相关规定如下：

1. 卡布桑：人去世后的告别仪式。现金 5 元（有点改动）青稞 1 斋（藏语译音，木制的计量青稞的工具）。

2. 1 期：2 元钱，青稞 2 斋，糌粑 1 斋。

3. 7 期：49 天时，5 元钱，青稞 2 斋，糌粑 1 斋。

这些活动期间，每家的父亲集中起来，帮助做事出人力。

4. 一年时，3 元钱，青稞 2 斋，糌粑 1 斋。

其他过阿爸吉吉时的规定，加入这个组织的每家准备藏式的一桶青稞酒 38 斤，钱 5 元。

参加给度的人家：（藏文签名，按手印）

1. 车色；2. 康家次卓玛；3. 强次仁卓玛；4. 卓麦仓；5. （被贴住了，据平措扎西说，可能是襄洛帮典已去世）；6. 襄洛尼玛；7. 贴住了是西洛的父亲拉巴，在名字底下加上了巴桑的名字（即马振华）；8. 康沃平措扎西家；9. 贴住了（尼玛卓玛—平措扎西父亲的姐姐已去世）；10. 康给；11. 贴住了（可能是多吉，送养老院了，不参加活动）；12. 欧白（欧珠白玛的简称）；13. 边巴；14. 平措旺堆；15. 赤列；16. 贴住了（是扎西平措家，已退出麦巴 6—7 年了，是抬宗赞佛

① 原文日期是空的。

的）。

到次角林，可以组织游客参与体验村庄中的农户和牧业户的村民家庭的日常生活，还可发展具有藏民族特色的餐饮和住宿项目。

次角林有着独特的自然和人文旅游资源，具有极大的开发价值。但由于资金、人才缺乏等条件的制约，该风景区一直未能得到有效的开发。2004 年，西藏自治区烟草专卖局（公司）动员全局（公司）的干部职工自筹资金，购置 6 顶帐篷捐给了次角林村，二组（鲁若）的村民在紧邻的新林卡办起了旅游度假村。2004 年 7 月开业以后，短短的 4 个月时间，该村就收入 3 万多元。2005 年，次角林村委会申请次角林扶贫度假村扩建工程项目，用旅游度假村的收入又添置了 6 顶帐篷及麻将、桌子、草垫等各种设施。度假村还销售酒水饮料、村民们的土豆、藏鸡蛋等，2005 年的收入达 7 万多元，2006 年有 9 万多元。发展旅游业让村民们找到了致富奔小康的新途径。

2006 年，城关区蔡公堂乡次角林村和堆龙德庆县桑木村、当雄县当雄乡达布村三个景点被拉萨市旅游局列为拉萨市农牧民群众参与旅游服务示范区。① 次角林沟具有独特的历史、传统的民俗风情及秀丽的自然风光。将资源优势转化为经济优势，以旅游业带动相关产业的发展，可以解决就业问题，增加农牧民的收入，促进社会经济的发展。拉萨市旅游局将开发次角林民俗度假村列为 2006 年扶贫旅游实施项目，也是拉萨市重点打造的民俗旅游示范点。城关区、蔡公堂乡将重点开发“三大沟”，即支沟、协沟、次角林沟，并列入“十一五”发展规划。欢迎和吸引区内外各类经济组织、社会团体和个人兴办实体，开发次角林的旅游资源。

次角林的旅游开发，主要是二组的平措扎西和几个村民组织开展的。收入归二组，但只是记在帐上，开支时要经过次角林村村委会同意。只有一部分村民参与旅游接待，其他没有参与的村民也不满意，大

① 西藏自治区旅游局 2006 年 8 月提供《西藏旅游产业发展情况汇报》。

家都想参与。从表面上看，旅游虽然没有形成村民收入上的差距，但已造成村民心理上的分裂。他们认为林卡是村民共有的，少数人参与旅游只是让少数人增加了收入，大多数人却没有收益，因此，对平措扎西有意见。虽然年底平措扎西给全村每家每户买了过藏历新年的礼品，很多人还是不高兴。旅游也加剧了村委会和二组之间的矛盾，有了这个收入后，村委会和二组都有自己的计划，村委会想买车，二组想购买帐篷等扩大旅游接待的规模。次角林的旅游是小规模的村民自己开展的旅游，还是引起了村庄社会文化的变迁。面对外来投资所带来的大规模的旅游开发，他们会怎样发展？

二、外来投资的影响

我选择次角林作为调查点时，想与其他村进行比较研究。因为在西藏的农村，堆龙德庆桑木色然玛村是外来开发商主导的旅游开发形式，而次角林是村民自己从事旅游经营。我第二次在那里调查时，就经常听说有中外的投资商想开发次角林。

记得离开次角林时，我已经知道中国藏学研究中心的学者为西藏诺宝林公司开发次角林提供咨询信息的消息。次角林的村委会主任边巴次仁开玩笑说，别看我们今天在一起聊的挺好，我们把许多资料告诉你，没准改天，我们会是谈判的双方。

我回到北京完成博士论文时，这个项目合作开发的启动会议在北京召开，我参加了会议，提供了一份次角林基本情况的材料。当我将这份建议交给诺宝林公司开发次角林的负责人时，就出现了有关次角林旅游开发的应用人类学的思考。

在文化人类学研究里，文化变迁是一个主题。人类学家并不能拒绝变迁，而是希望地方社会和民族在现代旅游活动中最大限度地获得利益，同时又不至于使传统的民族文化在变迁过程中失去其赖以为本的民族性或演变成为畸形。[①]

文化人类学家几乎总是对自己所研究的民族充满眷念之情。当外来的政治和经济利益集团有可能剥夺你进行田野工作的朋友们的资源和自尊的时候，你是很难视若无睹的。我们一般都觉得应该保护和自己在田野工作中共同生活过的人们。[②] 应用人类学的道德观，最为重要的是，人类学家首先要对自己所研究的那些人负责——所做的任何事情都要确保他们的幸福和尊严受到保护。最重要的道德问题也许是：这种变革会不会使目标民族真正受益。[③]

下面是我对开发次角林沟的建议：

1. 请有资质的部门制订开发规划（旅游、房地产、生态环境保护）。清华大学曾制定西藏自治区旅游规划，北京大学曾制定拉萨市旅游规划，中山大学等旅游规划部门，也希望有人类学者对旅游开发对村庄带来的影响和变迁提出建议。

2. 开发与扶贫、新农村建设相结合，取得各级政府的支持。

3. 开发次角林在给开发商带来收益的同时能使村民受益。要注重次角林村民对未来发展的意见，得到他们的支持，是这个项目可持续发展的重要因素。

4. 开发房地产要与次角林沟的景色和藏式传统建筑特色协调。

5. 旅游业开发中的文化产业要注重保持藏民族传统文化特色，避免过度商业化。

6. 让次角林村民参与旅游服务，促进当地社会经济发展。

7. 明确新加坡悦容集团的开发范围和西藏洪城矿业有限责任公司探矿和采矿的使用范围，协调好与各方的关系。

8. 与柳悟区相邻的地段可开发房地产和仓储物流业。

---

① 彭兆荣：《旅游人类学》，北京：民族出版社，2004 年，第 267 页。

② ［美］C·恩伯著，杜杉杉译：《文化的变异—现代文化人类学通论》，沈阳：辽宁人民出版社，1988 年，第 568 页。

③ ［美］C·恩伯著，杜杉杉译：《文化的变异—现代文化人类学通论》，沈阳：辽宁人民出版社，1988 年，第 573 页。

我以这种方式进入了次角林旅游开发的场域中，也就出现了有关次角林旅游开发的应用人类学的思考。人类学者的情感（共鸣）、立场（客观中立）和旅游可持续发展都进入了我的视野。在外来开发商出资、政府主导的旅游开发中，次角林的村民在旅游开发中处于怎样的地位？旅游对他们的生活和未来发展有什么影响？在我的内心里，是希望开发次角林在给开发商带来收益的同时能使村民受益。要注重次角林村民对未来发展的意见，得到他们的支持，是这个项目可持续发展的重要因素。另外，也希望地方政府把好规划关，预先考虑到旅游对次角林的影响和可能导致的变迁。在次角林旅游开发中，有人类学的影响性评估，进行指导性变迁，避免盲目开发导致的失误。这也是我从人类学角度关注西藏旅游发展的目的之一，否则，我提供资料的行为是会受到谴责的。

当关于次角林的基本情况和建议交给开发筹备小组后，他们在此基础上制定给地方政府的次角林旅游项目开发的可行性论证报告。作为人类学者要积极的介入到旅游规划的制定过程中，将旅游对目的地人民的影响和分析，旅游可持续发展的理念告诉地方政府，他们是旅游规划制定和实施的决策部门。使旅游开发不仅对开发商有利，还要对目的地人民有益，可持续发展的旅游才能促进地方的社会经济发展。

次角林的旅游开发是在世界经济一体化和文化多元化的大趋势中，西藏旅游业迅速发展，成为社会经济发展的支柱产业的背景下发生的。我们不可能脱离西藏旅游发展的政府导向和政策规定。当地社会的政治和经济结构影响了旅游发展的形式，次角林的旅游开发和制定规划的过程，其实就是制定指导性变迁计划。应用人类学在看待涵化的时候经常会涉及有关文化变迁的指导性计划及其作用，所以，指导性的文化涵化是在某一种规划性的作用之下完成的。①

从文化变迁的指导性变迁的角度说，东道主社会对于任何一项加速引起涵化的指导性变迁的计划和项目，都会引起相应的反应，它大致有

① 克莱德·伍兹著，施惟达、胡华生译：《文化变迁》，昆明：云南教育出版社，1989年，第69页。

三种情况：良性反应、中性反应和恶性反应。其中有三种因素决定刺激“反应”的性质：（1）地方民众是否对创新一开始就感到需要；（2）他们是否看到采纳创新带来的实际利益；（3）他们的传统领导者是否参与和执行该规则。我们当然希望看到大规模的旅游活动，大量的游客进入东道主社会能带给地方社会群体一种良性的反应，对当地社会和文化起到积极的影响和带来实际利益，而且这样的影响和作用为地方民众乐意接受。相反，我们不希望看到旅游对东道主社会带来文化变迁上的过多消极影响和作用，引起当地社会的恶性反应。①

三、次角林村民的愿望

次角林的村民盼望有外来投资注入开发村庄。但他们又担心，外来投资控制的旅游开发是否会考虑次角林村民的利益？次角林的村民对这样的旅游开发是否有控制和影响力？另外还有一个隐忧，就是随着大规模的开发，村民的土地会失去吗？失去土地后的村民以什么为生？他们担心要离开祖祖辈辈赖以为生的土地，重新选择谋生之路。就是能进入旅游开发企业就业，也有年轻的和年老的就业机会不等的问题，还要培训技能等。如果是大规模的旅游开发，将会影响和改变他们世代延续的生存方式，改变他们的观念。因此，次角林的村民既盼望又担心外来投资的开发。

面对西藏旅游业的迅速发展，尤其是发展旅游业缺乏资金、人才的现状，自治区已制定出一系列优惠政策，以保证旅游业的进一步发展。西藏旅游业发展坚持政府主导、部门联动、市场运作、企业经营、社会参与的模式，创造良好的旅游环境，全面提升产业素质和水平，实现旅游业快速发展。这样的政策，会吸引更多的外来资金投入到西藏农村的旅游开发中。

次角林村民面对外来投资、人才和技术，只能是依附。因为他们自

① 彭兆荣：《旅游人类学》，北京：民族出版社，2004 年，第 293—294 页。

身没有资金和实力与之抗衡。但他们可以按照依附发展的观点，由政府主导，吸引外来开发商的资金，在旅游开发中让开放商享受优惠政策，同时带动次角林的发展，形成西藏农村发展旅游的模式。

四、次角林村的回访

2011 年，我在中国藏学研究中心社会经济所工作。参与“青藏高原环境与发展延续研究—青藏高原山水文化研究”课题，到西藏拉萨当雄等地调研时，我抽空去次角林村回访，再次了解旅游对两个村庄社会文化生活的影响和发生的变迁。2011 年 9 月 11 日，我按照以前去次角林的公交站点，去寻找开往次角林村的车，但在那里没看到。问周围的人，大多数都不知道次角林村。无奈之下，我决定打车去。因为中秋节快到了，我给平措扎西的母亲和两个女儿买了月饼和蛋糕，买了一箱伊利优酸乳，还带去了从北京带来的文具袋、铅笔、转笔刀。买好东西后，拦了一辆出租车。到山脚下，出租车就不进去了，我们只好徒步走进去。次角林村的村民在村委会的组织下，依然在自己接待游客，来旅游的人数和收入在增加。很多村民盖了新房子，政府还建了一些安居工程的房子给贫困户。还有政府招商来的开发商要投资开发次角林整个山谷，正在洽谈。

2014 年，我因为参与《中华大典·藏文卷》课题调研，再次来到拉萨。因为时间有限，我选择了去次角林回访。买了 200 元左右的点心和饮料带给平措扎西家。这次有公交车可以直接到次角林，公交站点设在村委会附近。平措扎西带着二组的村民继续开展旅游，外来的开发商已经制定了次角林村的开发规划。

随着中国西藏文化旅游创意园区暨《文成公主》大型实景演出项目、拉萨河景观工程等项目的建设，次角林村成为拉萨市“旅游窗口”和大力实施“文化兴市、产业强市”的典型之一。平措扎西的妻子央金参加了文成公主的实景演出，有了旅游收入。平措扎西说次角林规划开发，政府给了他们补偿。他有 100 多万，买了比亚迪新车，还在老院子的后边盖了新房子，楼上楼下，房间很多，也很宽敞，建房需要 20 万元。村里许多人家都盖了新房或正在建房。村民说政府给补助一部分，不足部分贷款或自己出资建。可以看出，次角林村民的生活水平明显提高了。

2017 年 8 月，《中华大典·藏文卷》项目对西藏的项目开展调研和中期检查培训。社会经济所的同事大多数都到西藏，开展十三五重大课题“西藏全面建设小康社会与共享式发展研究”，就“西藏贫困成因机理与扶贫成效评估”专题进行了调查，重点推进西藏精准扶贫、全面建成小康社会评估、民生改善、共享式发展等领域的专项研究。结合所里课题，我对调研点继续进行跟踪回访。最近，因为修桥和修路，去次角林没有公交车。我给平措扎西打了电话，他让我在体育馆那里等着，他开车来接我。平措扎西现在已经是次角林村委会的主任了。

过去，村里主要以传统农业为主，务农是群众主要收入来源。现在，群众期待加快推进产业转型。为了让全村人都尽早享受改革创新和发展成果，实施了“一辆车带动 3 户群众”的政策。村里的货车数量由项目开建前的十几辆增加到现在的近 90 辆，有力地拓展了致富路。几个文化旅游创意项目开建时，村里召开群众大会，给村民们详细讲解整个园区的建设情况和远景目标，村民们都很支持园区建设。很多村民买了大卡车，专门为工地运送沙石。村民参与工程建设以来，光靠一辆车，每个月就有 3 万多元收入，加上其他，每个月收入达到 5 万元，这在以前是不可想象的。许多在外打工的年轻人纷纷返乡。村民们也看到了商机，有的准备开藏家乐、甜茶馆，有的准备建家庭旅馆。村民们结合各自喜好和专长，纷纷表示要努力成为驾驶员、厨师、导游、讲解员或酒店经营管理者等。

放眼未来，展现在次角林人面前的是这样一幅壮美图景：中国西藏文化旅游创意园区将按照“一园两城三区”进行构架。“一园”即文成公主主题公园，包括《文成公主》场馆；“两城”即艺术城和民俗城；“三区”即文化创意产业区、生态休闲商务区和文化名流居住区。中国西藏文化旅游创意园区将建设成为优秀文化的保护区、文化体制改革的先行区、文化产业发展的孵化区和旅游产业壮大的活力区。村民积极参与文化旅游创意园的建设和《文成公主》的实景演出，村民带牦牛等进入实景演出，都会有收入。

2017 年 2 月，由中国西藏文化创意产业园区管委会与拉萨和美布达拉文化创意发展有限公司联合主办、由风情街六大特色商家支持的“拉萨河畔不夜城，全域旅游新篇章——拉萨慈觉林（即次角林）藏院风情街冬季旅游主题活动”正式启动。作为《文成公主》藏文化大型史诗剧的配套设施，次角林藏院风情街在演出季有效拉动了拉萨旅游人气，在旅游淡季率先开启了拉萨冬季游，为打破拉萨冬季旅游桎梏、开启拉萨全域旅游起到积极的推动作用。

2017 年的回访，让我目睹和感受到次角林村的巨大变化。平措扎西介绍说，次角林是整体开发规划，道路彻底修好了，干净整齐。当年调研时，我天天踩在胶泥土路上，相比真是大改观。道路经过了当年的泉水池，穿过林卡的湿地，原来小小的碧绿湖面中倒映着宝瓶山和宗赞寺及山上随风为村民千万遍祈祷的经幡的画面，只能成为我记忆中和电脑储存图片中次角林村永远美丽的风景。现在修了栋宾馆式的建筑，泉水池里没有水，原来的湖底铺了水泥地，据说要建成游泳池。村庄中间还修了水渠，将泉水引入其中，两边挂上了随风飘动的经幡，成了次角林的新景观。

再次去次角林寺，平措扎西说寺院里有 4 个僧人。中午也许僧人们在休息，寺院里异常安静。阳光白云下，只有黄色的寺院、白塔，掩映在随风飘动的色彩斑斓的经幡下。阳光照在白塔上，反射出的光亮闪闪的在眼前晃动。我一个人享受着这份宁静和安详，拍了院子里的房子、佛塔和经幡。

次角林寺背后的山边上新盖了几栋高楼，村民说是西藏安置贫困户异地搬迁的安居工程的楼。从寺院回来，走回平措扎西家时要经过村委会，我进去拍了一些墙上贴的最近各种活动的宣传栏。回到平措扎西家，他还没有下班回来。因为要选举了，相关部门在对村里进行财务审计。平措扎西的弟弟在拉萨当老师，周末也回来看妈妈。晚上，他家包了牛肉包子。大家边吃边聊这几年次角林村发生的巨大变化。平措扎西也有他的烦恼，当了村委会主任，要处处严格要求自己，以身作则。园区建设，他就没有买卡车参与，没能挣这个钱。村委会的工作很忙，顾不上家里。现在国家的政策要落实，各项规定也要求很严，可村民们有了补偿款，根据人口和土地得到最多的有 400 多万，少的也有几十万。大多数人家买了车，盖了新房子，参加次角林村的建设。但也有一些人的观念变了，有的年轻人买车，买摩托，经常去拉萨玩。中老年中有的人不干活，喝茶打牌，有管理上的难度。

次角林村建设的很好，很大，但徒步走下来感觉很累。这几天在网上看到一个好消息。2017 年“公交出行宣传周”刚刚结束，拉萨今年将在原有基础上更新 128 辆新能源公交车。拉萨市对几条公交线路进行了优化调整，方便更多的市民出行。接下来，拉萨市公交运营有限公司还将进一步优化、调整公交线路。“随着南环路、北环路的修建，计划开通新线路，比如在次角林村区域内开通微循环线路。”① 再去次角林时，估计有方便的公共交通了，村民出行、游客进入也会方便许多。

结　论

田野调查期间，我与村民们建立了良好的关系。我所居住的村长家人说，再来你就像回家一样，不要客气。村民们希望我向他们承诺的那样，把村庄的历史和他们今天的生活写进我的书里。次角林二组的组长平措扎西，听我描绘了次角林村发展旅游业的前景，希望能带来开发商开发次角林。藏历新年时，我与次角林的村委会主任和平措扎西互发短信，祝藏历新年快乐。

2004 年，次角林的村民自己开展了旅游接待活动，旅游也对村庄产生了影响，发生了变迁。目前他们面临的最大问题是，外来投资在开发村庄旅游时，要重视当地人民的参与、关注旅游对他们的影响，关注

① https://mp.weixin.qq.com/s?__biz=MjM5NDI3NzEwOA%3D%3D&idx=3&mid=2654001718&sn=a2ddab1687e032ce605c341858011ae9

旅游引发的社会文化变迁，旅游才是可持续发展的。

由于旅游业的迅速发展，西藏农村正在经历着意义深远的变化，这些变化有的是具体的村庄所具有的，有的是整个地区普遍发生的，他们可以帮助我们了解村民对旅游和旅游的态度的转变。游客和村民之间的距离缩短了，旅游不再是一种新的现象。村民们感到他们不仅有权利而且有知识、有经验去设计村子及其主要产业的未来。旅游被整合进村庄的社会生活和发展中，现在，对村庄影响最大的就是旅游的发展。

我将继续关注村庄的发展，进一步了解旅游在西藏农村变迁中的角色和作用。希望有更多的学者在这一领域开展研究。

10 年时间过去了，政府和相关部门、公司整体规划开发次角林。村民一亩地能拿到 14 万多，家家都富起来了。党的十九大召开了，西藏的农村将和全国人民一起进入新时代，踏上新征程，开创社会主义建设的新篇章。

民生民计

西藏城郊农村就业结构变化的个案研究*

——以 2001—2011 年间达村为例

格桑卓玛

就业结构是反映社会经济发展水平的重要标志，反映国民经济的总体发展水平以及社会劳动力资源投入方向的总体状况，在国民经济全局运行和就业活动中具有极为重要的意义。20 世纪 80 年代末的改革开放，在中国这片古老大地上掀起深刻的变革，对中国经济发展产生的结果之一是就业的增长和结构的变化。探究这样的变化是如何产生的，对理解这种社会转型十分重要。

位于西部地区的西藏自治区目前也处在历史上经济发展和社会变化最显著的时期。这不仅体现在经济数量的变化上，如 GDP（2012 年 701 亿元）、农牧民人均纯收入（2012 年 5645 元）都达到西藏历史的最高水平；也体现在经济结构的变化上。西藏产业结构由“一、二、三”转变为现在的“三、二、一”的结构。许多学者对西藏经济发展中的数量变化有大量丰硕的研究成果，但是对西藏经济结构问题的研究还不多。而目前提出的转变经济发展方式主要强调的就是调整经济结构。

西藏是具有二元经济特征的农业地区，体现在农业人口多，① 农业

* 该文发表于《中国藏学》2013 年第 4 期。

① 根据年第六次人口普查，西藏乡村人口比例为 77.3%。

地域广，“三农”问题有其自身的特点。根据西藏历年有关统计资料，其农村经济问题主要表现在农村经济增长速度慢、结构变化小、非农产业滞后等方面。[①] 因此研究西藏农村地区的经济结构问题显得尤为重要。

当前西藏的就业问题事关民生。在经济结构中就业结构的变化也很值得关注。本次研究以一个新的视角——西藏农村就业结构来研究西藏人口最多、从业人员规模最大、居住地域最广、发展水平相对滞后的农村地区的经济发展问题，希望从这个视角解读西藏农村经济的变化。

根据笔者之前的研究和其他学者对西藏社会经济的调查，我们发现农村就业结构变化最显著的地区多邻近城镇、经济中心或者位于重要的经济发展带。因此，笔者将实地调查点选在城郊农村，拉萨周边的村庄——达村。希望通过对这一个案的研究，能从微观角度了解西藏农村地区劳动力就业问题的特殊性，并为探索随着西藏城镇的发展和经济中心辐射面的扩大而在更偏远的农村地区也可能产生的类似问题提供借鉴与思路。

一、研究方法

就业问题一直是社会各界广泛关注的焦点问题之一。综观中外学者关于这方面的研究脉络和最新研究成果，可以看出，西方经济学家和马克思主义经济学家对就业问题的研究有着不同的视角，中国学者在就业问题上的研究充分结合了中国的具体国情，相关研究也不断丰富和深化，成为笔者研究的理论基础。中外学者对西藏农村社会和经济发展、西藏人口和劳动力要素领域有大量精彩的论述，其中也涉及到对就业的关注。如马戎教授和旦增伦珠博士从社会学和民族学研究角度对西藏流动人口的结构和流动动因进行的深入研究，特别研究了西藏流动人口的

① 钟祥浩、李祥妹：《西藏自治区“三农”现状分析及发展战略与对策》，《中国科学院院刊》2003 年第 5 期。

就业问题。① 罗绒战堆博士在所从事的西藏农村经济的研究中也提出就业“机会”的重要性。② 王洛林、朱玲研究员主持的有关云南、青海、甘肃等涉藏工作重点省社会经济发展的课题和相应的研究成果中，中国社科院的学者们也就西藏农牧民参与市场等专题开展了与就业相关的研究。③ 美国学者戈尔斯坦教授在长期对西藏农牧区社区的研究中，对西藏农牧民非农就业问题有独到的思考。④ 加拿大安德鲁菲舍尔博士对西藏等地经济的深入研究中也特别关注当地劳动力参与市场竞争的能力。⑤

除了对前人相关理论、成果的梳理和研究，本研究采取个案调研的方法开展了实地调查。2012 年夏天，我们研究团队在达村开展了为期一个月的实地调查，采用随机抽样的方法，从达村 203 户农户中抽取 60 户发放调查问卷，并进行入户访谈，最终得到有效问卷 53 份，涉及 218 人，覆盖到达村四分之一的家庭。调查问卷主要围绕 2001—2011 年间该村的就业现状与变化展开。

二、对达村的调研

本调查点在西藏拉萨市堆龙德庆县下辖的柳梧乡达村。堆龙德庆县按自然单元分为 1 个纯牧区和 34 个半农半牧业区。2010 年全县人口 52249 人，人口年龄进入成年型。2010 年堆龙德庆县农牧民人均纯收入 5328. 23 元，⑥ 10 年间增长近 3 倍。当地农业人口大约 4 万多人。由于在当地修建青藏铁路和火车站，政府征用农户的土地较多，因此截止到

① 马戎、旦增伦珠：《拉萨市流动人口调查报告》，《西北民族研究》2006 年第 4 期。

② 罗绒战堆：《西藏的贫困与反贫困研究》，北京：中国藏学出版社，2001 年。

③ 王洛林、朱玲：《市场化与基层公共服务：西藏案例研究》，北京：民族出版社，2005 年。

④ Melvyn C Goldstein，Ben Jiao，Cynthia M. Beall，Phuntsog Tsering，*Development and change in rural Tibet-problems and adaptation*，Asian Journal of Surgery . 2003.

⑤ Andrew M Fishcher，*State Orowth and Social Exclusion in Tibet*：*Challenge of Recent Economic Growth*，NIAS Press，Copenhagen，2005.

⑥ 数据来源：拉萨市统计局。

2010年，堆龙德庆县农村富余劳动力有3000余人。①

在大力发展多种经营的政策鼓励与扶持下，当地农业领域出现了具有城郊经济特点的养牛专业户、养鸡专业户、养猪专业户，非农业就业领域也出现了新的生机与活力。乡镇企业发展较快的行业，如工业、建筑运输业、商业服务业、旅游业、养殖业、矿产开发以及民族手工业领域，也可以看到许多当地农村劳动力的身影。

距离县城40公里的达村是乡政府所在地，当地农业基础条件好。在城镇发展的带动下经济发展迅速，地区生产总值10年增长10倍。达村现有人口720人，共203户，分成4个村民小组。村里的人均耕地面积2.8亩，无耕地人口192人。2010年达村国民生产总值达到500万元，人均国民生产总值中农业贡献率为14.4%，副业贡献率占55%。2010年由于高速公路、拉日铁路工程建设的参与度高，村民的收入增长很快，当年人均纯收入达到3200元。2010年达村收入构成中20%来自农业和副业，5%来自畜牧业，15%来自资源补偿、环保补贴，60%是参与机场高速公路工程建设的劳务收入。而2009年全村的国民生产总值为200万元，人均总收入为2600元。2011年机场高速通车后，达村到拉萨城区的车程只有15分钟。

1. 被调查家庭总体状况

在达村我们共调查了60户，在顺利完成问卷调查的53户中，30位男性接受访谈，占接受访谈总户数的56.6%；女性23人，占43.4%。被访者平均年龄39.9岁，年纪最大的61岁，最小受访者20岁。我们把被访者分成6个年龄组表（表1）。本次调查的对象都是家庭里的主要劳动力，他们主要是青壮年。

① 数据来源：拉萨市堆龙德庆县。

表 1　达村被访者的年龄结构表

年龄组(岁)	人数(人)	比例(%)
20	1	1.9
21—30	12	22.6
31—40	12	22.6
41—50	17	32.1
51—59	8	15.1
60	3	5.7
合计	53	100

表 2　被访者家庭人口状况

家庭人口数	户数	百分比	累计百分比
1	5	9.4	9.4
2	1	1.9	11.3
3	11	20.8	32.1
4	16	30.2	62.3
5	13	24.5	86.8
6	3	5.7	92.5
7	1	1.9	94.4
8	3	5.7	100
户数总计	53	100.0	100

表 2 中，被访者家庭的人口数以 3—5 人居多，这种家庭占被调查户数的 75%。家庭规模超过 7 人（含 7 人）的占 7.5%。达村平均家庭规模是 3.55 人，53 个受访农户的平均家庭规模是 4.1 人，都低于自治区六普数据 4.23 人。① 从家庭人口结构看，达村已婚受访者中有 45%

① 《西藏自治区年第六次全国人口普查主要数据公报》，《西藏日报》2011 年 5 月 4 日。

的人有2个孩子，将近30%的人有1个孩子。据调查了解近年来当地人的家庭观念有了一定的变化。许多老人与他们成年的孩子分家生活，因为老人与成年子女住得很近，即使分家生活子女也可以照顾到老人。78.2%的人已婚。由于距离城市较近，家庭人口规模不大，核心家庭数量增加，就近就业成为他们择业的首选。

表3　被访者受教育程度

受教育程度	人数	百分比	累计百分比
文盲	5	9.4	9.4
小学	33	62.3	71.7
初中	7	13.2	84.9
高中	4	7.5	92.4
大专及以上	3	5.7	98.1
缺失	3	5.7	100
总计	53	100.0	100

西藏农牧业与全国的普遍情况一样，也面临着突出的“人地矛盾”，西藏人均拥有的耕地面积不足2亩，而且耕地资源质量不高。随着人口的增加，达村人均耕地面积日益减少，2011年全村人均耕地2.8亩。[①] 因为工程建设（机场高速路、拉日铁路）征用部分土地，加剧了当地的人地矛盾。被访家庭的人均耕地面积只有2.05亩。在调查中发现，最重要的生产资料——土地的稀缺也是促使当地劳动力转移就业的主要原因之一。

当地劳动力学历普遍不高（见表3）。被访者中，小学文化程度者所占比例最高，达62.3%。年龄和受教育程度的交互分析显示，年轻人受教育的程度相对高，因此有利于他们从事生产技术要求高的行业。

① 中国农业人均占有的自然资源非常少，目前人均大概只有1.38亩耕地。

2. 达村就业结构的变化

在掌握达村社会经济基本情况的基础上，进入对其就业结构的研究。

从表4的年龄—职业结构可以看出，各年龄组的被访者相对集中在农牧业、运输业和批发零售餐饮业。66%的人实现了非农领域的就业，集中在第三产业，其中从事运输业的人最多，占全部被访者人数的26.4%，而且覆盖的年龄段最广。此外，商业、服务业领域的当地农村劳动力人数比重加大。西藏第一条高速公路、拉日铁路这两项大型公共基建项目以及乡村道路整治等工程为这个村提供了许多就业和增收的机会。在政府协调下，大量沙石运输等技术要求不高的工作优先交给当地劳动力完成。虽然由于达村与拉萨市区的距离近，经济辐射和观念影响较大，早在上世纪80年代村里就有人从事运输业，但是像现在这样规模的就业变化还是从2009年开始的，同时村里购买重型货车的家庭越来越多。

从问卷数据看，从事批发零售业的人数也不少。达村村子不大，由于是乡政府所在地，乡村的行政机关相对集中。加之近几年周边工程项目的开工建设，外来建设施工人员的大量涌入带来了频繁而密集的人口流动。人员的汇聚自然带动起当地消费市场的发展。如村里的小商店就从2001年的一家增加到2012年的4家，小餐馆也出现了3家。本村人在工作任务重、时间紧的时候也常常到小餐馆就餐，或者在小商店买包方便面，再来一瓶可乐就解决一顿午饭。资金投入少、劳动强度小、时间灵活等行业优势，使批发零售餐饮业也成为当地村民乐于从事的非农业产业。如果再加上清洁工和歌手这两个职业，那么作为商业、服务业领域的当地农村劳动力人数比重则进一步加大。

表 4　被访者的年龄一职业结构（单位：人，%）

年龄组（岁）	职业												
	农牧民	运输业人员	批发零售餐饮业人员	临时工	清洁工	公路养护员	建筑工人	汽车维修人员	教师	电信职工	银行职员	歌手	总计
≤20		1											1
21—25		1	1		1						1	1	5
26—30		3	2	1						1			7
31—35	5	3		1		1							10
36—40	1						1						2
41—45	1		2	1									4
46—50	6	3	1	1				1	1				13
51—55	3	2	1	1	1								8
56—60	1	1											2
≥61	1												1
总计 人数	18	14	7	5	2	1	1	1	1	1	1	1	53
总计 比例	34	26.4	13.2	9.4	3.8	1.9	1.9	1.9	1.9	1.9	1.9	1.9	100.0

*表示本数据是受访者在农业生产之余从事的职业。

在高度分工的现代社会中，许多职业或者工作岗位需要有一定的教育背景甚至接受专业培训。从表 5 可以看出，达村被访者的主要教育程度在小学和初中水平。拥有大学学历的从业人员能进入事业单位，获得稳定的收入来源。而自报为文盲的低学历者主要集中在农业生产领域，也有自己经营小卖部或者帮助亲戚看店的。从事运输业的从业人员的学历跨度较大，说明技术含量不高，而且相对其他行业收入更丰厚，因此吸引了各种文化水平的劳动者参与其中。

表 5　各职业从业人员的受教育程度

职业	受教育程度					
	文盲	小学	初中	高中	大学	总计
农业	3	11	2		1	17
运输业		9	3	2		14
批发零售餐饮业	2	4	1			7
临时工		5				5
清洁工		1	1			2
歌手				1		1
银行职员					1	1
电信职工（临时工）					1	1
公路养护员		1				1
建筑工人		1				1
教师				1		1
汽车维修		1				1
总计	5	33	7	4	3	52 *

＊53 份问卷中有 1 人未提供教育程度的信息。

在调查样本中，达村的就业结构在这 10 年里发生了显著的变化，66%的劳动力从事非农业生产活动，非农产业和非农业收入已经在当地的发展中占有非常重要的位置，非农业活动能从多种渠道影响农村经济。从表 6 可以观察，53 位被访者中，从事农业生产的人数 10 年间减少了一半以上。而第三产业的从业人员比例则有较大幅度的上升。当地劳动力在三次产业的转移总体符合配第—克拉克定律①，非农产业正在

① 1940 年，英国经济学家科林·克拉克在威廉·配第的关于收入与劳动力流动之间关系学说研究成果之上完成计量和比较了不同收入水平下，就业人口在三次产业中分布结构的变动趋势后得出的。克拉克认为他的发现只是印证了配第在 1691 年提出的观点而已，故后人把克拉克的发现称之为配第—克拉克定理。配第—克拉克定理揭示了经济发展中劳动力在三次产业中分布结构的演变规律，指出劳动力分布结构变化的动因是产业之间相对收入的差异。

替代第一产业成为当地吸纳劳动力就业的主要领域。

表 6　被访者职业变化的对比

原来职业	目前的职业													
	农业	运输业	批发零售	临时工	教师	清洁工	歌手	餐厅老板	建筑工人	公路养护员	汽修店员	银行职员	电信职工	总计
农业	18	12	4	4	1	1		1						41
学生		2					1					1	1	5
保洁员										1				1
服务员						1								1
工人									1					1
加工店雇员											1			1
开饭馆			1											1
临时工				1										1
司机			1											1
总计	18	14	6	5	1	2	1	1	1	1	1	1	1	53

农村非农产业能提供大量的就业机会，吸收农业剩余劳动力，缓解人口对土地的压力。非农业活动能显著提高家庭收入，增强农户的投资的能力和扩大再生产的能力，降低收入的波动性。农村生产责任制的实行使家庭成为生产单位。作为理性经济人，农民自然将收入的极大化作为所有经济活动的目标。他们的决策直接体现在家庭劳动力的分配，即各种生产活动的参与上。农村剩余劳动力数量的日增和传统农业的低收益形成一股力量，把大量农户推向非农就业领域。

表 7　各职业从业人员的收入比较

月收入 职业（人数）	<1000 元	1000—2000 元	2000—3000 元	3000—5000 元	5000—10000 元	>10000 元	总计	月平均收入（元）
农业	3	12	3				18	1615.3
运输业		1	5	2	3	3	14	5807.7
批发零售餐饮业		3	4				7	2266
临时工	1	4					5	1698.9
清洁工		2					2	1000
歌手		1					1	1500
银行职员			1				1	2500
电信职工				1			1	3000
公路养护员	1						1	800
建筑工人		1					1	1800
教师		1					1	1200
汽车维修		1					1	2000
总计	5	26	13	3	3	3	53*	

*以农业生产为主业的农村劳动力中有 5 人在农闲时也开着自家的拖拉机参与沙石运输等工作。而这 5 个人的月收入最低能达到 1500 元，最高可以达到 3000 元。他们提升了农业劳动力整体的收入水平。

表 7 各个职业的收入比较中，运输业很明显是达村创收能力最强的行业。2010 年该村的人均纯收入中，60% 来自参与机场高速公路工程建设的劳务收入。建筑运输业的高收入得益于在达村家门口修建的机场高速路和拉日铁路，尤其在工期紧、任务重的情况下，对参与工程建设的劳动者的务工报酬也高过日常建设项目，加速了达村居民财富的积累。当然，运输业对从业人员也有一定要求，其中基本的一项就是掌握驾驶技术。如果能拥有自己的运输工具，那么从业人员所获得的报酬更丰厚。

批发零售餐饮业也是当地收入高的行业之一。从事这个行业对资金的投入有要求，其经营者也面临投入成本与利润回报的问题。而这一行业的高收益和高参与率也得益于当地公共基础建设项目带来的人员流动和富裕起来的人们更多更高的消费需求。

另外两个高薪职业是电信职工和银行职员，其从业人员都有大学学习的经历。金融、电信行业对从业人员文化素质和知识水平的要求使这两个行业的就业门槛高，即使收入水平高也难以吸纳更多教育程度集中在小学和中学水平的当地农村劳动力。

由于当地近年来的工程建设项目多，而且达村临近拉萨市和堆龙德庆县县城，就是没有其他非农技能，也没有资金开饭馆、商店，许多当地人仍可以通过简单的劳动投入寻找到自己的就业途径，例如在建设工地打工，为农场、苗圃育苗，当餐厅服务员等。这两年就是在建筑土地当小工搬运砖石建材，每天的收入也基本不低于 60 元。因此村里临时工和外出务工者的收入普遍高于农牧业从业者。

那么这些改变了职业的被访者是如何重新就业的？据我们调查，35 个从事非农产业的达村村民中有 25 人，即 71.4% 的人的非农就业机会是他们自己谋得的，其原因之一是这些农村劳动力多数在当地就业，就业信息易于获得，就业机会易于把握。其二，西藏城镇的劳动力市场包括劳动中介组织并不发达，更不用说农村地区。因此靠亲友等社会网络实现农村劳动力的就业转移仍是除政府和基层组织安排之外的唯一就业渠道。另外，村里自发组织的车队为村民联系就业也被当地人视为是自谋职业。

政府有组织的劳务输出的安排和帮助也起到一定的作用。53 名被访者中，1 名公路养护员、1 名小学教师和 5 个沙石运输司机等非农领域和 5 个护林、除草等农业领域的工作就是在县、乡政府和村委会的安排下获得的。53 人中只有 4 个人的工作是由亲友介绍的。

从达村 53 位被访者对未来职业的设想和规划中展现出当地非农就业的发展趋势。有 49 人对他们工作的现状是认可的。针对未来就业的考虑这样的话题，74.5% 的受访者希望从事当前的职业不变，而剩下

25.5%的人想转而从事运输业。计划改变职业的人中有41.7%的人认为目前的工作不是自己理想的工作。据调查分析，新一代农村劳动力对就业和生活有了更高的追求，更愿意为实现自身价值而付出。该村劳动力未来的就业趋势是以运输业、商业、服务业为主的第三产业比重进一步加大。

3. 对达村就业结构特征与问题的分析

通过对达村就业结构及其变化的调查，我们对当地就业结构有以下点认识：一是达村在西藏获得国家大力扶持、大规模基础建设中获得了在当地从事非农产业的就业机会。二是当地劳动力在非农业就业中自觉地组织起来，提高了他们择业和应对经营风险的能力。三是该村紧邻拉萨市区，其就业结构受拉萨城市的观念和经济辐射的影响。四是当地人整体生活水平的提高和新的就业带来的生活方式的改变，反过来催生出新的消费需求，形成区域性的消费和服务市场，产业结构和就业结构更加多样化。五是非农就业的收入使当地农户有了积蓄，通过扩大再生产也增加了车辆等家庭的资产储备。学习驾驶技术和车辆维护的技能也使当地人获得了一定的技能储备。这些资产和技能储备为当地就业结构的变化提供了更多的可能。

而目前当地就业中存在的问题主要有三点：一是就业技能缺乏或者单一，是制约达村农村劳动力转变就业结构的主要因素。二就业结构的变化与国家和当地政府的政策关系密切，甚至可以说对政策的依赖性过强，非农就业的稳定性差。三是目前从农业劳动中转移出来的从业人员多从事技术含量低的工作，其技能的局限性使得他们的就业前景堪忧。

三、西藏城郊农村就业结构的思考

由于历史、自然条件等因素，西藏城镇化水平低且传统上能吸纳劳动力就业的第二产业也不发达，投资与消费仍是目前西藏经济发展的两大推动力。在这样的社会经济条件下，针对西藏城郊农村就业结构问题有以下四点思考：

1. 区位优势为城郊农村劳动力转移提供了离土不离乡的非农就业模式，可以依靠国家的大中型建设项目就业，使其收入最大化，但远郊农牧区，尤其是偏远农牧区目前还没有这样的优势。而且这种利用区位优势和依靠工程建设项目的就业模式的可持续性也将面临挑战。

2. 西藏各地兴建中的国家大中型建设项目为当地人提供了大量的就业机会。各级政府鼓励和积极支持当地农村劳动力参与这些项目中，在实践中学习技能，增强就业能力。

3. 农牧民根据比较优势和因地制宜的原则放弃进城务工的机会，在当地实现劳动力转移，不仅有益于改善民生，也对发展壮大乡村经济有促进作用。政府要提高农村地区的公共服务水平，以及加大基础设施建设和劳动力市场建设，完善就业服务体系，为农村就业结构的积极变化创造良好的社会经济环境。

4. 劳动技能的缺乏或者技术水平的局限是影响西藏农村劳动力就业水平的主要因素。根据当地项目建设需求和市场的实际需求，加大对农村劳动力的培训力度成效显著。同时，政府要鼓励分散的农牧民组织起来，利用在当地就业的优势，通过合作分散风险，并获得市场谈判能力，获得更好的市场收益。达村自发形成的运输车队在市场竞争中就为当地农村劳动力争取到了最大的利益。

西藏农牧民专业合作社的发展现状、问题及对策*

——基于拉萨市堆龙德庆县的调查分析

旦增伦珠　张晓敏　李健

在目前西藏农牧民比例达75%的现状下，借助成立农民专业合作社进入市场已成为小农户应对现代市场挑战的重要选择之一。西藏地区近几年的市场化发展促进了农牧产品销售半径的扩大，但小农户难以直接面对加工业和终端销售者，不得不通过成千上万的小商贩和经纪人等中间商进入市场。国内外的经验表明，各种农民合作组织可以通过向成员提供统一的农资供应、销售等服务，发挥降低交易成本、增强农民的市场谈判实力和加强保障食品安全的能力等功能。随着《农民专业合作社法》及《关于加快发展农民专业合作经济组织的意见》等法律法规的实施，西藏自治区的农牧民专业合作组织数量迅速增长。全面分析西藏自治区农牧民专业合作社的发展状况，尤其是现存问题，无论是对于我们深入理解西藏地区农牧民专业合作社的发展规律，还是促进当地农牧民专业合作社更好更快地发展都有重要意义。

本文选择拉萨市堆龙德庆县作为调查对象，主要是由于该县为拉萨市下辖的一个郊县，近年来农牧民专业合作组织发展较为迅速，且其合作类型已覆盖不同的产业，因此具有一定的代表性。2008年以来，我

* 本文原载西藏自治区《调查与研究》2011年第10期。

们课题组先后多次赴堆龙德庆县调查农牧民专业合作组织的发展情况。2011 年 7 月，我们再次赴该县的古荣乡和乃琼镇调查，本文就是在这些调查的基础上撰写而成。

一、农牧民合作经济组织发展现状

（一）农牧民专业合作社的总体发展呈现加速态势

目前，西藏当地农牧民专业合作社的总体发展呈现加速态势，覆盖乡村、农户和产品的范围不断扩大。以拉萨市为例，2008 年底，全市农牧民专业合作社共 24 家，社员人数 1617 人，出资总额为 3304.5 万元；到 2009 年底，合作社发展到 31 家，社员人数 1983 人，出资总额 4913.5 万元；截止 2010 年底，合作社已发展到 62 家，社员总数 2642 人，出资总额达到 10193.1 万元。可见，近三年来拉萨市农牧民专业合作社发展非常迅速。2007 年及以前，拉萨市堆龙德庆县尚没有一家正式注册的农牧民专业合作社，到 2011 年正式注册的农牧民专业合作社已达 19 家，此外还有 5 家准备在今年内成立，入社会员已达 777 人。从已注册的 19 家合作社来看，有 5 家属于服务类合作组织，如农机合作社和运输合作社等，14 家属于产品类合作组织，如生猪繁育合作社、藏鸡养殖合作社等。

（二）农牧民专业合作社的地位和作用越来越受到重视

自党的十七届三中全会以来，中央将农民合作社的地位和作用提到前所未有的高度，西藏自治区政府也越来越重视农民专业合作社的发展，主要表现在近年来资金扶持力度在加大。扶持资金包含直接支持资金和间接支持资金，直接支持资金主要来源于财政预算内农民专业合作组织资金，间接支持资金包括援藏项目对农业特色产业中个别合作社的支持，以及支农资金中的依托项目。自治区财政预算内农牧民专业合作组织支持的合作社在 2009 年的对象为古荣乡藏鸡养殖协会，支持金额为30万元；2010年这一支持项目增加到两个，分别为嘎冲藏鸡养殖专业协会和古荣青稞农民合作社，资金支持总额度达60万元；2011年上半年，这一项目对合作社的支持名额为两个，据农牧局估计（根据录音整理），2011年下半年还有两个名额，支持个数多于2010年。援藏项目中2007—2009年对农业特色产业累计支持的金额超过了200万元，其中直接支持的合作社为德庆乡奶牛养殖协会，支持金额为3万元；也包括对合作社的一些间接支持资金。支农资金中用于扶持合作社的主要是依托一些支农资金的项目，如岗德林农机合作社主要依托农机推广体系项目的支持。

（三）农牧民专业合作组织的组建类型呈现多样化趋势

在西藏地区，一方面存在着数量众多且分散化生产的传统小农户，其风险承受能力较弱、财富约束明显并缺乏企业家才能和精神；另一方面，农牧地区存在少量的能人和大户等具有一定经营能力的“非小农群体”。正因为如此，近年来在政府的鼓励和倡导下，当地许多农牧民专业合作社的形成和发展主要依赖生产和运销大户、龙头企业等少数能人和大户，当地农牧民专业合作社呈现出异质性和多样性的特征。例如，在我们调查的堆龙德庆县，已注册的合作社中就有6家属于个体性质，这些大多是由一些能人或者大户组建的专业合作社。从这些合作社具有合作性质的多少来看，他们并不是同质的。其中有冠以合作社名称，但实际上是大股东控股型、家族型的经济组织，有具有一些合作社性质的经济组织，也有少数较为规范的合作社。

（四）合作社对提高当地农民市场参与意识和市场经营能力的作用明显

由于西藏的商品经济发展水平和社会文化与内地存在较大差异，这使得藏族村民在农产品市场的竞争中处于劣势和被动的地位，并且在那些新兴的生产营销领域，被实力较强的竞争对手快速地淘汰出局。在这个过程中，当地集体性经济组织的存在起到了维护藏族村民利益和保护他们生存空间的作用。但是，市场经济的力量毕竟是不可阻挡的，当地的藏族村民只能适应商品经济社会。专业合作社在西藏等地的出现，正是起到了帮助村民认识市场、学习商品化生产的作用，提高农户的收益和在市场中的谈判地位。一方面，它能够对家庭经营农户的农业生产过程提供各种社会化的专业服务，另一方面，它有助于提高当地农民的市场参与意识。以我们调查的一位已参加蔬菜生产合作社的村民为例（以下简称村民 Z），他参加蔬菜合作社已达五年之久，在参加合作社的过程中，由于可以享受到合作社统一提供的农资供应和技术传授等服务，因此在较短的时间内迅速掌握了蔬菜种植技术，并进一步提高了经营能力和收入。他说“如果没有参加这个（蔬菜）合作社，我估计只能在家里种地或者闲着，也不知道该干点什么（工作）”。同时，蔬菜专业合作社为当地村民的就业和了解市场提供了更多的选择。村民 Z 说“我家里有 3 亩地可以种青稞，但是种青稞哪里比得上种蔬菜啊！”

（五）当地合作社承担了更多的社会功能

在堆龙德庆县的调研过程中可以看到，这里的专业合作社并不仅仅是小商品生产者的联合体，当地的商品经济发展水平和社会文化更多的赋予了它“相互依靠开展商品生产的共同体”的内涵。在这里，宗教文化影响下的社会观念将合作社实现小生产者利益最大化的经济功能削弱了，而另一方面却放大了合作社相互扶助的社会功能和学习提高的教育功能，尤其还另外附加了扶贫的功能。在调研中发现，有些农村经济合作组织在成立初期，政府提供的资金支持以支持本村的贫困户为附加条件，以古荣加入村生猪养殖协会为例，当地政府给予了 10 万元的资金支持，同时要求创建人对加入村的两名贫困户每年都给予食用油、粮食、肉类等食品补助和现金支持。再以岗德林农机合作社为例，合作社在雇佣收割机等操作工人时优先考虑贫困户和残疾户。此外，上述提到的村民 Z，他通过合作社掌握了蔬菜的种植技术，不过有时还会面临施肥量掌握不好的困难，“施肥的技术还是需要学习一下”。由此看来，当地专业合作社更大程度地发挥了其特有的相互扶助和教育学习的社会功能。

二、农牧民经济合作组织发展中存在的问题

（一）农牧民合作社的内部治理机制需要进一步加以规范

从我们的调研情况来看，当前西藏农牧民合作社内部管理机制主要存在以下问题：一是从决策机制来看，在一些重要问题的决策上，合作社的一般成员并没有话语权，或者大多由几个核心成员进行决策。其次，从盈余分配来看，当前合作社盈余分配情况混杂。很多合作社没有进行盈余返还，有的虽进行了盈余返还，但返还比例没有达到《农民专业合作社法》的要求。再次，从财务管理来看，部分合作社没有建立规范的财务制度和会计账簿，只有内部收支流水账。

（二）现有合作社对社员资产处理方式的规定不明确

在某些发达国家，整个合作社的资产归全体社员共同所有，但社员不能卖掉他所拥有的份额。社员资格并不是一种可以用来买卖的资产，这种资产可以用来确保稳定的收入，并为产品获得尽可能高的价格，所以社员们的目的就不是要获得任何和企业相关的资本回报。但对于资产的所有权控制状况在不同国家规定不同，这取决于当地的实际经济情况。在西藏地区，各级政府对涉农产业的支持相对较多，对合作社的扶持力度也较大，但对社员资产处理却一直没有明确规定。如果一开始不明确资产的所有权，将会导致所有权混乱，这将在实践中面临许多挑战与问题。

案例一：堆龙德庆县岗德林蔬菜种植农民专业合作社成立于 2008 年 6 月，其前身是堆龙德庆县蔬菜花卉农民营销协会。合作社注册资本为 100 万元，现在拥有固定资产 3020 万元。合作社的生产基地总面积为 1200 亩，现有生产设施（主要是温室）从 2005 年的 35 栋发展到目前的 920 栋。合作社现有成员 358 户。理事会成员由当地掌握一定生产

技术的村民组成。非理事会普通农户的入社形式有两种：一种是利用自有的承包地入社，第二种是以每亩每年2100元的价格向其他农民租种土地并入社。在经营管理上，合作社采用提供统一的农资采购供应、蔬菜种植标准、技术培训服务和销售等经营模式。现有普通社员除了经营蔬菜的收入外（每亩的年销售收入约为12500元），还有合作社给农民提供的农地租金收入（每亩的年租金为1050元），再加上年底按户分配的1000元分红。在事务决策方面，一般都是由合作社的几位主要成员讨论，再由其他社员投票决定。

从决策机制、剩余分配和财务管理这几方面来看，岗德林蔬菜合作社是一个较为规范的合作社。但这个合作社的特点之一是各级政府投资规模较大，如温室和冷藏保险等生产设施的建设，这些投资既包括县级政府，也包括市级政府，还包括国家的一些投资项目；而这些温室等设施的使用权又是分散在不同农户手中的。因此，就目前而言，这个合作社对社员的固定资产的所有权和使用权没有明确规定。且由于入社规定，一些掌握重要生产技术的核心社员因没有自有耕地，所能获得的收入有限。例如，我们的访谈对象中有一个为蔬菜合作社的副理事长，他掌握着丰富的蔬菜种植技术和市场经验，但因他没有自有耕地入社，其收入来源仅为合作社提供的每年7000元的工资和偶尔举办的技术培训所得。没有明确规定资产的所有权，尤其是没有明确规定核心社员的资产控制权，有可能会降低社员的工作积极性。已有的研究表明，在不完全合同和信息条件下，进行大部分专用性投资时，如果不明确资产的控制权，核心社员可能会遭遇外围社员敲竹杠（如撕毁销售协议、使用非指定农药、管理流程的非标准化等）和搭便车①，这将不利于合作社的健康发展。

---

① 崔宝玉、陈强：《资本控制必然导致农民专业合作社功能弱化吗?》，《农业经济问题》2011年第2期。

（三）合作社中不同社员之间的利益联结机制需要进一步加强

从调研地区的实际情况来看，许多大户和公司（龙头企业）对加入或领办合作社有很大的积极性，这种现象在我国其他地区较为普遍，在西藏地区也不乏这样的案例。《农民专业合作社法》第五十二条规定："农民专业合作社享受国家规定的对农业生产、加工、流通、服务和其他涉农经济活动相应的税收优惠。"从这条规定中可以看出，一些大户和龙头企业加入或领办合作社，利用其强大的集团优势，可以充分利用政策上的优惠，这是出于自身利益的驱动，有其经济合理性。有的学者认为这样的合作社成为"农民的靠山，企业的基石"。但有的学者指出，许多非合作社性质的龙头企业都可以堂而皇之地挂起合作社的牌子，这样的结果会使农民自我服务的合作社难以得到发展。张晓山认为，在合作社内部，龙头企业与农民社员如何建立紧密的利益连接机制以及这种机制是否公平合理，要查看合作社内部的所有权、控制权和收益权在作为社员的专业农户与龙头企业之间怎么划分。①

在实地调研中，笔者详细询问了合作社的所有权、控制权和收益权的划分情况。以古荣嘎冲青稞生产合作社为例，其控股人是堆龙古荣朗孜糌粑公司的两个主要股东（兄弟关系），该合作社于 2008 年注册，当年农发部门投入资金 145 万元，用于原料库、成品库及青稞前处理设施配套，参与社员具有免费使用青稞前处理配套设备的权利，这些设备的所有权归两兄弟所有。合作社按照每斤 2. 8 元的价格向社员收购磨好的青稞粉，销售到市场上的价格为 3 元/斤，价差 0. 2 元作为合作社的盈利，其中 0. 15 元作为合作社运转的费用等，0. 05 元为这兄弟二人的分红，普通社员不参加分红。与此同时，调查人员访谈了参加古荣嘎冲青稞生产合作社的一个普通社员（以下简称为村民 X）。从这个社员的描述中得知，在参加合作社之前，村民 X 主要通过人工磨青稞粉，每

① 张晓山：《农民专业合作社的发展趋势探析》，《管理世界》2009 年第 5 期。

袋需要花费的时间是 4 天；参加合作社之后，村民 X 通过使用合作社提供的生产设备磨青稞粉，每袋仅需要一分钟就可以完成。这大大提高了社员的劳动生产率，从而提高了农民的收入。这种经济现象表明，一些由本地农民兴办的企业领办合作社，在他们受益的同时，也带动了其他农民收入的增加、增强了他们抵御市场风险的能力，最终促进了当地社区经济社会的发展，这有其存在和发展的合理性。但合作社内部公司和农户社员之间的互利关系还不是完全平等的，公司和社员之间的利益联结机制需进一步加强。

（四）合作社的发起方式大多由外部推动，农牧民自身发起合作社的积极性有待加强

农村经济组织发展过程中需要协调农户自身动力与外部推力的关系，充分发挥农户自身力量，完善组织的发起成立方式。通过我们的实地调研和访谈发现，堆龙德庆县的合作社的发起方式大多由乡政府、村委会、企业单独或联合发起成立，较少数是由农民单独发起或与外部力量联合发起成立。已有实证研究表明，我国农民参与组织的发起成立对于组织服务功能的发挥具有重要影响，纯粹的外部力量来推动组织产生并不利于组织提高服务功能①。

案例二：堆龙德庆县古荣藏鸡养殖专业合作社，其前身是古荣乡嘎冲藏鸡养殖场，在政府鼓励和支持下于 2008 年注册了合作社。为了发展壮大合作社，在政府的资金支持下，合作社无偿给农户发放了鸡苗和免费提供两个月的鸡饲料，大概经过 4 个月之后（藏鸡的生长周期为 4 个月），再以每只 40—50 元的价格将育肥的藏鸡收购回来。参加藏鸡养殖合作社的农户总数为 61 户，其中本村为 14 户。但在不久后，外村参加合作社的农户的藏鸡均被转移到了领头人申办的养殖基地内，原因就是外村村民缺乏关于预防疫情疫病的知识。另外还有本村的几户社员因其藏鸡养殖技术没有达到合作社的要求，合作社不得不将其逐退出去。

① 黄季焜、邓衡山、徐志刚：《中国农民专业合作经济组织的服务功能及其影响因素》，《管理世界》2010 年第 5 期。

由以上这个案例可以看到，虽然这个合作社成立初期，政府支持的初衷也是出于提高散养户的养殖技术和规模，且合作社无偿给社员发放了鸡苗等，这种对农民看似有利的做法，实践却表明并不是很奏效。因为农户是被动地接受鸡苗，合作社的成立也不是由于农户发自本身的实际需求发起，由乡政府鼓励和大户领办这种外部力量推动发起的合作社，在实践推行中会面临许多问题。虽然在西藏自治区普遍存在成员异质性过大的问题，组织很难完全自发形成并产生作用，政府发起或者政府推动的合作社有其必要性，但必须注意的是，采用自上而下方式组建合作社也很容易导致组织化失败或发挥不了功能。

（五）政府对合作社的支持领域更需集中在组织化潜在收益能够实现的产品上

制度变迁理论认为，在既定制度安排下，如果存在无法实现的潜在外部收益，如规模经济、风险降低和转移、外部经济内部化、交易费用的降低和转移等带来的收益，行为决策主体将被诱致性进行制度创新并寻求制度创新的利润①。我国现存的背景即为分散小农户无力应对现代化大市场中高标准、高质量的产品要求，西藏地区的情况尤为如此，它们必须找到中介来承担这些功能，这个中介可以是合作社，或是协会，或者是乡村社区组织。但随着合作社法的颁布实施，合作社成为市场经济中的合法交易对象，合作社的中介作用逐渐突出。农户追求组织化潜在收益无疑是他们组建或参加合作社的根本内在动力。不同类型产品的市场风险大小、交易成本高低和质量鉴别难易等特性不同，因此不同产品其组织化的潜在收益也不相同。具体来说，农民专业合作社通常率先兴起于农产品商品率较高、农业剩余较多、市场风险较大、单个农户博弈弱势较明显的情况下，同时兴起于具有较明显季节或时间约束、易损性较强的农产品领域内，以及规模经济较显著、专业化程度较高、资产

① North, Douglass and Thomas, 1981, Robert, Structure and Change in Economic History, W. W. Norton & Company Inc; North, Douglass and Thomas, 1990, Robert, Institutions, Institutional Change and Economic Performance, Cambridge University Press.

专有性较高的行业中①，这些产品一般为蔬菜水果等。同时也有研究表明，粮食和一般经济作物类的组织化潜在收益较低②。

在实地调研中发现，政府推动发起合作社大多没有考虑组织化潜在收益实现的外部条件，实际推动产品主要集中在青稞和牲畜养殖方面，对于蔬菜水果的种植等产品推动较少。以我们的访谈对象青稞生产合作社为例，在合作社成立之前农户与合作社的关系即为劳动雇佣的关系，合作社成立之后，除了参加合作社的农户能够免费使用合作社的机器外，劳动买卖和代销代卖的关系并没有发生实质变化。这其中很大一部分原因就在于青稞作为粮食作物，其产品特性为质量容易辨识，储存性好，且受到饮食习惯的影响，由青稞磨成的糌粑格外受当地人的喜爱，因此青稞也具有较稳定的销售市场。总之，青稞较蔬菜等产品而言，并没有很高的市场交易成本。从这个合作社的合作关系来看，合作社也并没有多少实质的合作性质。对于农户而言，他们组建并经营合作组织的动力源泉是追求组织化潜在收益。如果组织化收益空间过小，即便在外部力量的推动下，组织能够勉强形成，也难以发挥真正的作用和持续发展。

三、政策建议

1. 面对农民专业合作社存在的诸多问题，是先发展后规范，还是先规范后发展，还是边发展边规范，这是在实践中尚存争议的问题。调研表明，根据目前的实际情况，应坚持“顺势而为、循序渐进”的原则，对于运行不规范的合作社，由于农民积极性很高也不能强制取消，只能通过经济政策、惠农措施引导农民专业合作社的规范化建设。

2. 明确合作社成员对资产的控制权和所有权。在合作社成立初期，

---

① 黄祖辉、徐旭初、冯冠胜:《农民专业合作组织发展的影响因素分析—对浙江省农民专业合作组织发展现状的探讨》,《中国农村经济》2002 年第 3 期。

② 黄季焜、邓衡山、徐志刚:《中国农民专业合作经济组织的服务功能及其影响因素》,《管理世界》2010 年第 5 期。

政府应该帮助组织创始人对合作社资产的所有权和控制权做出明确规定，以防止核心成员缺乏工作积极性的现象发生，以及其他非核心成员搭便车的行为。

3. 当前存在的龙头企业或大户主导合作社的状况，从收入分配的合理公平角度来说有可能对小农不利，因此需要考虑在合作社内部大户社员和普通小农户社员之间建立一个合理的利益连接机制。在鼓励和扶持农村专业大户和技术能手组织起来、成立合作社的同时，应鼓励这些大户及他们发起组织的合作社起到示范效应和带动效应，把他们的技能、知识、管理和市场渠道扩散给其他的群众，尤其是村里的弱势群体。

4. 政府在推动农民专业合作社形成发展时应该因地制宜，充分考虑农户的实际条件，鼓励吸纳农户积极参与组织的发起成立过程，使组织的产生和发展尽量建立在自愿和自助的基础上。因此，就西藏的地区特性而言，应设立专项培训资金，加强农民在参加合作社之前的一般技术和技能培训，帮助他们认识合作社的优势，提高对合作社的实际认知能力和经营能力。

5. 在未来的政策支持方面，政府应创造条件提升组织化的潜在收益和实现条件，帮助农户认识合作组织这一制度的相对优势以及发挥这一优势所需的必要条件。因此，根据西藏自治区的实际情况，应分产品对合作社进行资金扶持，实践推行中应首先考虑那些交易成本较高的产品。

西藏半农半牧区农牧民生活电力消费及保障研究*

——林周县春堆村的案例分析

杨　涛

能源是人类赖以生存和发展的基础，是人类社会进入现代社会的重要标志。2011 年，联合国秘书长潘基文发起了“人人享有可持续能源”倡议①；同时，中央第五次西藏工作座谈会要求推进西藏包括能源在内的公共服务的均等化。在这样的国内国际背景下，能源公共服务尤其是电力消费及其保障成为政府关注的焦点、学者们关注的热点。

一、研究问题的提出及综述

生活能源关系到农牧民的做饭、照明、取暖、文化生活等诸多方面，是民生的重要内容，其中电力能源尤为重要。它不仅可以转化为其他多种能源，而且还是现代生活的基础，否则无法享受电气化时代的家用电器、无法了解外部世界。因此，如果一个地区的能源需求得不到满足，就会陷入“能源贫困”（energy poverty）。在能源贫困状态下，居

---

* 本文原载《中国藏学》2013 年第 3 期。

① 潘基文：《人人享有可持续能源》，http://www.un.org/zh/events/sustainableenergyforall/.

民在炊事方面主要依靠传统生物质能，无法获取和使用得起电力，不能自主选择安全、可靠、高质量、保护环境的能源，① 甚至陷入“能源贫困—民生恶化—环境恶化”的恶性循环之中。

因此，我们认为有必要思考下近年来，西藏农牧区农牧民生活电力消费的情况如何、有何特点趋势？是哪些因素决定了这些趋势特点？将来如何提升和保障电力消费？正是这些问题构成了本论文所要研究的议题。

本文选择学术期刊网（CNKI）、中国博士学位论文库、中国优秀硕士学位论文库、Science Direct Online 数据库、ProQuest 数据库作为主要文献检索来源，以“西藏 + 电力”“西藏 + 能源”作为关键检索词。通过检索，我们发现，目前国内外专门研究西藏电力和能源的文献较少，研究西藏半农半牧区的电力与能源的资料就更少了，几乎处于空白状态。因此，展开对西藏半农半牧区农牧民生活电力消费的研究，不仅能丰富能源公共服务均等化理论，而且对西藏农牧民能源保障决策具有一定的借鉴作用。

二、研究区域的选择及其基本情况

（一）农牧区类型的选择

西藏各区域在能源禀赋、能源基础设施和经济水平方面均有差异，笼统讲西藏是否处于能源贫困或电力贫困并不全面，因此需要确定一个区域来进行具体分析，得出有针对性的结论和措施。如果将西藏 73 个区县按照农业县、牧业县和半农半牧县来分类的话，那么选择半农半牧区作为研究区域是恰当的。理由如下：

第一，半农半牧区通常也是生态脆弱区、人地关系紧张区。半农半牧区又称为农牧交错带，是农区和牧区的交错或过渡地区。由于自然和

① IEA. Energy and Poverty. *In*: *world Energy Outlook* 2002 [R]. 2002.

气候因素，半农半牧区在土地利用方面存在尖锐矛盾，土地承载的人口相对较多，进而诱发生态环境恶化，例如垦荒过度导致的沙化、放牧过度带来的天然草地面积缩小。第二，半农半牧区是西藏基础设施通道途经地区。农业区通常会有丰富的水电资源，也是电力基础设施密集地区，而牧业区则水电资源不足，因此电力电网从农区延伸到牧区时，会经由半农半牧区，对这类区域的能源供应带来显著影响。第三，半农半牧区及其人口的数量与比例在西藏不可忽视。西藏 73 个区市县的分类中，半农半牧县为 24 个，占全区的 33%。

（二）区县和村庄的选择

受调研资金和人力的约束，我们没有对所有 24 个半农半牧县进行调研，而是选择了其中之一的林周县作为研究的案例区县，选择其下属的春堆村作为案例村庄。选择林周和春堆村是基于如下考虑：林周和春堆村是中国藏学研究中心社会经济所长期跟踪的调查点，对其发展变化有感性认识，与村干部和农牧民建立了良好的关系。这些因素都有助于提高我们的调研效率和数据准确性。

（三）春堆村的基本情况

春堆村位于林周县西北面，距离林周县城 40 公里，距离拉萨市区 100 公里，目前已接通油路和电网。春堆村是一个规模颇大的行政村，下辖 16 个自然村，2011 年的总户数为 365 户、总人口为 2234 人。春堆村是一个偏农的半农半牧村，共有牲畜 12867 头、耕地面积 7186 亩，2011 年人均收入为 6054.5 元。因此，春堆村总体发展水平要高于西藏平均水平。

三、数据来源及问卷设计

（一）数据来源

本文使用的数据分成两类：一类是来源于政府部门正式出版的统计

资料，包括《中国统计年鉴》《西藏统计年鉴》《中国能源统计年鉴》《农村住户调查年鉴》。另一类来源于我们在2012年10月对16户农牧民的调查问卷。问卷时采用了面对面的一问一答方式，16户农牧民的确定是根据村干部提供的富裕程度来选择，调研过程中村干部同行并承担了部分翻译工作。

（二）问卷设计

春堆村16户农牧民的调查问卷指标涉及家庭、收入、农业耕地、农业产出、牧业产出、能源消费、家电、住房、入学、打工等情况。按照村干部的评价，将16户农牧民依据家庭富裕程度分成五等，它们的户数及比例如表1所示。

表1　调研的16户农牧民的构成

类型	富裕A	较富裕B	中等C	较贫困D	贫困E	合计
户数	2	2	5	4	3	16
比重	12.5%	12.5%	31.25%	25%	18.75%	100%

将16户简记为A1、A2、B1、B2、C1、C2、C3、C4、C5、D1、D2、D3、D4、E1、E2、E3。

四、春堆村农牧民生活电力消费的现状特征

（一）生活用途的电力消费

主要是满足炊事、照明、家电、取暖、沐浴、交通出行等6类生活需要。从技术上讲，电力能借助于电器设备实现对上述6个功能的全部满足，但是实际中则受多种因素的影响而只用于某个功能或某些功能。16户农牧民电力消费用途情况，如表2所示。

表 2　16 户农牧民的电力消费用途

类型	照明	家电	炊事	取暖	沐浴	交通
户数	16	16	16	0	0	0
比重	100%	100%	100%	0	0	0

16 户农牧民中，电力消费用途有三个：首先是照明，这是最为基本的；第二是家用电器，主要是电视，少数涉及洗衣机和冰箱等；第三是炊事，主要是电饭煲，少数涉及电炉和电饼铛。而在取暖、沐浴和交通等领域则没有一户使用电力。该村成年农牧民较少在家里洗澡，学生通常在学校洗澡，在外打工的则在城镇中洗澡。尽管近年来西藏农村每百户电动自行车拥有量不断提高，2010 年每百户中就约有 1 户使用，但是在我们调研的 16 户中没有一户使用电动自行车。

（二）电力消费的规模水平

电力消费规模水平可以用人均生活用电量来表征。春堆村调研的 16 户农牧民人均生活用电量，如图 4 所示。

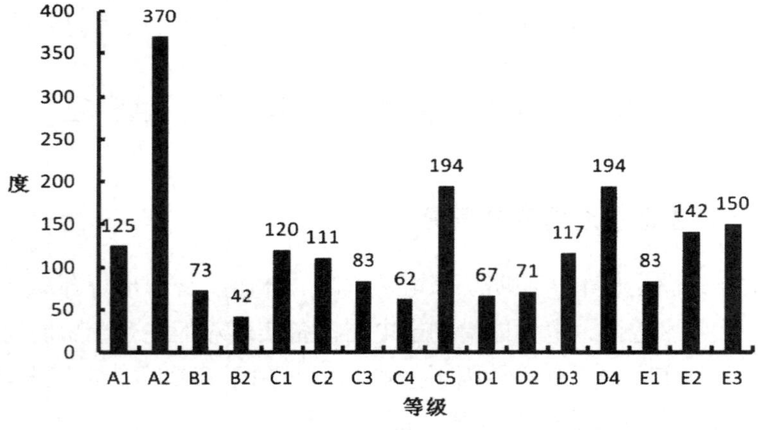

图 1　春堆村 16 户居民人均用电量（2011 年）

调研问卷样本并没有呈现出 16 户农牧民人均用电量随富裕等级提升而增长的显著趋势，例如贫困的 E2 和 E3 人均电力消费量比一些中等家庭消费量还多。这表明农牧民对电力的消费，除了受收入财产因素影响之外，还受到其他因素的显著影响。

16 户农牧民人均生活用电量不仅存在最大值与最小值之间的显著差距，且平均水平相对于全国农村地区来讲也显著较低。16 户中人均用电量最大的是富裕户 A2，用电 370 度；而最小为 B2，用电 42 度；前者是后者的近 9 倍。2011 年，全国农村人均用电量为 316 度，而 16 户平均只有 113 度，只是全国的约 1/3。

（三）电力消费的阶段

1. 能源消费的梯级演进

电力表征着一个区域或一个家庭能源消费的层次和阶段。通常，一个家庭在生活能源消费方面会经历一个由传统生物能源为主向电力消费为主的阶段演进，这个演进如同一个梯子，[①] 因此，国内外学者形象地称为能源梯子（energy ladder），如图 2 所示。

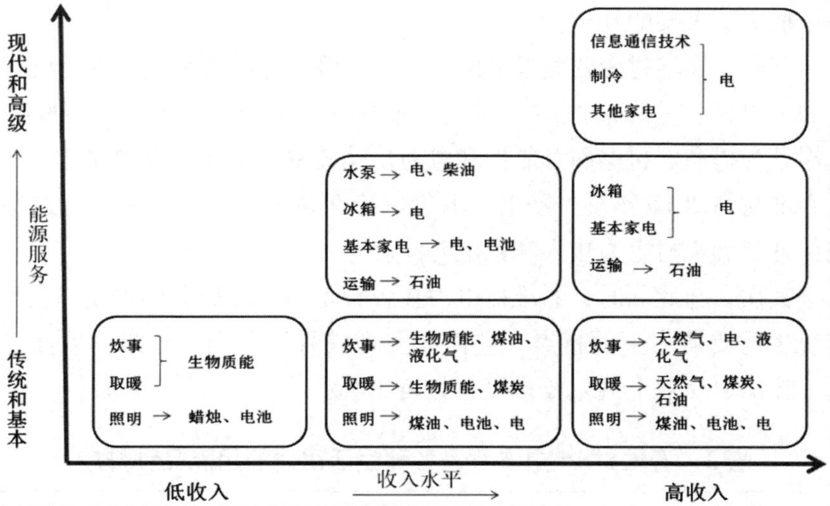

图 2　能源消费的梯级演进

① BK Sovacool. *The political economy of energy poverty*, Energy for Sustainable Development, 2012（16）.

图 2 表明，低收入家庭偏好使用生物质能来做饭和取暖，随着收入的增长，电力和现代能源开始用于照明、家用电器、水泵和通信，但是电力和现代能源的替代却并没出现在炊事和取暖领域，只有收入继续增加到一定高度，生物质能才会被电力和化石能源完全替代。电力能源对生物质能的替代不是一步到位、一蹴而就。能源梯子的演进路径主要由能源可得性、能源是否被购买得起、消费习惯等三个主因影响。现实中，当传统生物质能容易取得且近乎免费时，存在即使家庭有钱购买得起某种优质能源，他们仍可能持续使用传统生物质能的现象。

2. 春堆村 16 户电力消费所处阶段

电力设施的接入情况、电力的供电时间、电力在各个生活用能的使用程度被认为是判断识别电力消费阶段的三个关键指标。从这三个指标和 16 户农牧民调查问卷数据来看，目前，春堆村正处于能源服务的传统基本阶段向中等阶段的转变过程。一方面生物质能仍占据炊事取暖领域的主体地位，另一方面电力和液化气的使用户数和程度也在不断提高，形成了重要的补充。

首先，春堆村为西藏最大的电网——藏中电网所覆盖，附近就有较大的水电站——旁波电站，因此春堆村较早就接通了电网。2009 年，林周县为提高农村电网可靠性和电力传输效率，进行了农网改造。改造后春堆村在 2011 年较少停电，电价保持在每度 0.6 元的水平。这些措施保证了春堆村电力接入和供电时间。

其次，与此同时，春堆村电力在各种生活用能的采用程度仍表现出传统生物质能为主的特点，它们在实现农牧民照明、炊事、取暖、家电、沐浴、交通上的主要排序，如表 3 所示。

表 3　春堆村 16 户农牧民各种生活用途的用能品种排序

类型	照明	做饭	烧水	取暖	电视	冰箱/柜	摩托	沐浴
首选	电	电	牛羊粪	牛羊粪	电	电	汽油柴油	—
再选	—	牛羊粪	液化气	—	—	—		—
第三	—	液化气	太阳灶		—	—		—

表3显示，16户农牧民的照明用能全部采用电力。做饭用能要根据所做食物来区别，做米饭时全部采用电饭煲，做饼时部分采用电饼铛，炒菜时部分采用液化气、个别采用电炉，其他大部分时间是使用掺加草和秸秆的牛羊粪饼。烧水用能主要使用掺加草和秸秆的牛羊粪饼，农忙时也使用一些液化气。取暖用能全部采用掺加草和秸秆的牛羊粪饼。家用电器全部使用国家电网提供的电力。交通用能主要是满足摩托车的使用，全部到林周或拉萨加油。沐浴用能则没有，学生通常在学校洗浴，村里的成年人较少沐浴，没有一家有洗浴用能设施。太阳能的利用相当少，16户中没有一户有太阳能热水器，使用太阳灶热水的也较少，只有5户。

五、春堆村农牧民生活电力消费特征的成因分析

能源经济学的需求函数理论表明，一个农户对电力需求函数包含多个因子，其中最为重要的是农牧民的收入、各种能源的相对价值、能源的可得性、能源的燃烧和环境品质及人口数量。结合这些影响因素，我们对16户农牧民电力能源消费所表现出来的特点进行原因分析。

（一）家庭人口的常住与否，影响到了人均生活电力消费与收入不同步特征的出现

户籍上家庭人口中的所有成员并不一定都常住在家，不同家庭存在较大差异。一种是在三包政策的支撑下，大学生、高中生和初中生基本上住在学校，较少回家；另一类是外出打工人员，由于西藏乡镇企业缺乏、小城镇就业市场小，导致外出打工人员离家的距离较远，再加上乡村公交车班次有限，因此外出打工人员也较少回家。

这两类人员使得以户籍人口统计的人均电力消费被低估，也使得人均电力消费受打工者在家时间长度不确定的影响。

（二）电力消费中的规模经济，影响到人均生活电力消费与收入不同步特征的出现

许多电器设施使用存在人口的规模经济，例如用电饭煲做两个人吃的饭所用的电量不会比一个人增加太多。如果我们将外出打工和上学的人员从家庭人口中扣除之后（扣除系数是按照一年中在家3个月计算），我们得到调整后的常住人口数与人均用电量之间的关系，如图3所示。

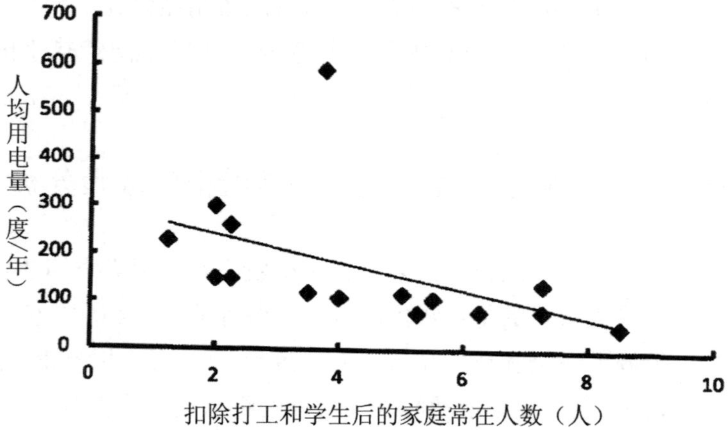

图3　考虑外出打工和上学后的电力使用中的人口规模经济

图3显示，随着家庭常住人口数量的增加，人均用电量总体上呈现下降的趋势，出现用电的人口规模经济现象。

（三）农牧交错带的区位，便利了春堆村到林周北部甚至当雄进行“秸秆牛粪交换”的完成，使得传统生物质能的可获取性极大提高，从而传统生物质能长期占据炊事取暖能源主体，向现代高级能源服务阶段的转变较慢

春堆村虽然是偏农的半农半牧区，但是它距离较近的一个牧区只有10多公里，农作物秸秆和畜牧粪便运输较为容易。我们调研的16户中就有5户在2011年与牧区进行了“秸秆牛粪交换”，另有3户到牧区购

买牛粪。

（四）安居工程、外出打工和学习促进了电力和液化气等现代能源的使用，使得传统能源服务向现代能源服务阶段转变出现

新房建成后，为了保护好新房的整洁，农牧民对能源的清洁品质关注得到了提升，从而更多使用液化气、电饼铛来做饭。这种现象随着2006年开始的安居工程的实施而快速出现。外出打工不仅增加了收入，带来对高品质能源—电力的更多需求，而且外出打工人员和学生在经历了城镇生活之后，对电力的偏好增强，出现电力及其电器消费上的“棘轮效应”，即他们回到农村家后，不习惯传统能源牛粪的继续使用，希望得到城镇的消费模式。我们调研中发现两户家里有大学生和高中生的富裕家庭，购买了两个电视机，一个自己平时看，另一个孩子们回家看。一户买了一个电炉，希望在拉萨打工的儿子回来时做饭更方便。

六、春堆村农牧民生活电力消费的优化与保障

（一）既有能源消费模式的负面影响

春堆村目前仍处于传统生物质能源为炊事取暖能源主体的消费模式，对春堆村的生态环境和耕地产出能力产生了负面影响。我们2012年10月在调研中发现，周边山下的草地植被较薄，风大时存在扬沙或扬尘现象。以牛粪作为主要炊事取暖燃料，作为肥料返回草地的就少，出现“燃料—肥料”的冲突。我们调研时发现牛羊缺少草料，到田间地里觅食，这样又会降低耕地的肥力。与此同时，在牛粪中加入杂草和秸秆相比于牧区的纯牛羊粪，燃烧更不充分，更容易引发室内空气污染，损害人体健康。①

此外，春堆村与北部牧区存在较普遍的“秸秆—牛粪”交易，使得与春堆进行交易的牧区面临“肥料输出—饲料输入”型草场资源退

① 顾庆平：《室内多环芳烃污染特征及其致癌风险》，复旦大学硕士学位论文，2009年。

化扩散风险。

（二）未来能源消费模式的优化方向

我们借鉴3E协调发展理念和西藏协调发展的需求,① 提出“能源—环境—民生”协调发展的目标，以打破能源贫困下的“能源—环境—民生”恶性循环，如图4所示。

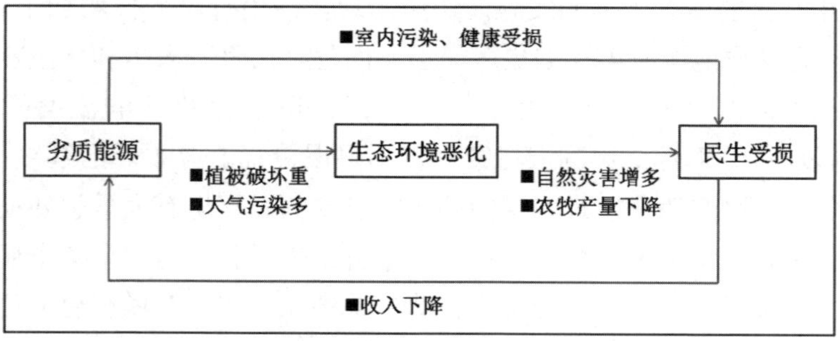

图4　生活能源—环境—民生的恶性循环

没有优质能源的供给，农牧民的生活品质就会受到影响。能源的使用过程中会带来室内污染和生态环境的破坏，而生态环境的破坏不仅直接影响到农牧民生存生活安全，且还会通过影响生产系统来间接影响到农牧民收入水平，导致民生下降。

为了打破上述恶性循环，通常的能源升级优化途径有三条：优质化、高效化和可再生化。优质化是指提升优质能源消费，例如电力、煤气在总能源消费结构中的比重；可再生化指对生物质能进行转化处理；高效化指提升燃烧的燃烧值和燃烧充分程度，例如节能灶。

结合春堆村的村情，春堆村能源升级优化的可行方向是优质化为首选、高效化次之，可再生化最后。理由如下：首先，春堆村已较早接入藏中电网，可靠性也较强，这为使用优质能源——电力提供了有利条件；其次，春堆村地处半农半牧区，生物资源和生物丰度不强，太阳日

① 金世洵:《西藏要坚持社会、生态和经济效益相协调的能源发展战略》,《宏观经济研究》2007年9期。

照优势不显著，这些制约了沼气、太阳灶等可再生生物能源的利用；最后，高效化针对能源设备，因此无论是哪种利用能源都需要提升能源利用效率。

（三）保障未来生活电力消费的措施

优质化方式是实现经济—生态环境—民生改善良好循环的首选途径。促进春堆农牧民能源优质化、提升电力在能源消费中的比重，结合生活能源消费理论和春堆村的能源设施基础，我们提出未来保障农牧民生活电力消费的措施。

（1）提高农牧民收入，尤其是现金收入。提高农牧民收入水平，将扩大农牧民用于能源消费支出的收入总量，从而保证农牧民有钱买得起更多的优质能源，尤其是电力。

（2）改变电力相对于传统牛粪能源的相对价格。对优质能源进行补贴，降低电力价格。补贴的资金筹集依据是西藏生态产业提供的生态公共品，提供来源是中央财政与各地市的生态补贴金，甚至世界性的生态补偿性，如碳交易。①

（3）推进与春堆村存在牛粪交易牧区的退牧还草和草原生态补偿工作。在草原生态补偿机制的工作在西藏实施后，牧区牲畜数量将会有较大比例的下降，进而牧区可向春堆提供和交易的牛羊粪数量将下降。在此情况下，牛羊粪价格可能会提高，从而通过价格替代作用，引导春堆村农牧民选择更多的电力消费。

当然，上述分析是基于春堆村 16 户样本调研数据得出的，在样本容量上仍显得不足，因此其结论和措施在推广应用时，仍需要以谨慎态度来进行。

① 于娟：《碳税循环政策在农村能源结构调整中的作用》，复旦大学博士学位论文，2007年。

拉萨地区农村居民生活消费差距及其收入成因分析*

——基于3个村庄的调研

杨　涛

随着中国工业化和城市化的快速发展，发展中的公平问题日益突出，推进公平的经济增长成为备受关注的议题。世界银行（2004）的研究指出，今后中国将面临收入差距扩大的严峻挑战，如果目前城乡家庭收入差距和各省城乡家庭收入增长速度不平衡的趋势持续下去的话，收入差距将会急剧扩大。① 事实上，除了城乡收入不均衡、区域收入不均衡之外，近年来的研究还表明，农村居民内部收入不均衡问题也不容忽视。②

作为中国西部边疆的西藏自治区，对国家安全和民族团结具有举足轻重的影响。因此，实现西藏自治区发展成果的共享、缩小农村居民间收入的差距，对于全面建设小康社会和建设有中国特色、西藏特点的社会主义新农村具有重要意义。

* 本文原载《中国藏学》2011 年 S2 期。

① 世界银行：《中国推进公平的经济增长》，北京：清华大学出版社，2004 年，第 11—12 页。

② 黄祖辉、王敏、宋瑜：《农村居民收入差距问题研究》，《管理世界》2005 年第 7 期，第 75—84 页。

一、研究问题的提出

发展与发展成果的共享始终是发展经济学的核心议题，因此，西藏自治区发展成果的共享议题长期以来受到了各界的关注。目前，对于西藏发展成果共享不均衡的研究，主要是从城乡收入差距角度来进行的。在过去10年中，西藏城乡收入差距一直处于较高程度，如图1所示。2000—2009年间，西藏城乡收入差距程度都高于同期全国水平，例如2009年西藏自治区城乡收入差距程度达到了3.83，高于同期全国3.33的水平。

但是，仅仅用城乡收入差距来表征西藏所有居民间的差距，并不完善。因为西藏与其他省区相比，其人口分布的城乡结构有显著特征，如图2所示。2000—2009年的10年中，西藏人口绝大多数分布在农村，例如2009年，西藏总人口数为290.03万人，其中生活居住在乡村的人口数量为221万，占总人口数的76.2%。

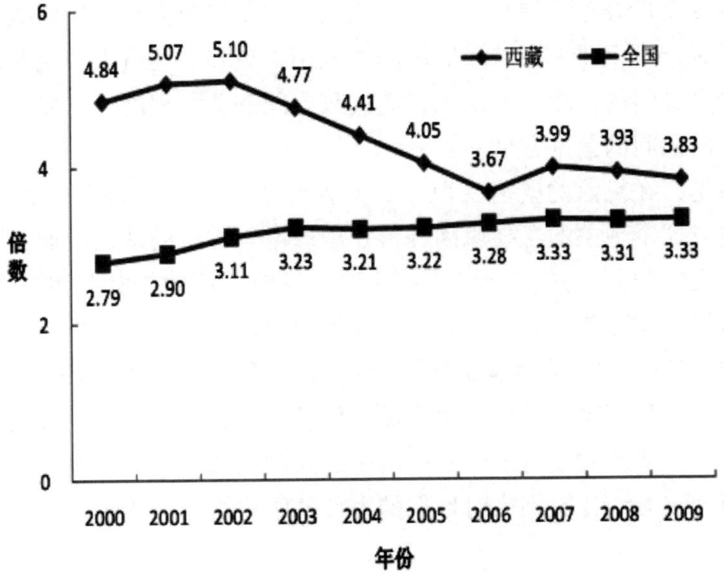

图1　西藏与全国城乡收入差距程度比较

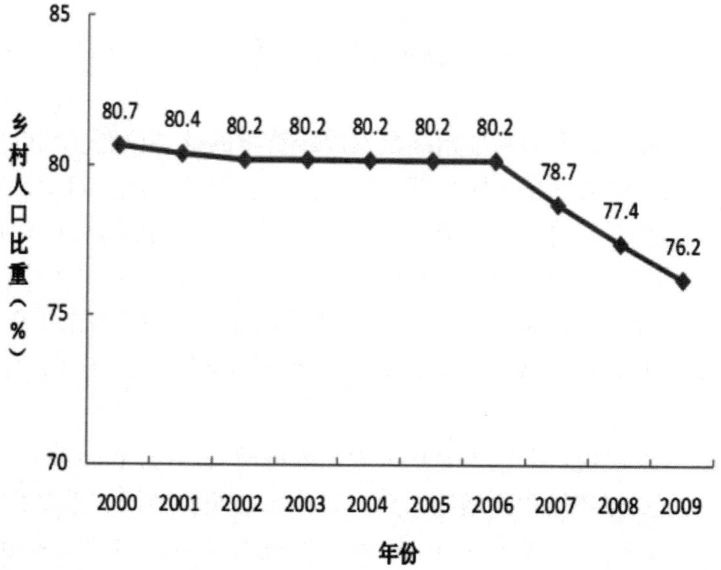

图2　西藏乡村人口占总人口比重

西藏人口分布集中在乡村的区域特点，使得我们在分析西藏居民收入差距时，不仅要关注城乡居民间的差距，更要关注占人口绝对多数的农村居民之间的差距。西藏农村居民收入间的差距程度，直接决定了西藏整个居民间的公平程度。

但是，在目前的既有文献中，对西藏农村居民内部差距的研究较少。造成这个现象的主要原因并不在于理论与方法的缺乏，而主要在于数据收集的限制。从官方统计年鉴看，目前《西藏统计年鉴》统计了城镇居民人均可支配收入、农牧民人均纯收入，从而可以进行城乡收入差距的分析；同时《西藏统计年鉴》统计了七等分的城镇居民的消费差距情况，从而可以进行城镇居民内部差距的分析。但是，目前正式出版的统计年鉴却并没有统计农村居民之间的消费与生产情况差距，从而无法通过官方统计数据来对他们的内部差距进行分析比较。①

① 这些官方统计包括《西藏统计年鉴》《拉萨统计年鉴》《中国农村统计年鉴》《中国农村住户调查年鉴》。

因此，有鉴于西藏农村居民间收入差距研究的重要性，以及官方统计数据的缺乏，本文旨在通过问卷调查来对拉萨地区农村居民内部差距及其收入成因进行尝试性分析。

二、调研村庄及样本

2009 年 6 月—8 月，我们对拉萨地区的 3 个村庄进行了调研访谈。

调研村庄的选择。我们选择了拉萨地区三个不同区位的村庄进行调研：一是位于拉萨东部墨竹工卡县的伦布岗村，二是位于拉萨北部林周县的春堆村，三是位于拉萨西部曲水县的察巴拉村。之所以选择这三个村庄，主要源于两个考虑：首先，它们分布于拉萨地区的不同方位，从而采集到的数据就具有更好的广泛性；其次，这三个村庄长期以来被作为作者所在课题组的长期定点调研村庄，村民对我们比较信任，能提供更为真实的数据和想法。

样本容量和类型的确定。样本容量存在一个两难选择：一方面，样本容量越大越好，这样有利于全面反映调研区域的真实情况；另一方面，随着样本容量的增加，付出的调研成本就越大。因此，作者在权衡后，采用了如下样本容量的选择过程：第一步，咨询村干部尤其是村长和支书，了解村庄整体情况；第二步，通过“生活宽裕程度”这个定性的指标，作为将村民等级分类的依据，分成“上等户”“中等户”和“下等户”三种类型；第三步，让村干部在上等户、中等户和下等户中各选择出 3 户作为各种类型的代表。从而，我们在每个村庄选择出 9 户（上等户、中等户和下等户各 3 户），在 3 个村庄共选择出 27 户作为调研的样本容量。

调研访谈内容。调研内容主要涉及农村居民的两大领域：一是生活消费领域，例如衣、食、住、行、通讯、娱乐等等；二是生产收入领域，例如农牧业生产资料、打工收入、教育年限等。

三、拉萨地区农村居民生活消费差距的度量

（一）差距的度量角度

传统上分析农村居民收入差距的入手点是从收入角度及基尼系数等来进行，但是出于以下四个原因，本文却并没有从收入角度和基尼系数来展开分析：首先，许多农牧民出于种种原因而对自家收入情况保密，不愿意说出来；其次，中央及西藏对农牧民生活和生产进行了大量各种形式的补贴，因此许多农牧民对其收入多少并不是非常清晰；第三，西藏农村商品经济与市场交易不充分，存在许多非市场的交换行为，例如相互换工，这些活动带来了收益但却并不表现为收入货币形式；第四，基尼系数计算较为复杂。

因此，本文从消费角度和简单倍数的方法来分析拉萨地区农村居民生活消费差距情况。理由有三：首先，我们在调研中发现“农牧民不愿意提供收入情况，却愿意吹嘘甚至炫耀其生活消费情况”的现象，从而获取消费数据比获取收入数据更为容易和准确；其次，从消费角度来理解生活质量更能体现农村居民之间的实际差距程度；最后，采用上中下三类居民生活消费的简单倍数比值关系，计算起来更为容易，数据需要也比基尼系数少些。

为了较为全面反映三类居民间的生活消费差距，我们依据这些消费在生存与发展两个方面的不同作用，将生活性消费进行了简要分类，如图 3 所示。

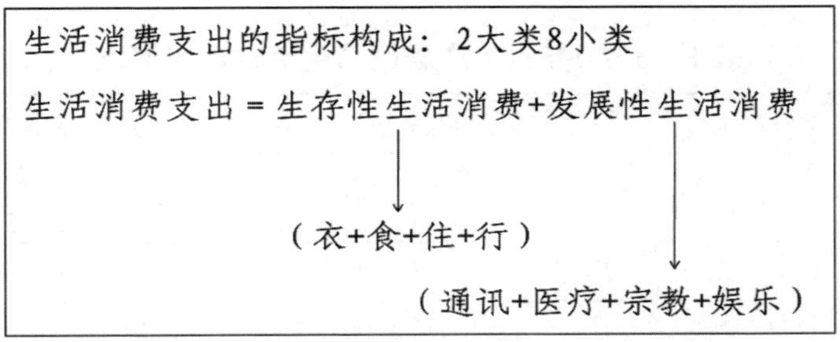

图 3　农村居民生活性消费支出的构成

我们将农牧民的生活消费分成了 8 个方面：衣、食、住、行、通讯、医疗、宗教、娱乐等。其中前四个主要是为满足基本生活需要的消费，因此不妨称为生存性生活消费；而后四个主要是为满足发展及精神生活需要的消费，因此不妨称为发展性生活消费。之所以称为发展性的，是因为通讯可以降低信息成本，医疗可以提高人力资本，宗教和娱乐使身心得到满足，从而促进人的发展。

下面我们以 3 个村庄 27 户的调研数据为基础，分析拉萨地区农村居民在生存性生活消费和发展性生活消费等两个方面的差距情况。

（二）农村居民生存性消费的差距

农村居民生存性消费的差距，体现在食品消费、衣服消费、住房消费以及出行消费等四个方面，这种消费差距以人均实物消费或占有量来度量。表 1 显示了 2009 年我们所调查的 27 户农村居民，在分成上、中、下等户等三个等级之后，在生存性消费支出上的差异。

表1 3个村庄27户居民的生活性消费情况

				下等户(9户)		中等户(9户)		上等户(9户)	
				数值(人均)	比值	数值(人均)	比值	数值(人均)	比值
食品	主食	米	斤	23.42	1.00	53.90	2.30	189.74	8.10
		青稞	斤	221.05	1.00	159.49	0.72	120.78	0.55
		面粉	斤	180.00	1.00	155.08	0.86	164.29	0.91
		米面合计	斤	203.42	1.00	208.98	1.03	354.03	1.74
		主食合计	斤	424.47	1.00	368.47	0.87	474.81	1.12
	肉类	牛羊肉	斤	21.37	1.00	24.58	1.15	69.87	3.27
		猪肉	斤	9.74	1.00	10.42	1.07	8.51	0.87
		肉合计	斤	31.11	1.00	35.00	1.13	78.38	2.52
	酒类	青稞酒	斤	92.74	1.00	80.20	0.86	32.94	0.36
	酥油		斤	23.26	1.00	36.10	1.55	25.68	1.10
	茶类		元	17.08	1.00	24.15	1.41	23.83	1.40
	烟类		元	51.58	1.00	145.76	2.83	99.22	1.92
	燃料	电力	度	66.32	1.00	64.41	0.97	80.52	1.21
		液化气	瓶	0.17	1.00	0.71	4.16	0.88	5.16
		薪柴	斤	81.58	1.00	62.71	0.77	64.94	0.80
		粪便	斤	1057.89	1.00	1508.47	1.43	780.52	0.74
		沼气	个	0.03	1.00	0.05	1.93	0.04	1.48
		太阳灶	个	0.11	1.00	0.10	0.97	0.09	0.86
衣服			元	181.58	1.00	661.02	3.64	937.66	5.16
住房			m^2	21.84	1.00	33.08	1.51	28.18	1.29
出行		坐车	元	33.95	1.00	123.22	3.63	129.87	3.83
		油费	元	73.68	1.00	228.98	3.11	310.39	4.21

注：比值是以下等户为参照物。青稞酒消费以青稞数量来计。

从表1，我们可以得到关于农牧民在生存性消费领域差异的如下结论：

结论1：随着农牧民消费等级的提高，人均衣服费用支出和出行费用支出不断提高，如图4所示。2008年，下等户人均花在衣服上的支出为181.58元，而中等户则迅速提高到661.02元，提高了2.64倍；上等户提高到937.66元，提高了4.16倍。用于出行方面的费用也与此类似，无论花在公共交通方面的钱，还是花在使用自家摩托车和农用车到县城和拉萨的油钱，下等户都远低于中等户和上等户，例如公共交通的出行费用，中等户是下等户的3.63倍，上等户则达到了3.83倍。

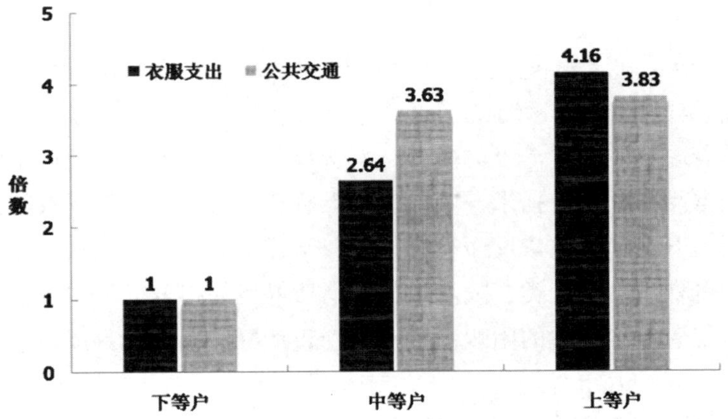

图4　衣服与公共交通消费支出差距

结论2：住房人均面积，在不同等级之间并无显著差异，但存在装修上的显著差异，如图5所示。2006年，西藏自治区开始实施“安居工程”，从而使大部分农牧民住上了安居房。安居房在修建时，大都选择了两层小楼，因此它们在面积上并没有显著的差异。例如中等户的人均面积是下等户的1.51倍，而上等户则只为1.29倍。但是，房屋内部装修及家具质量上却存在显著差距。许多下等户新修建的两层安居房只完成了建筑环节，内部基本没有任何装修，甚至一些下等户楼房采用了泥土地面。另一方面，许多上等户则采用了大量藏族传统雕刻和绘画装修，甚至大的吊灯。

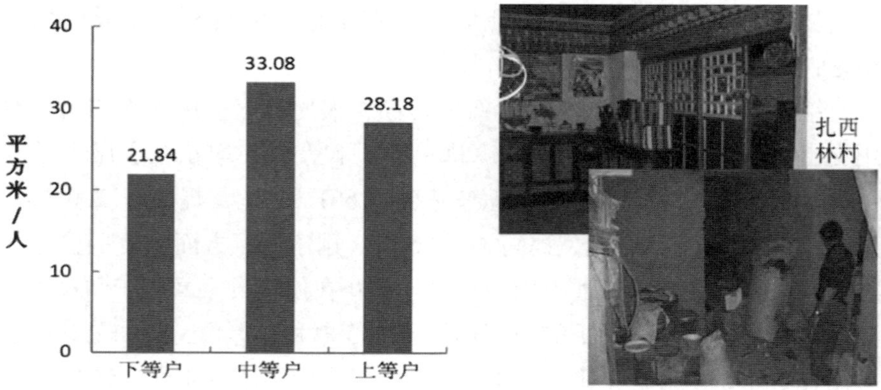

图5　人均住房面积与装修程度差距

结论3：随着农牧民消费等级的提升，食品、燃料和烟类消费出现结构性差异，如图6所示。它们的变化趋势大致可以归为三类：第一类，随着农牧民消费等级的提升，消费数量也不断增加，类似于经济学中的正常品，它们包括米、牛羊肉和天然气。第二类，随着农牧民消费等级的提升，消费数量反而下降，类似于经济学中的低档品，它们包括青稞和青稞酒。第三类，随着农牧民消费等级的提升，消费数量先增后降，类似于经济学中的闲暇消费，它们包括酥油和烟。具体如下：

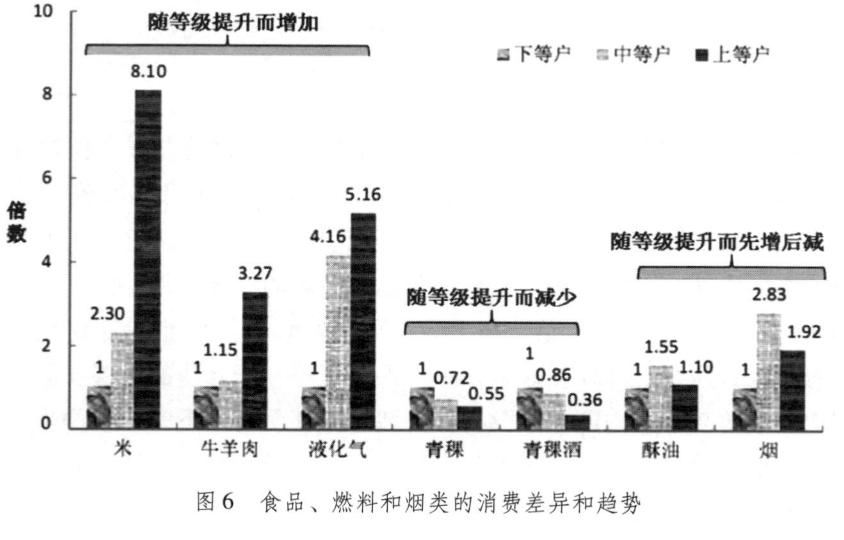

图6　食品、燃料和烟类的消费差异和趋势

主食中的青稞、米及面粉等三者的消费总量，在三个消费等级农户之间不存在显著差距，都保持在人均400斤左右，但是主食的结构却存在差异。随着农户消费等级的提高，青稞消费数量下降，而米的消费数量提高，出现了细粮化趋势。例如上等户人均消费的青稞只有下等户的0.55倍，但是米的人均消费量却是下等户的8.10倍，达到189.74斤。

人均肉类消费量，也呈现出随农牧民等级提高而不断增加的现象，尤其是牛羊肉消费量的迅速提高，例如上等户人均肉类消费量是下等户的2.52倍，达到78.38斤，牛羊肉则达到3.27倍。

燃料消费随着农牧民消费等级提升，呈现出优质清洁化趋势。与下等户农村居民相比，中等和上等户使用了更多的电力、液化天然气、沼气等优质能源，并减少了对薪柴、粪便等传统能源的消费。例如液化天然气的消费，上等户是下等户的5.16倍。

酒类的消费中，青稞酒和其他酒类消费出现不断变化趋势。一方面，青稞酒的人均消费量，随着农户等级的提高不断下降，例如上等户人均用于酿造青稞酒的青稞只有32.94斤，而下等户则是92.74斤。另一方面，其他酒类的消费例如啤酒与白酒，则随着农牧民消费等级提高而增长。我们调查的27户中，明确表示喝啤酒与白酒的农牧民只有2户，其中一个是中等户，另一个是上等户。

酥油、茶及烟的消费，则呈现出中等户人均消费较高，而下等户和上等农户消费较少的特征。这些商品具有这样的特点：一方面，它们是正常品，会随着收入的提高而增加消费数量；但是另一方面，过量的酥油及烟的消费又会影响身体健康，因此收入水平和生活质量提高到一定程度后，其消费数量反而会有所下降，但其品质却会提高。茶与酥油是互补品，以做成酥油茶，因此茶的消费也呈现出与酥油一样的变化趋势，即中等户人均消费最高。

（三）农村居民发展性消费的差距

农村居民发展性消费的差距，体现在通讯、医疗、宗教以及娱乐等四个方面。表2显示了所调查的27户农村居民，在分成上、中、下等户等3个消费等级之后，他们在发展性消费支出上的差异。

表2　3个村庄27户居民的发展性消费情况

			下等户		中等户		上等户	
			数值（人均）	比值	数值（人均）	比值	数值（人均）	比值
通讯	座机	个	0.33	1.00	0.67	2.00	0.78	2.33
	手机	个	0.05	1.00	0.17	3.22	0.26	4.94
医疗		元	406.84	1.00	422.03	1.04	334.19	0.82
宗教		元	14.74	1.00	139.32	9.45	505.84	34.33
娱乐	电视	台	1.00	1.00	1.22	1.22	1.67	1.67

注：座机和电视数量是以户为单位。

从表2，我们可以得到关于农牧民在发展性消费领域差异的如下结论：

结论4：随着农牧民消费等级的提升，人均通讯设施和电视的占用量不断提高，如图7所示。

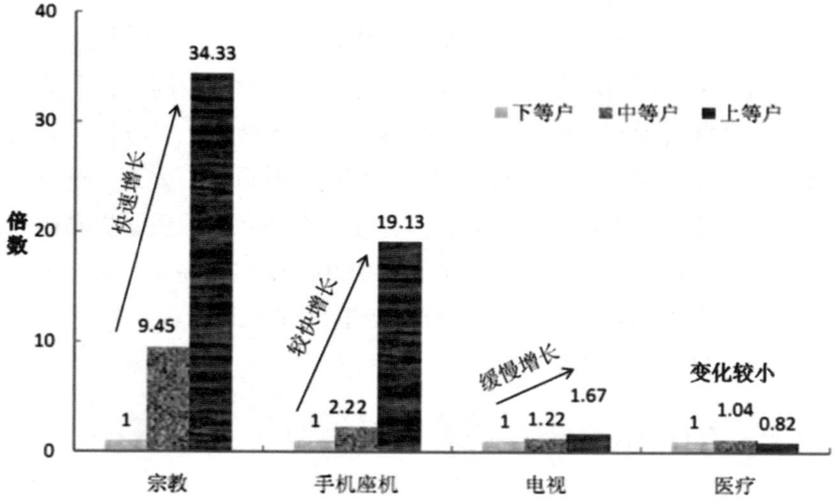

图7　3个村庄农牧民在发展性消费领域的差距程度

2008 年，上等户人均座机占有量和手机占有量，分别为 0.78 台和 0.26 台，是下等户的 2.33 倍和 4.94 倍，并且也高于中等户的占有量。作为农村主要娱乐项目的电视设施，上等户人均占用量为 1.67 台，是下等户的 1.67 倍。

结论 5：医疗费用在下等户和中等户之间没有显著区别，上等户还略有下降，如图 7 所示。2008 年，下等户的人均医疗支出为 406.84 元，而上等户为 334.19 元。通常随着人均收入的增长，用于医疗方面的支出费用应当是相应增加，而我们的调研结果却与之相反。因此，对于医疗费用的调查或者分析结论仍有待深入考察。

结论 6：随着农牧民消费等级的提升，用于宗教活动的人均消费支出迅速提高，如图 7 所示。上等户用在宗教活动的人均支出为 505.84 元，是下等户的 34.33 倍。通常上等户都有装修精致的佛堂，每年都有较大的法事活动或到外面的朝佛活动。宗教活动消费在西藏农牧民中具有特殊意义，经常作为一种“炫耀”性消费和一种树立村庄威望的投资活动，从而随着人均收入水平或农牧民消费等级的提高，农牧民花在宗教上的消费支出会出现非线性增长的现象，例如中等户宗教支出是下等户的 9.45 倍，上等户则迅速提高到 34 倍的水平。

综合结论 1—6，我们可以发现：政府提供了公共服务的消费领域差距较小，例如医疗和安居工程；而政府没有提供公共服务的领域或由收入与财富所决定的生活消费领域，差距则相对较大，例如衣服、饮食、通讯、宗教等。

四、拉萨地区农村居民生活消费差距的收入成因分析

农村居民生活消费差距主要受到收入水平、财富水平、消费品价格，以及消费习惯偏好等因素的影响。所调查的 3 个村庄都位于同一地区，因此他们面临着相同消费品价格和相同消费习惯的假设，应当是可取的。本论文认为 27 户农村居民生活差距主要是受他们收入差距的影响。

农村居民家庭收入来源，可以分成四类：工资性收入、经营性收入、财产性收入和转移性收入。所调查的3个村庄都位于拉萨地区，转移性收入在3个村庄的27户间没有差异，因此他们之间收入差距就主要来源于经营性收入、工资性收入和财产性收入。这些收入水平的高低又受到家庭劳动力数量、土地面积、牲畜数量、打工状况、家庭财产状况、副业活动、教育年限，以及事业单位就业状况等因素的影响。这些因素，在上中下3类农户中的数值及比值，如表3所示。

表3　3个村庄27户居民生活消费差距的影响因素比较

		下等户		中等户		上等户	
		数值（人均）	比值	数值（人均）	比值	数值（人均）	比值
土地	亩	2.45	1.00	2.70	1.10	2.63	1.07
牲畜	牛羊—头	1.00	1.00	1.85	1.85	3.70	3.70
	猪—头	0.50	1.00	0.42	0.85	0.19	0.39
劳动力数量	人	0.66	1.00	0.63	0.95	0.61	0.93
劳动力受教育年限	年	5.04	1.00	5.77	1.15	5.83	1.16
打工人数	人	0.16	1.00	0.22	1.40	0.13	0.82
打工工资收入	元	976.32	1.00	1327.12	1.36	1122.08	1.15
虫草收入	元	34.21	1.00	279.66	8.17	85.71	2.51
财政工资收入	元	0.00	1.00	0.00	—	2527.27	—
经营收入	元	0.00	1.00	1249.15	—	3435.58	—

注：比值是以下等户为参照物。小学以6年计、中学以9年计。

从表3，我们可以得到上述表中诸多因素在各个等级农户间的差异。

结论7：土地、劳动力数量、教育年限在等级农户间无显著差异，从而没有构成他们生活差距的重要来源，如图8所示。

通常土地以及劳动力构成了经济发展或收入增长的重要来源，而本文研究结果却并非完全如此。表 3 显示，2008 年，人均土地面积在 3 类等级农牧民间没有显著差距，都在 2.50 亩/人左右。甚至，家庭中劳动力的比重（劳动力数量/家庭人员数）越高，反而处于等级越低，例如下等农户家庭人均劳动力占有量为 0.66，而上等农户却只有 0.61。土地并不构成拉萨地区农民收入差距的重要原因，与一些基于全国的分析结论相近，例如高梦滔、姚洋基于中国 8 个省 15 年数据分析之后，得出土地对农户收入差距没有显著影响的结论。①

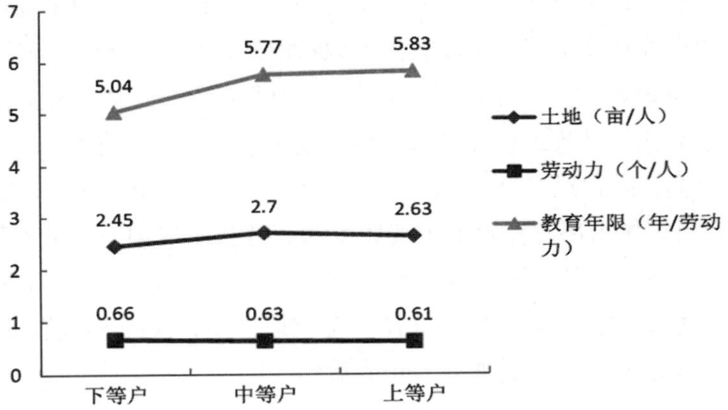

图 8　各个等级农户在土地、劳动力与教育年限上的差异

劳动力教育程度在不同等级之间存在差异，但并不显著。下等户劳动力文化教育年限为 5.04 年，而上等户劳动力文化教育年限为 5.83 年，都同处小学文化程度。这个结论与通常认为教育是构成农村居民收入差距的重要影响因素，有所区别。

我们在调研中，发现在村民中甚至存在“读书无用论”的教育需求不足现象，这种现象曾被郑洲、张明对农牧区的基础教育分析所证实。② 事实上，我们认为目前西藏自治区行政性就业机会和市场性就业

① 高梦滔、姚洋：《农户收入差距的微观基础：物质资本还是人力资本?》，《经济研究》2006 年 12 期，第 71—80 页。

② 郑洲、张明，《需求不足对西藏农牧区基础教育影响的经济学分析》，《财经科学》2008 年 10 期，第 110—116 页。

机会的数量有限、教育的信息甄别功能以及劳动力跨区域流动竞争等三个因素，导致教育对西藏农牧民收入增长的作用存在阶段性。也就是说，只有教育累积到一定程度或年限之后，才能获取较好的就业岗位，带来收入的增长。从而，两个阶段之间的教育，虽然存在年限差异，但并不存在程度差异，并不会带来收入显著差异，进而引发教育阶段性需求不足的现象。

结论 8：家庭人员从事财政性就业状况，成为决定农牧民收入等级的重要因素。表 3 显示，财政工资性收入构成了上等户的主要收入来源，例如下等户和中等户中没有 1 人取得财政性单位的收入，而上等户则取得人均 2527. 27 元的工资性收入。只有那些在财政性质单位就业的人员，才能获取财政工资性收入。调研显示 3 个村中共有 5 人在财政拨款单位就业，或曾经在这些单位就业后获取了正式退休工资，包括 2 个老师、2 个退休干部，以及 1 个现任乡武装部长。他们所在的家庭全部都成为各自村中的上等户。余下的 22 户全为中下等户。需要说明的是，本调研过程中对上中下等户的选择，是依据“生活宽裕程度”来确定，而不是依据农户中成员的职业身份来确定。

结论 9：家庭对资源的经营能力，成为决定农牧民收入等级的重要因素。经营性收入构成了上等户的主要收入来源，例如下等户中人均经营性收入很少，中等户为 1249. 15 元，而上等户则迅速提高到 3435. 58 元。农村家庭经营性收入主要来源于牲畜生产、资金放贷、运输以及商店销售等 3 类活动。表 3 显示，上等户人均牛羊的养殖数量为 3. 70 头，远高于下等户和中等户。调研发现，墨竹工卡县伦布岗村 3 个上等户和林周县春堆村 2 个上等户，他们养殖的牛羊数量都在 37—62 头之间。就资金财富的放贷而言，曲水县查巴拉村有一个上等户，形成了一套规避风险和克服信息不对称的经营方法，从而一年中获取了 2 万元左右的放贷收入。9 个中等户中，有 3 户在从事运输业经营活动；9 个上等户中，有 1 户从事运输业经营活动、2 户经营各自村中最大的商店。而 9 个下等户中没有一户从事这些性质的经营性活动。

结论 10：打工收入和虫草收入，构成了中等农牧民的重要收入来源，成为三类农户中收入数量最多的，如图9所示。中等农户打工收入与虫草收入最高，与中等户农户中从事打工人数的数量密切相关。27户居民中，中等农户的人均打工人数最高，为0.22人/家庭总人口，而下等户和上等户分别只有0.16和0.13。

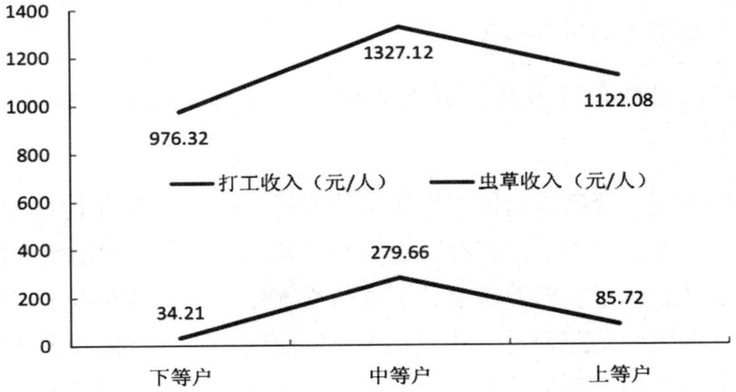

图9　农牧民打工与虫草收入差异

综合结论7—10，我们得到农牧民收入成因的总体判断：首先，天然的土地资源及劳动力数量并不是构成农村居民等级差距的主要原因。其次，劳动力教育年限对农牧民等级提升的作用是否显著，与毕业生能否在政府事业部门获取就业密切相关，例如大学毕业并在事业性质的中学就业之后，其对家庭的收入贡献才体现出来。① 家庭人员中是否有在行政事业单位就业，或是否有从行政单位退休，成为影响农户等级的重要因素。最后，家庭成员对其资源的经营能力，也是影响农牧等级的重要因素，例如养殖牛羊的能力、经营其资金的能力，以及从事运输及商业活动的能力。当然，上述判断是基于3个村庄的调研数据基础上得出的，其是否普遍适合于拉萨及西藏每个村庄，仍值得持谨慎态度、继续深入研究。

① 察巴拉村一上等户，其女儿大学毕业后在中学找到了工作，年收入48000元，构成了家庭的主要收入来源之一。

五、缩小农村居民生活消费差距的应对措施

结合前面对3个调研村庄的农牧民在生活性消费和发展性消费领域的差距，以及相应的收入成因分析，本研究对缩小农牧民生活消费差距的应对措施提出尝试性建议。

（一）通过农村公共服务均等化，缓减居民间公共服务领域的消费差距

调研发现，西藏自治区政府实施的安居工程有效地缩小了农牧民在住房上的差距；实施的医疗补贴也缩小了各个等级在医疗消费支出上的差距。因此，继续实施西藏公共服务的均等化，将有助于缩小农牧民在这些消费领域的差距程度，从而防止农牧民因无法支付公共服务而陷入下等户甚至贫困。例如伦布岗村，一个下等户家中有两个70来岁的老人，而且其中一位2008年得了重病，从而使其家庭从去年的中等户落入了今年的下等户行列。

（二）通过促进农牧民外出打工，增加打工收入，并提高农牧民经营能力

分析表明农牧民的经营能力差距是形成收入及生活质量差距的重要因素，但是经营能力的形成有其规律，不是照书本学来的，而是要在实践中培养形成。同样，教育及人力资本投资，也必须实现“知识到能力”的转换才会产生真正的收益，而外出打工是实现这种转换的良好途径。

许多外出打工人员在长期打工过程中，不仅积累了从事交通运输业、商店等创业活动的资本，更重要的是积累和揣摩到了从事创业活动的经营经验和方法。农牧民打工回乡创业的成功示范，已被证明是一条可行的渠道。我们对拉萨城区北京中路一个理发店的调研发现，许多从事理发业的藏族女孩都抱有这样的愿望：在这里学到理发技术以及攒到一些钱后，就开个属于自己的理发店，自己当老板。3个村庄的调研还

发现，许多上等户都曾经在拉萨市打过工，打工经历让他们了解和积累了克服风险的经验，从而在目前与以后的经营活动中较好地规避了风险，无论是用于开商店还是资金放贷活动。

因此，建议构建“下等农户打工以提高打工收入，中等农户打工以获取经营能力，上等农户利用能力提高并扩大经营范围”这样一种动态良性的增加收入的路径。

（三）通过调整农牧业结构，提高畜牧业比重，促进农牧民收入增加

3 个调研村庄的人均土地面积并无显著差异，而畜牧业产出却相差较大，那些畜牧业产出远高于种植业的农户多数成为上等户。因此，扩大下等户农牧业的产出结构，对其进行畜牧业养殖的支持与培训活动，将有助于他们提高收入，缩小与中等农户与上等农户的差距。

从生计资本角度分析西藏牧区贫困成因——以班戈县为例*

格桑卓玛

1980年代始，大规模开发式扶贫在全国范围内开展，有力地推进了我国农村扶贫开发的进程。党的十八大以来，党中央更加重视扶贫开发工作，出台一系列重大的扶贫开发政策和措施，明确要求到2020年国家现行标准下农村贫困人口实现脱贫，如期实现全面建成小康社会的奋斗目标，包括西藏和四省涉藏州县在内的边疆民族地区也要与全国一道实现小康目标。

西藏自治区是我国唯一的省级集中连片贫困地区。从总体上看，通过持续努力，西藏贫困人口的区域分布格局已经发生改变，由大面积、整体性分布向局部性分布转变。藏西北和藏东是西藏脱贫攻坚的重点和关键区域，贫困人口在空间布局上也主要集中在这一区域。这些地区贫困程度深，个体性贫困与整体性贫困仍然相互交织。因此，实现如期脱贫和建成小康社会对西藏无疑是一项艰巨的任务。在脱贫攻坚进入决胜阶段的2016年，中国藏学研究中心社会经济所牵头组成联合调研组，在脱贫攻坚最艰难的藏西北和藏东地区开展精准扶贫实地调研。2016

* 本文原载《中国藏学》2017年第2期。本研究是中国藏学研究中心重点课题“西藏共享式发展和全面建成小康社会”的阶段性成果，2016年该课题的调研也得到了西藏自治区委托课题“西藏贫困成因和机理分析”的资助。

年8月，课题组在那曲地区班戈县开展调研，对当地贫困问题和脱贫成效等有了进一步的认识。

一、调研情况

地处藏西北的那曲地区是连接拉萨地区和藏北高原的纽带，总面积30138平方公里。班戈县全县辖4个镇、6个乡，共86个村委会和居委会，2016年总人口达到40136人。同西藏全区发展的总体态势一样，班戈县国民生产总值一直保持了持续的增长。（表1）

班戈县调研涉及5个乡镇，主要采取问卷调查和入户访谈的形式。调研组对建档立卡贫困户开展问卷调查，共发放106份问卷，回收了99份，问卷的有效回收率为93.4%。根据这些问卷数据，对班戈县建档立卡贫困户的贫困成因作如下的初步梳理和分析。

表1　班戈县三次产业发展情况（2010—2016）单位：万元

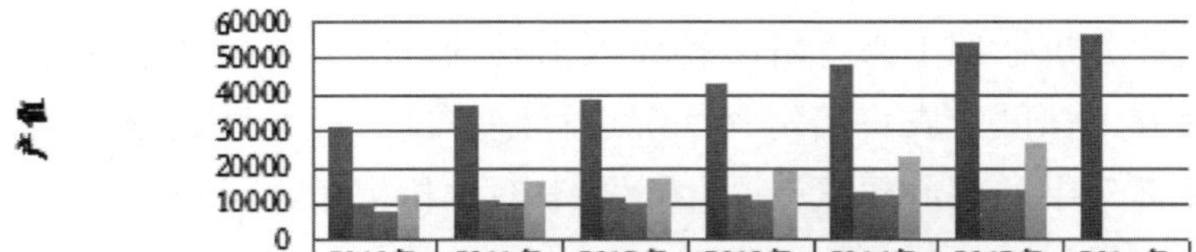

	2010年	2011年	2012年	2013年	2014年	2015年	2016年
■国内生产总值	31383.14	36901.32	38532	42914.46	48544.19	54683.56	56390.56
■第一产业	10293.13	11169.76	11625	12599.67	13594.65	14305.35	
■第二产业	8398.45	9262.78	9962	11023.14	12187.94	13951.1	
■第三产业	12691.56	16468.78	16945	19291.65	22761.6	26427.11	

二、当地贫困的成因机理分析

从贫困发生类型和分布看，班戈县在藏北纯牧区中贫困程度虽然不是最深，但是脱贫的难度却不小。班戈县平均海拔4750米以上，是典型的高寒纯牧业县。长期以来当地的发展就是依靠传统的畜牧业，因此当地农牧民收入一直在低位徘徊。2015年，班戈县牧民人均收入仅为

6987.35元，虽然同比增长12%，但是低于西藏当年农牧民人均可支配收入。按照当年国家贫困线标准2800元的人均收入统计，全县贫困发生率为31.06%。此外还有占全县总人口18%的农村边缘困难户。据调研，这些边缘困难户的收入与建档立卡的贫困户相差不大，足见当地扶贫攻坚任务艰巨。

表2　课题组调研地点和致贫原因

调研地点	贫困户	调研户	致贫原因
佳琼镇	246	50	一般贫困户多，因学致贫问题相对突出
普保镇	418	12	低保户多、低保贫困户多，因缺乏土地而致贫问题突出
北拉镇	439	11	五保户多，交通制约，缺水、缺资金问题突出
青龙乡	320	12	因缺水牲畜致贫问题突出，还有其他致贫原因
尼玛乡	209	13	因缺水、缺少劳动力致贫的问题最突出

普遍来看，贫困体现为各种各样的匮乏状态。本调研的分析是在可持续生计分析框架下来理解多种原因引发的贫困。可持续生计分析框架是对地方、社区或农户的生存状况进行整体的、参与性的分析，尤其是凭借该框架中的核心要素——生计资本的分析视角，可以使政策制定者或者发展规划者认清、辨明和确立扶贫开发战略策略的起点，并进行有效调节以增进地方、社区或农户的生计维持能力。① 本文采用可持续生计这一系统概念中的生计资本来分析西藏农牧区贫困成因机理，以期探究贫困形成的多方面因素及相关关系。

在生计资本中，自然资本是影响生计和贫困的重要因素，它是指生计的资源流及相关服务等自然资源存量。② 调查显示，班戈县的自然资本贫瘠。无论是体现为存量资源的自然资本，还是体现为相关服务的自

① Martha G. Roberts，杨国安：《可持续发展研究方法国际进展——脆弱性分析方法与可持续生计方法比较》，《地理科学进展》2003年第1期，第11—21页。

② 张大维：《生计资本视角下连片特困区的现状与治理——以集中连片特困区武陵山区为对象》，《华中师范大学学报》2011年第4期，第16—23页。

然资本都显得相对贫瘠，这也成为当地致贫的关键要素。例如，调查点因缺水致贫的比例高。（表3）

表3　调查点缺水缺土地致贫人口比例

	贫困人口	缺水致贫人口	比例	缺土地	比例
普保镇	1347	273	20.27%	144	10.69%
北拉镇	1509	439	29.09%	0	0
佳琼镇	978	184	18.81%	70	7.16%
青龙乡	1159	0	0	0	0
尼玛乡	862	209	24.25%	0	0

从生计资本分析视角看，物质资本是影响生计和贫困的另一因素，它包括用以维持生计的基本生产资料和基础设施。根据调研资料，班戈县牧区物质资本不足主要表现为交通基础设施薄弱，直接影响班戈县牧民脱贫致富能力的提升。根据全县排查摸底，95.4%的贫困人口受这一因素影响，这是目前致贫因素中影响面最广的。

大多数学者认为“生计是谋生的方式，该谋生方式建立在能力、资产包括储备物、资源、要求权和享有权以及活动基础之上”。① 因此，人力资本是影响生计和贫困的重要因素，它主要指知识、技能、能力和健康状况。在班戈县的调研中发现的致贫原因里存在许多影响因素，其中教育、技术、自身发展能力这三项之间联系紧密，互为诱因。班戈县贫困人口中没有劳动技能人口，也就是说只要有一技之长的劳动力都不会陷入贫困。根据课题组调查，44.6%的贫困户认为没有一技之长和缺乏科学知识使得他们无法脱贫。但是造成这一因素的深层次原因表现并不充分。我们看到因学致贫的贫困户占5.2%。进一步分析，上学产生了不少的额外开支或者使家庭缺少劳动力造成家庭贫困。当然，根据现

① 陆五一、李祎雯、保佳伟：《关于可持续生计研究的文献综述》，《中国集体经济》2011年3期，第83—84页。

有政策，从幼儿园到高中阶段西藏农牧区实行的“三包”等助学制度，使得这个年龄段的家庭成员基本没有因为上学给家庭带来经济负担。(表4) 目前存在的因学致贫的现象主要存在于那些有大专以上就读生的家庭，特别是这些学生到区外就读大中专院校，给家庭造成一定的经济压力。总体而言，由于当地高中升学率不高，这样的致贫因素表面上看只是少数家庭阶段性的负担，但从长远看，对提高家庭劳动力的就业机会和收入水平有积极意义。

表4 受访者教育程度（单位:%）①

	文盲比例	初小比例	高小比例	初中比例	学龄前比例
所有年龄段	61.6	33.33	2.02	2.02	1.01
0—14 周岁	/	/	/	/	100
15—64 周岁	59.09	36.36	2.27	2.27	/
65 岁以上	85.71	14.29	/	/	/

健康是人力资本重要组成部分，疾病和残疾等健康问题直接造成牧区家庭难以逆转的贫困。班戈县农村居民可以获得医疗保障，以及多渠道对因病（残）致贫家庭的政府救助，这从一定程度上缓解了当地很多家庭的实际困难。但在本次调研中，仍有 21.2% 的家庭由于大病、慢性疾病等原因导致家庭致贫、返贫，8.6% 的家庭因为家庭成员身有残疾而难以脱贫。因病致贫的主要原因是医疗费用成本上升。一方面是医疗成本大幅提升，导致家庭医疗费用水涨船高；另一方面，乡村医疗机构医疗水平有限，不能满足群众就近就医需求，大病患者需要去市级以上大型综合医院就诊。有些牧区患者使用的医保以外药品量大，医疗开支就比较大，这也直接提高了医疗成本。此外，医疗隐形支出较大。

① 据调查，受访的建档立卡贫困户 15—64 岁年龄段文盲人口主要集中在 60—64 岁年龄段。

因家庭成员身患重大疾病，在拉萨等城市治疗期间需要家人照顾护理，其生活费、住宿费、交通费等费用支出相当大。部分重症患者由于需要长期治疗，医疗费用成为家里最大的开支，家庭收入水平的提高受到制约。此外，牧民健康意识淡薄，也往往导致小病拖成大病，大病导致贫困。

金融资本有效供给不足是影响班戈县牧民生计和致贫的重要外在因素。金融资本一般包括现有的存量（如储蓄）和定期的资金流入（如低保补助）。金融资产多样化是现代金融发展的一个重要标志。班戈县和其他西藏各县一样，存在金融资产的结构单一的问题，这也势必大大降低当地金融机构的融资效率，在一定程度上影响当地农村的金融融通。针对金融供给严重不足的问题，班戈县开展了金融支农工作。2016年新建“惠农通”助农取款服务点36个，实现了金融服务乡镇全覆盖。而截至2015年末，全国助农取款服务点村级行政区覆盖率已经超过90%，村均拥有量为1.8个。① 与全国的数据对比，西藏包括班戈县农村金融服务的滞后问题就显现出来。2016年班戈县“金穗惠农通”暨银行卡助农取款服务点的行政村覆盖率仅为41.9%。根据全县建档立卡贫困户摸底，82.3%的贫困户提到资金匮乏是他们贫困的主因。看来，当地牧民贷款难的问题依然存在，从事非农牧产业或者引进新技术的愿望，却因没有足够的资金难以转变传统的生产方式，脱贫渠道过窄。

“可持续生计”理论是通过细化参与式方式，把本地生产生活各个详细环节作为一个整体系统来看待及考虑，因此其关注的领域是个人或家庭为改善长远的生活状况所拥有和获得的谋生能力、资产和有收入的活动。通过在班戈县的调研可见，当地牧民家庭的人力资本、自然资本、物质资本、金融资本等这些可持续生计系统中的核心的内容成为班戈县制约脱贫的主要因素。牧民的自然资本受到不可抗拒因素的影响，自然资本及其产出表现出极大的脆弱性。牧户依然采取靠天养畜的生产

① 数据来源：《2015年农村地区支付业务发展总体情况》，人民银行网站，2016年3月28日。

方式，难以抵御自然灾害。缺乏对人力资本进行投入的能力，看病和上学等成为贫困牧民家庭面临的生活压力。资金缺乏限制了当地牧民对生产投入、就业转移等能力的增强。

三、讨论和思考

西藏虽然是省级集中连片贫困地区，然而西藏地域广大，各地自然环境、社会发展条件、生产方式等都不尽相同，需要因地制宜，精准施政，来完成脱贫攻坚的任务。根据调研掌握的当地贫困状况和扶贫情况，对于牧区如何精准脱贫作如下思考：

1. 注重个体扶贫和整体脱贫的结合，完善基础设施建设规划。贫困地区的发展要围绕事先制定的发展目标，按照脱贫攻坚的年度计划来制定发展规划，积极争取基础设施项目资金，适当超前谋划，确保贫困户脱贫、贫困村摘帽与贫困村基础设施完善同步到位，如期实现全县脱贫目标。特别是在规划中注重个体扶贫和整体脱贫的结合，重视贫困村供水、供电、通讯网络全面升级，营造脱贫致富的良好社会环境。

2. 发挥好牧区经济合作组织的作用。班戈县乡镇有着各自的资源禀赋，根据这些资源禀赋，在发展意愿强的乡镇，通过整合牧户生产资料来发展特色产业，提高经济效益，实现社会效益，达到精准脱贫。政府部门需要给予合作股份必要的扶持和鼓励，又要对其进行有效监督和指导。

3. 从扶贫对象出发创新教育、就业、产业脱贫联动模式。传统扶贫模式多从扶贫主体（政府、企业等）着眼扶贫政策、措施，然而现有研究结果发现，不少扶贫措施难以精准的原因，往往在于对扶贫对象需求缺乏针对性。因此要研究摸准扶贫对象的现实需求，以多元资源、形式和策略来对接需求。例如，在职业教育规划方面，可以借鉴他人经验，尝试将学校职业教育的设置与社会需求结合，通过定向培养、产教融合等，将教育扶贫和就业、产业扶贫的链条连接起来，实现当地牧区劳动力就地转移就业或外出务工，实现稳定脱贫。此外，在现代社会经济呈现开放式发展的格局下，人口迁移和人口流动对于创新生计方式、谋求更好的发展生计空间显得尤为重要。

4. 运用动态管理机制，建立人力资本的大健康体系。2016 年，中共中央、国务院印发《“健康中国 2030”规划纲要》，提出要把健康融入所有政策，全方位、全周期维护和保障人民健康。这不仅对今后西藏的医疗卫生提出更高的要求，更需要提升和完善健康服务和健康环境等领域的一整套政策、制度。针对西藏牧区家庭健康状况对脱贫攻坚的影响程度深的特点，需要树立大卫生、大健康的理念。首先需要整合资源，掌握情况，建立平台和形成机制。需要全面掌握当地因病因残致贫家庭的详细情况，整合民政系统的低保信息、医疗机构的医疗费用信息、残联的残疾人家庭信息等，建立因病致贫家庭情况、社会救助项目、救助频次和金额等信息为一体的因病因残致贫数据库，建立一站式医疗补助民政救助服务平台，形成相关部门紧密配合的因病致贫家庭救助动态运行机制。

5. 破解资金投入瓶颈，提高扶贫资金实效。针对牧区贫困户资金缺乏的问题，可以加大对牧区牧业经济的金融扶持力度，提高牧业贷款额度、扩大牧业金融扶持范围、扩充牧业担保方式，加大对牧民专业合作经济组织、家庭牧场和微小企业的金融支持力度。要进一步加大精准扶贫的资金投入，并充分发挥金融扶贫的撬动作用。

总之，在实施精准脱贫攻坚中，要考虑从实施对象人群——农牧民日常生产生活的角度来理解贫困问题，并寻找适合本地情况、用好本地资源、符合当地人意愿的解决方法。

西藏贫困户脱贫主观能动性研究*

杨　涛

西藏自治区作为全国唯一集中连片省级贫困区域，中央和西藏自治区政府为此投入了大量的人力物力财力，有力地推动了西藏贫困问题的解决，尤其是产业扶持、教育扶贫、就业扶贫、交通扶贫、异地搬迁等客观帮扶途径，终于在2019年实现了精准脱贫。但是，脱贫的基础仍不是非常牢固，仍需要加强脱贫成果的巩固，将脱贫和脱贫成果的巩固推向深入。其中面临一个突出问题就是，与各级政府高涨的积极性相比，贫困家庭脱贫主观能动性不足、积极性不高，甚至出现“贫困户不急、脱贫干部急”的情况。因此，在当前自治区仍处于巩固脱贫成果的关键阶段，既要保持扶贫资金项目不减，更要从想脱贫和自力更生脱贫的角度，研究西藏贫困户脱贫的主观能动性，进而为扶贫扶志、脱贫成果巩固提供对策建议。

一、文献综述

通过对中国知网CNKI，eslver和proquest的检索来看，总体上对于贫困家庭脱贫主观能动性的研究虽然相对较少，但仍有一些值得关注的

---

* 本文系国家社会科学基金《西藏贫困家庭宗教消费对其脱贫的影响》（编号17BMZ039）。

领域。

（一）既有研究成果

既有成果覆盖贫困家庭脱贫的主观能动性状态、影响贫困家庭脱贫主观动力的因素及其成因、提高贫困家庭脱贫主观能动性的措施等三类领域。

1. 对贫困家庭脱贫的主观能动性状态的研究，主要集中在改变贫困状况的愿望是否强烈。贫困家庭脱贫动力不足会反映在精神贫困方面，集中表现为志向缺乏、信念消极和非理性决策行为。① 行为方式上经常表现出等靠要、破罐破摔等。②

影响贫困家庭脱贫主观能动性的因素众多，除了自身懒惰之外，还来自经济社会、政策博弈和宗教文化等方面的诸多因素。③ 经济社会的影响体现在当贫困家庭付出努力后，其脱贫的希望仍然很小时，贫困家庭就会放弃努力，尤其是当社会差距较大时，更是如此。④ 在追求更好生活的路上一时难以实现，便甘于现状了。⑤ 当身处贫困时，就越倾向于风险规避，对未来信心不足，采取短期行为、非长期最优的行为，进入“贫穷陷阱”S 曲线的左侧，⑥ 贫穷与短期行为之间陷入了恶性循环。⑦ 政府包揽搬迁建房或者不加区别地只让搬迁户象征性的承担一点，容易加重群众“等、靠、要”思想。⑧ 一些地方单纯地把扶贫当做慈善救济，只为完成指标，使贫困户滋生出“享政策”“等救济”的懈

① 杭承政、胡鞍钢：《“精神贫困”现象的实质是个体失灵》，《国家行政学院学报》2017 年第 4 期，第 97—103 页。

② 张曾：《治穷先“治懒” 扶贫先“扶志”》，2017 年 6 月 6 日。

③ 顾仁：《莫给贫困人口乱戴上懒惰的帽子》，《老区论坛》2015 年第 10 期，第 11 页。

④ 杭承政、胡鞍钢，《“精神贫困”现象的实质是个体失灵》，《国家行政学院学报》2017 年第 4 期，第 97—103 页。

⑤ 张曾：《治穷先“治懒” 扶贫先“扶志”》，2017 年 6 月 6 日。

⑥ 简容：《贫穷的本质就是“人穷志短”》，2016 年 10 月 27 日。

⑦ 王军伟、朱丽莉，《精神贫困：脱贫“硬骨头”怎么啃?》，《协商论坛》2017 年第 8 期，第 42—44 页。

⑧ 刘彤：《精准攻克“硬骨头”》，《人民政协报》，2016 年 4 月 22 日。

怠情绪。[①] 宗教文化的影响体现在，宗教文化支出尽管可能带来经济上的负担，但是贫困家庭认为非常值得，于是家中的大量现金和时间就投入到了宗教活动中。例如有红白喜事时，请喇嘛到家中念经包吃、包住，走时还送钱物等。对贫困的根源则诉诸于宗教因素，一旦有什么不顺，如生病难产等，就请喇嘛念经、打卦、跳神等。[②] 进而，宗教投入与贫困之间就可能出现循环：贫困的原因是前世没积德，于是现世就要多在宗教活动上投入金钱和时间，而现世用于脱贫的金钱和时间少了，在健康、医疗、教育上的支出也受到挤占，影响到下一代的收入能力，推动了贫困的代际传递。[③]

2. 提高贫困家庭脱贫主观能动性的措施领域。应对措施涉及宗教文化、脱贫成功可能性、扶贫政策调整等三个方面。宗教文化领域的措施主要涉及社会主义核心价值观教育，中华民族传统美德的教育，强化借钱必还的诚信意识，引导贫困户树立劳动光荣、好逸恶劳可耻的理念。[④] 增加脱贫成功可能性领域，主要涉及树立脱贫典型，形成脱贫示范[⑤]，组织贫困家庭群众代表四处参观学习，[⑥] 选派思想好、作风正、能力强、愿意帮助贫困家庭脱贫致富的党员干部长期在贫困户家指导。[⑦] 解决贫困家庭的医疗健康问题、教育问题，加强职业技能培训，提高贫困家庭的就业和创业能力，阻断代际贫困。培育就业带动力强的特色产业，实施产业扶贫。[⑧] 扶贫政策调整领域，主要涉及合理设置获得政府救助脱贫的必要条件，增进激励机制，设置相关“门槛”，使贫

---

① 张曾：《治穷先“治懒” 扶贫先“扶志”》，2017 年 6 月 6 日。

② 张曾：《治穷先“治懒” 扶贫先“扶志”》，2017 年 6 月 6 日。

③ 奥斯卡·刘易斯：《贫穷文化：墨西哥五个家庭一日生活的实录》，教育科学出版社，2011 年。

④ 闵香：《对精准扶贫工作中扶志措施的思考》，2017 年 6 月 22 日。

⑤ 王军伟、朱丽莉，《精神贫困：脱贫“硬骨头”怎么啃?》，《协商论坛》2017 年第 8 期，第 42—44 页。

⑥ 张光、高博：《山东聊城：扶贫先扶志 摆脱“懒汉思想”，《中国扶贫》2017 年第 4 期。

⑦ 王军伟、朱丽莉：《精神贫困：脱贫“硬骨头”怎么啃?》，《协商论坛》2017 年第 8 期，第 42—44 页。

⑧ 龙良文：《产业扶贫是脱贫的必由之路》，《中国扶贫》2016 年第 24 期。

困户不得不做出一些事情才能享受政策。[①] 对那些“好吃懒做、有地不耕、有事不做”的贫困户，村委会以及相关部门有权调整政府的生活救济和生产扶持。[②] 将具有大操大办婚丧宴请，酗酒、赌博等不恰当行为的贫困户列入自动退出贫困户行列，并写入乡规民约。[③] 鼓励劳动参与，多采用生产奖补、劳务补助、以工代赈等机制，[④] 家有劳动力的贫困家庭，必须要参与一定数量的就业。[⑤] 将扶贫资金或贴息贷款作为贫困户的股份参与收益分红时，要避免其成为旱涝保收的资产收益工资，更不能成为“等靠要”者的定期提款机。[⑥]

（二）进一步研究空间

既有研究表明：（1）贫困家庭脱贫主观能动性不足，表现形态既有观念意识方面落后的内在形态，也有决策上的非理性短视化形态。（2）导致贫困家庭脱贫主观能动性不足的影响因素，既有对物质财富与精神满足之间权衡因素的宗教文化影响，也有自身能力与外在机会不充分匹配而导致脱贫成功概率小的经济社会因素，还有当前扶贫政策中贫困家庭比政府更具博弈优势的政策因素。（3）提升贫困家庭脱贫主观能动性的对策建议，既要对贫困家庭采用恰当的形式进行思想教育，也要通过树立脱贫典型和外出参观访问来触动激发其脱贫愿望，全社会尤其是政府同时推动贫困家庭脱贫能力提升和创造更多的市场就业创业机会，从而增强贫困家庭脱贫成功的实现概率，政府在政策制订上少用直接的福利型方式，多用劳动参与为主的方式。

同时，对于贫困家庭脱贫主观能动性的研究仍有商榷的空间。一是

① 张曾：《治穷先“治懒” 扶贫先“扶志”》，2017年6月6日。

② 何云雄：《“扶贫不扶懒”写入村规民约》，《湖南日报》，2017年7月21。

③ 闵香：《对精准扶贫工作中扶志措施的思考》，2017年6月22日。

④ 王军伟、朱丽莉：《精神贫困：脱贫“硬骨头”怎么啃?》，《协商论坛》2017年第8期，第42—44页。

⑤ 张光、高博：《山东聊城：扶贫先扶志 摆脱“懒汉思想”，《中国扶贫》，2017年第4期。

⑥ 陈发明：《既要扶真贫也要防养懒》，《经济日报》，2016年11月15日。

在决策行为假设上，既有研究多认为贫困家庭的决策是非理性的，从而出现了要解决贫穷家庭“愚”的问题。二是贫困家庭的价值追求或幸福感的构成，既有的贫困标准多以物质性指标为参考，例如收入、生活水平等，缺乏精神层面的要素，尤其是宗教因素。因此，从宗教角度分析宗教活动对家庭脱贫主观能动性的影响，就值得深入研究。

二、研究方法与调研设计

（一）研究方法

鉴于贫困家庭的宗教活动情况，并没有被列入政府各类统计之中，因此本研究采用了调查问卷方法。一是通过面对面地同贫困农牧民访谈，深入了解他们决策的合理性程度，掌握他们参与宗教活动对其贫困的影响程度，和对其脱贫主观能动性的影响过程。二是通过问卷，获得贫困家庭收入、宗教支出、宗教活动等数据，量化宗教对贫困家庭脱贫主观能动性的影响。

（二）调研设计

调研地点的选择。此次国家建档立卡贫困户是针对农村人口，解决其绝对贫困问题，而不是城镇居民。西藏农区和牧区人口多，且在生活方式与生产方式上差别较大，因此调研地点选择一个是农区的扎囊县，另一个是牧区的班戈县。

调研问卷的设计。调研问卷旨在评估贫困家庭生产生活决策的理性程度，在此基础上评估贫困家庭脱贫主观能动性状态及影响因素。因此，问卷分成五部分。第一部分是家庭人口基本信息，主要包括成员、年龄、性别、教育程度、健康程度、职业和政治身份等。第二部分是家庭财产收入及支出信息，主要包括草场耕地、牲畜、住房、交通工具、通讯工具、存款、收入、消费支出等。第三部分是家庭成员的技能和务工信息，主要包括技能水平、培训方式、务工收入、务工地点、务工途径等。第四部分是家庭宗教消费信息，主要包括宗教活动、宗教支出、宗教活动目的、宗教活动地点等。第五部分是宗教消费与贫困的关系，主要包括宗教活动与村庄地位、与信息获取、与村民互助、与幸福感、与对贫困主观认识、与干部的博弈、与个人颜面等。

调研对象的选择。调研对象包括贫困家庭、非贫困家庭、村干部等三类群体，其中贫困家庭是以建档立卡户为准。

三、调研村庄的基本情况

（一）班戈县佳琼镇热卡努玛村

热卡努玛村位于西藏自治区那曲市班戈县佳琼镇，距离镇政府 40 公里，距离县政府 110 公里。平均海拔 4800 米，年平均温度 -1.0 度左右，夏季 8 月平均温度 9 度左右，冬季 2 月平均温度 -9 度左右。年均降雨量 286 毫米，紧临湖泊达如错，纯牧区。2017 年时，村里到佳琼镇的公路为乡村土路，佳琼镇到班戈县的公路为三级公路与四级公路之间。不通主电网，有 1 个光伏电站，通信信号为 2G 水平，有村文化室 1 个，村卫生室 1 个，饮用水源为井水。牧业户数 59 户，263 人，其中男性 124 人、女性 127 人，劳动力 140 人。党员 26 名，其中女党员 3 名。在读学生 65 人，其中大学及毕业生 10 人，高中 14 人，初中 16 人，小学 25 人，幼儿园 7 人。残疾 12 人。

经济水平。牲畜存栏总数 42939（头、只、匹），其中牦牛 629 头，绵羊 3606 只、山羊 58 只，马 2 匹。2016 年村总收入为 273.88 万元，牧民人均收入 10414 元。贫困状况，2015 年底建档立卡贫困户 22 户、贫困人口 95 人。

宗教设施。村里没有寺庙、没有佛塔、没有转经筒，有 1 个拉康、1 个日追。距离佳琼镇最大的寺庙东嘎寺约 50 公里，距离班戈县较大的寺庙扎君寺和孜日贡巴寺约 70 公里，交通条件均为乡村道路。

（二）扎囊县桑耶镇松卡居委会

松卡居委会位于西藏自治区山南市扎囊县桑耶镇，距县城18公里，距离镇政府9公里。平均海拔3620米，年平均温度8度左右，年均降雨量360毫米，紧临雅鲁藏布江，农区。2017年时，村里到桑耶镇的公路为三级公路，桑耶镇到扎囊县公路为三级公路。全村通主电网，通信信号为3G水平，有村文化室1个，村卫生室1个，饮用水源为井水。总户数147户，总人口653人，其中男性330人。0—14岁130人，15—59岁380人，60岁以上70人。在读大学生33人，高中32人，初中38人，小学50人，文盲3人。残疾12人，重大病3人。党员68人。

经济水平。2016年，全村总收入6000万元，人均农牧民总收入6188元，人均农牧民纯收入7000元。经济合作组织1个，即奶牛养殖合作社。转移就业223人，主要工作地位于桑耶镇松卡社区，主要是工地小工170人、开车35人、技术工40人。2016年时，建档立卡贫困户23户，贫困人口63人。

宗教设施。村里没有寺庙、没有佛塔、没有转经筒。最近的寺庙是桑耶寺，桑耶寺是西藏规模和影响力较大的寺庙，松卡居委会距离其9公里，距离拉萨三大寺60余公里。

四、调研村庄贫困家庭脱贫主观能动性的评估

（一）评估的指标体系与方法

脱贫主观能动性程度如何，受哪些因素影响，都与其主观意识相关。有鉴于此，问卷设计了如下五个问题：

第一，你如果得到了一个贫困户指标，你觉得：A 高兴，因为每年有了3000元钱，B 惭愧，在村里抬不起头，C 既不高兴也不惭愧，D 其他。此指标旨在反映贫困家庭对贫困的心理感知态度。

第二，你认为自己贫困的原因是什么：A 前世没做好事，B 自己没有出生于富裕家庭和当官家庭，C 自己不够努力，D 其他。此指标旨在反映贫困家庭对贫困成因的理解。

第三，你认为一个贫困但对寺院投入时间金钱较多的人，是幸福还是不幸福？A 幸福，B 不幸福，C 要看投入时间和钱的多少，D 其他。此指标旨在反映贫困家庭对贫困与幸福关系的权衡。

第四，你觉得 2020 年实现全部脱贫事情上，哪个更着急？A 干部，B 自己，C 都着急，D 都不着急。此指标旨在反映贫困户与政府就脱贫责任的博弈心态。

第五，你觉得脱贫最重要的渠道方式是什么？A 国家直接救济，B 国家扶持就业岗位，C 国家贷款，D 自己努力。此指标旨在反映贫困家庭对不同各类脱贫手段的主观参与度。

（二）热卡努玛村贫困家庭脱贫主观能动性评估

评估数据来源于 2017 年 7 月对热卡努玛村 20 户的调研问卷，是从 59 户中随机抽取的，因此，20 户中既有 2015 年建档立卡时的贫困户，也有部分富裕户和中等户。

1. 对贫困状态的心理态度

20 户家庭中，认为获得 3000 元补贴而成为贫困户会让人惭愧的户数为 11 户，占被调查户数的 55%。认为虽然成为贫困户但由此获得了 3000 元补贴而高兴的户数为 8 户，占被调查户数的 40%。认为无所谓的户数为 1 户，占被调查户数的 5%。如图 1 所示。

由此可见，贴上建档立卡或贫困户标签，并不是一件有面子的事，55% 的家庭会感到惭愧；但是其附加的好处也极具吸引力，40% 的户在为获得 3000 元补贴而感到高兴。

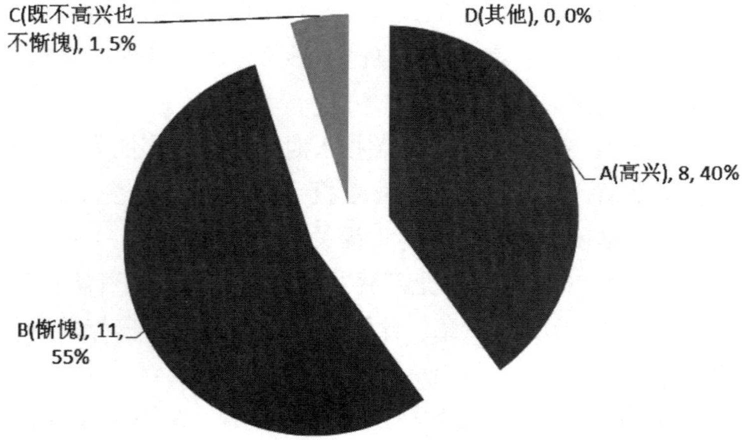

图 1　班戈县热卡努玛村对贫困的心理态度

2. 对贫困成因的自我认识

20 户家庭中，认为自己贫困的原因是自己前世没做好事的户数为 1 户，占被调查户数的 5%。认为自己贫困的原因是自己不够努力的户数为 16 户，占被调查户数的 80%。认为自己贫困的原因是自己没出生在富裕和当官家庭的户数为 0 户，占被调查户数的 0%。认为自己贫困的原因是其他的户数为 3 户，占被调查户数的 15%。如图 2 所示。

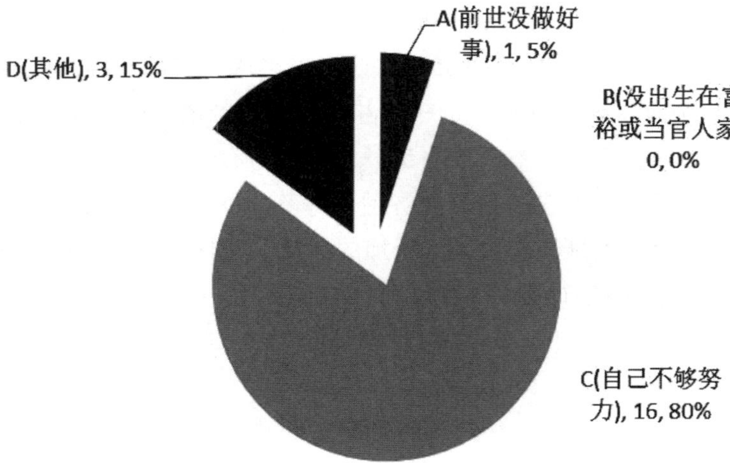

图 2　班戈县热卡努玛村对贫困成因的自我认识

由此可见，将自己贫困归因为自己不够努力的户数是最多的，占80%。而将自己贫困归因于出生不好的有4户，占被调查户数的20%，其中明确说出来的有1户（选择A选项的），而暗指的有3户（选择D选项的）。而对于内地常见的出生于非有钱人家或当官人家的选择项，在问卷中并没有被人选。

3. 对贫困与宗教信仰、幸福的心理态度

20户家庭中，认为一个贫困但对寺院投入时间金钱较多的人是不幸福的户数为16户，占被调查户数的80%。认为一个贫困但对寺院投入时间金钱较多的人是幸福的户数为3户，占被调查户数的15%。认为一个贫困但对寺院投入时间金钱较多的人是幸福与否依赖其投入时间财货多少的户数为0户。其他选择为1户，占被调查户数的5%。如图3所示。

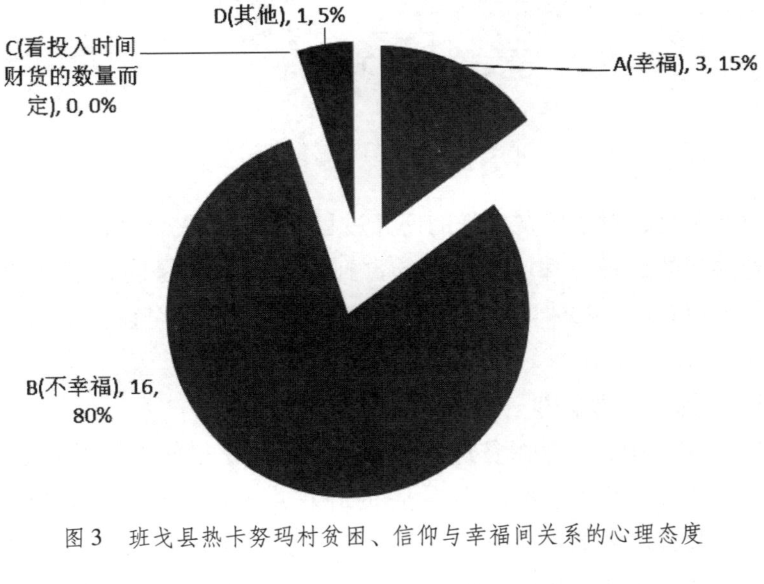

图3　班戈县热卡努玛村贫困、信仰与幸福间关系的心理态度

由此可见，被访谈农牧民对于现世生活与来世幸福之间，存在着权衡关系，既要追求现世物质利益，也要追求来世幸福。但是，对现世生活的追求相对来世来讲，其重要性更加突出，80%被访农牧民认为那些对寺院投入大量财货时间而自己当世却深陷贫困的人并不幸福。

4. 脱贫责任的博弈

20 户家庭中，认为脱贫过程中干部与自己都着急的户数为 12 户，占被调查户数的 60%。自己应当更着急的户数为 8 户，占被调查户数的 40%。干部应当更着急的户数为 0 户，都不着急的户数为 0 户。如图 4 所示。

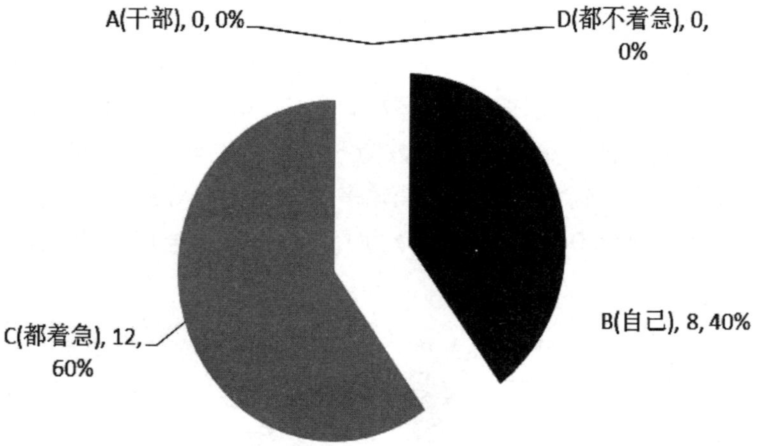

图 4　班戈县热卡努玛村脱贫责任的博弈

由此可见，对于脱贫责任的博弈过程中，农牧民认为政府与贫困户承担着共同的责任，都应当着急的占到了 60%。但是脱贫责任的主体仍是贫困户自己，40% 的认为自己应当更着急，而完全认为干部应当更着急的只有 0 户。

5. 脱贫的主要渠道

20 户家庭中，认为脱贫过程中靠自己努力是最好方式的户数为 14 户，占被调查户数的 70%。认为脱贫最好方式是国家救济的户数为 2 户，占被调查户数的 10%。认为脱贫最好方式是国家扶持就业的户数为 4 户，占被调查户数的 20%。认为脱贫最好方式是国家贷款的户数为 0 户。如图 5 所示。

由此可见，认为自己努力是脱贫的最好方式，但同时也需要政府的支持。在政府支持中，就业相对于直接救济更为重要，国家扶持就业的

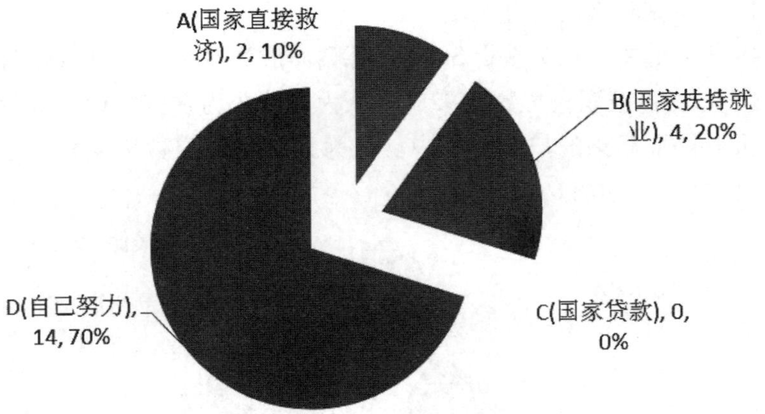

图 5　班戈县热卡努玛村脱贫渠道方式

为 4 户，直接救济的为 2 户，国家贷款的没有。

6. 脱贫主观能动性总体评价

综合被调查 20 户的选择，认为他们在脱贫主观能动性上具有如此特征：（1）对于贫困的主观心理态度上，认为身陷贫困并不体面而是令人惭愧，但是以贫困为荣的现象仍然突出，达到 40%。（2）对于贫困成因的主观心理认识上，80% 的被调查者认为是自己不够努力造成的。（3）对于贫困、宗教投入与幸福感关系上，过多地将时间财货投入到宗教上而身处贫困，并不为被调查者所追求，现世的幸福才是第一位的。（4）对于脱贫的责任主体是谁，既有政府干部也有贫困家庭，但主要责任还是要靠自己。（5）对于脱贫的主要渠道方式，既需要自己努力，同时也对政府支持怀有诉求。自己努力做好农牧业和打工，占到 70%；同时仍然需要政府扶持就业和救济，达到 30%。

（三）松卡居委会贫困家庭脱贫主观能动性评估

评估数据来源于 2017 年 8 月对松卡居委会 49 户的调研问卷，49 户是从 147 户中随机抽取的。2017 年 8 月时，有 23 户贫困户。因此，随机抽取的 49 户中既有 2015 年建档立卡时的贫困户，也有富裕户和中等户。

1. 对贫困状态的心理态度

49 户家庭中，认为获得 3000 元补贴而成为贫困户会让人惭愧的户数为 45 户，占被调查户数的 92%。认为虽然成为贫困户但由此获得了 3000 元补贴而高兴的户数为 0 户。认为无所谓的户数为 4 户，占被调查户数的 8%。如图 6 所示。

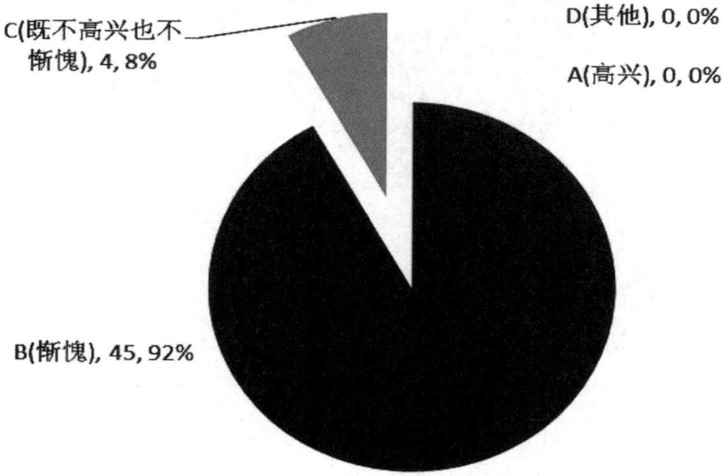

图 6　扎囊县松卡居委会被调查者对贫困的心理态度

由此可见，贴上建档立卡或贫困户标签，并不是一件有面子的事，92% 的会感到惭愧；没有 1 户觉得高兴，持无所谓态度的也只占 8%。

2. 对贫困成因的自我认识

49 户家庭中，认为自己贫困的原因是自己前世没做好事的户数为 8 户，占被调查户数的 16%。认为自己贫困的原因是自己不够努力的户数为 35 户，占被调查户数的 72%。认为自己贫困的原因是自己没出生在富裕和当官家庭的户数为 4 户，占被调查户数的 8%。认为自己贫困的原因是其他的户数为 2 户，占被调查户数的 4%。如图 7 所示。

由此可见，将自己贫困归因为自己不够努力的户数是最多的，占 72% 的户数。但同时，认为今世出生不好、前世没做好事的所占比例也不低，分别达到 8% 和 16%。

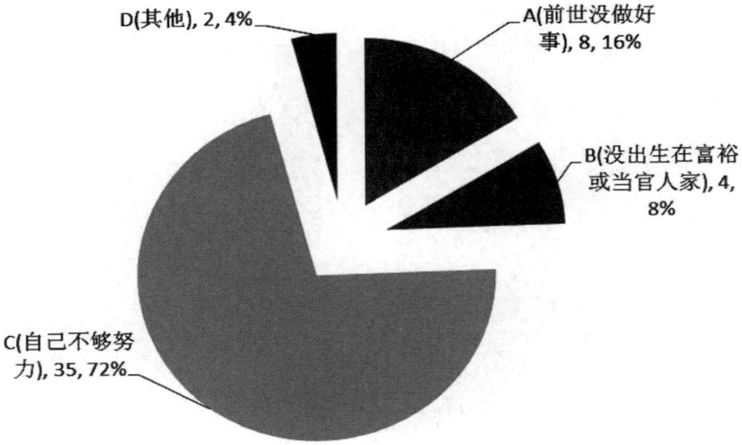

图 7　扎囊县松卡居委会被调查者对贫困成因的自我认识

3. 对贫困与宗教信仰、幸福的心理态度

49 户家庭中，认为一个贫困但对寺院投入时间金钱较多的人是不幸福的户数为 29 户，占被调查户数的 59%。认为一个贫困但对寺院投入时间金钱较多的人是幸福的户数为 19 户，占被调查户数的 39%。认为一个贫困但对寺院投入时间金钱较多的人是幸福与否依赖其投入时间财货多少的户数为 1 户，占被调查户数的 2%。其他选择为 0 户。如图 8 所示。

由此可见，被访谈农牧民对于现世生活与来世幸福之间，存在着权衡关系，既要追求现世物质利益，也要追求来世幸福。但是，对现世生活的追求相对来世来讲，其重要性更加突出，59% 被访农牧民认为那些对寺院投入大量财货时间而自己当世却深陷贫困的人并不幸福。但同时，认为幸福的比例也较高，占到 39%，甚至根据投入多少而判断是否幸福的情形也占到了 2%。

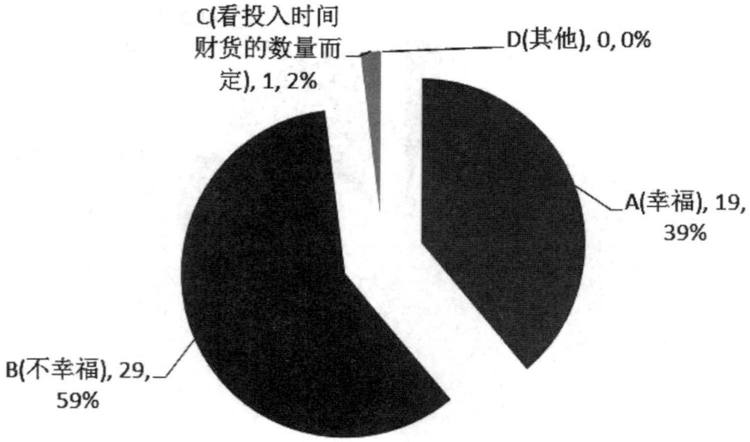

图 8　扎囊县松卡居委会被调查者对贫困、信仰与幸福间关系的心理态度

4. 脱贫责任的博弈

49 户家庭中，认为脱贫过程中自己更着急的户数为 27 户，占被调查户数的 55%。认为脱贫过程中干部应当更着急的户数为 22 户，占被调查户数的 45%。认为脱贫过程中干部和贫困户都着急的户数为 0 户，都不着急的户数为 0 户。如图 9 所示。

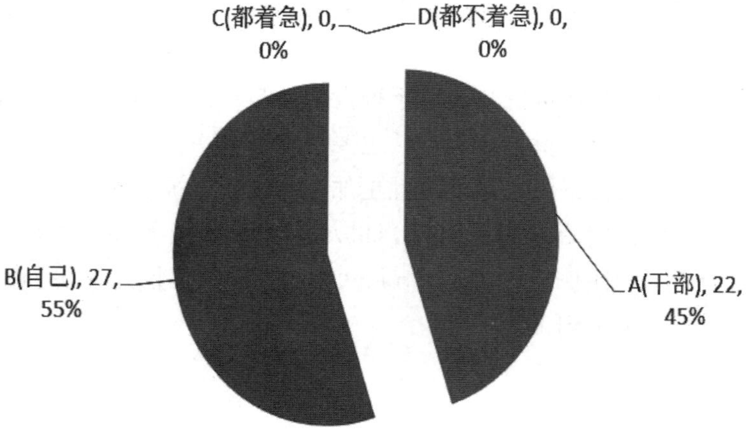

图 9　扎囊县松卡居委会被调查者寻脱贫责任的博弈

由此可见，对于脱贫责任的博弈过程中，农牧民认为政府与贫困户承担着共同的责任，尽管首先是自己承担更多责任，但是政府干部的脱贫责任也不少，达到45%。

5. 脱贫的主要渠道

49户家庭中，认为脱贫过程中靠自己努力是最好方式的户数为40户，占被调查户数的82%。认为脱贫最好方式是国家救济的户数为4户，占被调查户数的8%。认为脱贫最好方式是国家扶持就业的户数为3户，占被调查户数的6%。认为脱贫最好方式是国家贷款的户数为2户，占被调查户数的4%。如图10所示。

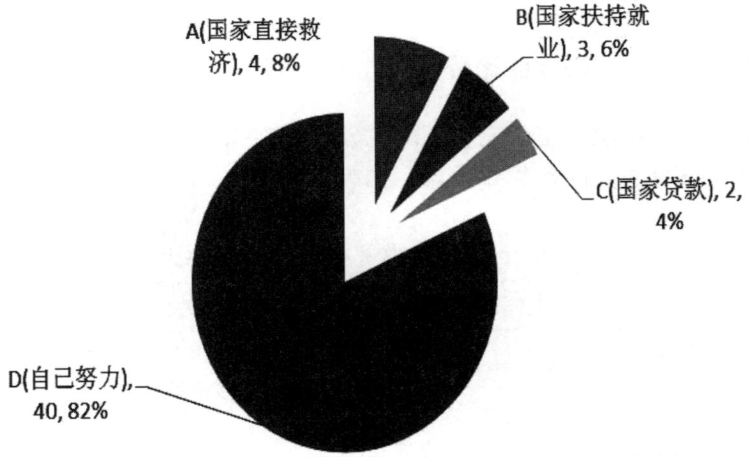

图10　扎囊县松卡居委会被调查者寻脱贫渠道方式

由此可见，自己努力是脱贫的最好方式，但同时也需要政府的支持。在政府支持中，直接救济相对于扶持就业和贷款更为重要，希望国家直接救济的为4户，扶持就业的为3户、国家贷款的为2户。

6. 脱贫主观能动性总体评价

综合被调查49户的选择，认为他们在脱贫主观能动性上具有如此特征：（1）对于贫困的主观心理态度上，认为身陷贫困并不体面而是令人惭愧，但是以贫困为荣的现象在被调查中没有出现。（2）对于贫困成因的主观心理认识上，72%的被调查者认为是自己不够努力造成的；但是归因于宗教上的前世原因、现世中的家庭出生原因仍较突出，合计占到24%。（3）对于贫困、宗教投入与幸福感关系上，过多地将时间财货投入到宗教上而身处贫困，并不为被调查者所追求，现世的幸福才是第一位的，达到被调查者的59%；但是将现世的时间财货投入到宗教之中而出现贫困，仍被认为是幸福的事，达到了39%。（4）对于脱贫的责任主体是谁，既有政府干部也有贫困家庭，但主要责任还是要靠自己；但是认为干部应当更多负责的高达45%。（5）对于脱贫的主要渠道方式，既需要自己努力，同时也对政府支持怀有诉求，自己做好农牧业和打工等努力方式，占到82%。同时，政府扶持就业、救济和贷款仍然需要，占到18%。

（四）两个调研点的比较

两个调研点脱贫主观能动性的比较，旨在指出农区与牧区在脱贫主观能动性方面的共同点和差异点。如表1所示。

表1　两个调研点脱贫主观能动性的比较

指标	共同点	差异点
对贫困的主观心理态度	以贫困为耻是主流	热卡努玛村以贫困为荣的达40%；而松卡居委会却不存在这种现象。
对贫困成因的主观认识	自己不够努力是造成贫困的主因	松卡居委会有16%的归因于前世,8%的归因于出生不好;而热卡努玛村则较少出现这种现象。
对贫困、宗教与幸福关系的认识	身处贫困而仍过多将时间财货投入宗教的人并不幸福,是主流认识。	松卡居委会有39%的认为那些贫困但热衷于宗教的人是幸福的;而热卡努玛村则不到15%。
对脱贫责任的政府与群众博弈	都认为脱贫责任的主要方是自己。	松卡居委会更了解政策,仍有45%的居民认为干部应当更着急;而热卡努玛村认为干部更着急的较少。
对脱贫主要渠道方式的选择	自己努力做农牧业打工经商是脱贫的主要渠道	松卡居委会较少依赖国家支持、希望直接救济也较少;而热卡努玛村则对国家诉求相对较多、且关注就业扶持。

综合来讲，两个村庄所有农牧民都认为：贫困是一件没面子的事，贫困的主因在于自己不够努力，过多将时间财货投到宗教上而陷入贫困是件不幸福的事，脱贫还是主要靠自己，自己努力的同时就业扶持是最重要的政府支持。

最大的不同点：一是宗教因素的影响，松卡居委员农牧民将贫困成因归为前世没做好事和家庭出生不好的达到24%，且39%的受调查者认为身处贫困但热衷投入时间财货到宗教的人仍然幸福；而热卡努玛村将贫困成因归于前世没做好事和家庭出生不好的只有5%，且认为贫困者投入时间财物到宗教上的人是幸福的只有15%。二是贫困的心理态度差异，热卡努玛村仍有40%的受访谈者认为戴上贫困帽但拿到3000元钱是一件高兴的事；而松卡居委会中没一人认为这是令人高兴的事。三是脱贫责任上政府与群众的博弈关系，松卡居委会认为干部应当着急的比例达到45%，远高于热卡努玛村。

概言之，相对于牧区的热卡努玛村，处于农区且紧临桑耶寺的松卡居委会农牧民在贫困及脱贫问题上，显得更受宗教影响、更知道与政府博弈。

五、提升贫困家庭脱贫主观能动性的政策建议

针对被调研家庭脱贫主观能动性的评估，结合贫困家庭脱贫主观能动性的影响因素及形成机制，提出提升西藏贫困家庭脱贫主观能动性的政策建议。

（一）弥补脱贫内在信念缺失

弥补贫困家庭脱贫内在信念缺失是贫困家庭脱贫的内在动力，是扶贫扶志的首要领域，从贫困家庭内心思想观念、世界观、人生观和幸福观上树立脱贫信念，引导理性宗教消费。具体可包括四个政策手段：第

一，帮扶教育。帮扶是由干部来结对，教育的内容则围绕贫困与前世的关系、贫困与来世的关系、贫困与家庭出身的关系、贫困与自己努力的关系。第二，树立典型。用周边的真实例子来激励贫困家庭，让他们亲眼看到并相信，同样是贫困，但通过自己努力就会脱贫致富。第三，外部刺激。组织贫困家庭到发达地区或相对发达地区考察参观，让他们切身体会外面的地区已脱贫致富，体会自己与外面的世界的差距。第四，防范风险。通过健全大病保险、生产领域的保险，降低生产生活中的不确定性风险，减少贫困家庭对寺院祈福而影响生产领域的投入和民生领域的改善投入。

（二）阻断脱贫的等靠要念想

如果说教育是政府对贫困家庭诲人不倦的劝导，那么阻断贫困家庭脱贫等靠要的念想，则需要政府让贫困家庭知道政府扶贫不是养懒人。具体包括两个政策手段：第一，扶贫方式为参与式扶贫。改变传统上救济式扶贫为主方式，除了针对老弱病残的兜底之外，扶贫以参与式为主，鼓励只有通过双手劳动才能获得政府支持。在扶贫项目设置时，结合当地劳动力数量、劳动技能，确定劳动密集型的产业项目。第二，建立退出机制。对于进入建档立卡系统、享受政府扶贫利益的贫困家庭，要求他们接受必要的技能培训和积极就业，对于那些只是吃喝玩乐的，取消其低保和贫困户资格。

（三）提升脱贫的成功概率

除了教育贫困家庭、劝诫贫困家庭之外，还要给贫困家庭以希望，即让他们有就业的机会、也有就业的能力。具体包括两类政策。第一，发展共享式经济。贫困家庭所有的基本上就是其劳动力，因此发展他们能参与的产业项目，如旅游业、农牧产品加工业等。同时，通过扶贫资金壮大集体经济，让贫困家庭除了打工之外还有一部分分红来源，提升扶贫资金的使用效率。第二，提升人力资本。贫困家庭中低学历、病残人群比例相对更高。因此，给与贫困家庭充分的医疗健康保障，保障同等的教育水平，提供更多的技能培训，让他们有能力、有信心到市场上去竞争和就业。

拉萨市城关区城镇贫困及城镇最低生活保障问题的研究

次仁央宗　杨晓纯

西藏民主改革尤其是改革开放以来，经济社会发展取得了前所未有的成就，西藏广大人民群众的生产生活水平得到了较大程度的提高。贫困问题特别是占西藏人口80%以上的农牧民贫困问题得到了党和政府的高度重视，采取一系列优惠政策帮助农牧民增收脱贫。进入21世纪以后，西藏城镇贫困现象日益引起人们关注，甚至可以说，在农牧区贫困人口大幅度减少的情况下，城镇贫困已经成为西藏贫困问题的更重要组成部分。值得注意的是，西藏城镇贫困问题有了新的背景条件，即经济社会持续高速发展，收入分配差距日益拉大，城镇贫困问题变得日益突出。2010年中央第5次西藏工作座谈会提出，以改善民生为出发点和落脚点，推进西藏跨越式发展的指导思想。在此背景下，我们针对拉萨市城关区城镇贫困及城镇低保救助问题进行了专项调研，并提出相关建议。

一、拉萨市城关区城镇贫困及救助现状

拉萨市城关区包括8个街道办事处、4个乡村，人口共计5万多人，其中城镇居民人口数量为3万多人，农村人口为1万多人。城关区领取最低生活保证补助的城镇人口数量为5000多人，农村低保数量1000多人，合计为7000多人。

从2010年调查情况来分析，拉萨市城关区城镇贫困主要呈现以下几个特点。首先，现阶段城镇贫困面比较大，调查的贫困发生率达到2位数的水平。其次，城镇贫困的地区分布趋势是城镇行政等级差异形成了城镇贫困分布差异，而且，城镇行政等级差异造成的贫困分布差异比地区差异更为突出。第三，与非贫困人口相比，城镇贫困人口在家庭人力资源、经济资源、社会结构地位和社会资本占有状况等方面都处于劣势，在经济市场化的过程中也处于不利境地。第四，城镇贫困是一个非常复杂的问题，至少在现阶段，市场化过程不是减少贫困，而是引发更多的贫困，这既是市场化过程中分配机制不完善使然，也是市场化所需配套制度建设不完善的结果，例如，在社会保障方面，城镇贫困人口在相当程度上受到排斥。

2010年10月，拉萨市城关区对城镇低收入人口全面实施扶贫政策，结合城关区实际，按人均年收入低于2700元扶贫标准、2300元以下低保标准，将贫困居民分为生产困难型、能力缺乏型、环境恶劣型和身体残疾型四种类型，实施到户扶持政策。具体救助措施，包括对于低保户享受每人每月不高于360元的国家最低生活保障标准，月人均差额补助240元。低保边缘户，则由民政局或相关居委会根据其人口结构、劳动能力等条件进行动态管理、差额补贴，每人每月360元—650元不等。对于由于患病就医造成的特困户，享受国家差额补贴每人每月360元。对于城镇贫困居民的社会医疗保险，实行大病享受不超过6万元的补贴，一般为3万—6万元，平时小病补贴则必须先经民政部门审核。

政府的扶贫政策和措施对于消除贫困、提高贫困居民的生活水平起到了雪中送炭的关键作用。但是随着市场经济的发展，物价飞涨，生活成本增加，现有的社会保障措施还远远不能满足广大贫困居民的需求。例如，糌粑、酥油以及牛羊肉是藏民族生活的主要食物。物价的飞涨，造成了城镇居民买不起酥油、吃不起牛羊肉的现象。2000年的酥油每斤13元，到2012年涨到20元—25元。糌粑涨到每斤2.5元。牛羊肉价格也由去年的15元—20元涨到28元，普通群众纷纷感叹今年肉价之贵以前从未有过。这样飞涨的物价，使很多普通城市居民感到难以接受，更何况身处低保户的群体。他们算了一笔账，每月360元的低保补助，就算是只喝最简单的茯砖茶而不喝酥油茶，都不够一个人一个月的最低生活开支。因此，低保补助金额太低已成为广大贫困居民反映最突出的问题。

此外，许多贫困居民最为关注的是就业问题。（1）拉萨乃至西藏从今年初开始进行西藏籍应届大学毕业生全就业，但就业面狭窄，大量外来人口补充到拉萨劳务市场，对城市贫困人口群的就业形成了巨大的压力；（2）地方政府劳动社会保障部门不能创造再就业机会，受调查者中只有极少数人得到了再就业救助；（3）待业与失业人口文化程度普遍很低，劳动技能水平差，就业观念落后，缺乏敬业精神，这种现象成了再就业最大的阻力；（4）受调查的女性失业和待业的主要原因是充当家庭主妇角色，在家中照顾丈夫、小孩和残疾人；（5）西藏城镇社会服务体系尚未健全，贫困人口主要靠卖青稞酒、蹬三轮、做清洁和搬运工人、出租房屋、做点小生意等来艰难地维持生计。拉萨戏说：孕妇分娩后，人们不问孩子的性别，直接说是保安还是保姆？拉三轮还是清洁工？为此，这些弱势人群应当尽快引起政府和社会的高度关注。

调查对象中的一对夫妇，年龄在40岁左右，双方都具有劳动能力，但是一无资金做生意，二无文化去找工作，夫妻都没有生活来源，只能沦落为城市无业居民，靠领取低保过生活。还有的贫困家庭尽全力供孩子上大学，期望孩子毕业工作后能够帮助家庭摆脱贫困，但是这些孩子毕业后却一直找不到工作。虽然有关部门为贫困家庭子女安排了一些公益性岗位，如保安、交通协管员、环卫工人、为社区老人服务、为社区服务等，每个月有不超过900元的收入，有效地帮助一部分贫困家庭增加收入。但是，这些公益性岗位的数量有限，收入相较于其他职业来说还是很少，对于真正帮助贫困家庭脱贫还是杯水车薪，所以，一些有选择的贫困子女也不愿意接受这样的工作。前几年，城关区一些居委会为有劳动能力的贫困人口提供了拉人力三轮车、看厕所等岗位，但是很多贫困人口不愿意到街上去拉车，而是把三轮车租给外地人，自己坐收租金。看厕所的工作也因为现在如厕免费而进展不下去了。

二、拉萨市城关区城镇贫困成因分析

（一）历史性原因

从分析拉萨市城镇居民家庭恩格尔系数得出，拉萨市城镇中等收入及以下户居民的消费性支出费用比重大。这说明一方面国家所制定的各种对农副产品支持价格政策和西藏农副产品的高边际成本等，会直接影响到拉萨城镇居民的消费，加大城镇居民在食品消费中的支出；另一方面拉萨城镇居民家庭长期在生存生活水平和温饱生活水平间徘徊。20世纪90年代中后期，拉萨城镇居民的贫富差距逐渐在拉大，越来越多的城镇贫困居民支出费用不足，食品消费量少质差，抵御风险能力差，陷入了贫困的恶性循环。

（二）阶层性原因

（1）政府为城镇贫困居民的食品、营养、住房、教育、医疗、就业、养老等方面提供社会保障力度偏小。除部分街道小区能为少数失业或待业贫困人口提供再就业机会外，政府再就业保障体系尚待健全。贫困人口的消费补贴，如房租补贴、副食品价格补贴、取暖补贴、水电气补贴、生活困难补助等“明补”金额极小或无。（2）失业或待业人口普遍缺乏择业精神，宁愿坐等政府救济，不愿去尝试做脏、累、苦的差事。面对市场竞争，外地打工族和本地市待业职工的心态反差明显，一个是背水而战求生存，一个是背靠国家等饭吃；一个是适应社会需求拾遗补缺勤劳致富，一个是顾面子宁愿受穷也不干活。（3）由于适应不了市场竞争，西藏商业、水泥厂、皮革厂等产品结构单一的企业严重亏损，处于倒闭、半倒闭状态，企业吸纳就业能力差，隐性失业人员增加，仅能获得基本生活保障收入，而且行业发展水平的差异导致某些行业职工最低工资也难以保证。

（三）家庭性原因

拉萨市城关区城镇贫困家庭往往就业人口少，就业者在非全民所有制单位工作，工资低，福利少；家庭成员文化程度低，大多数从事体力劳动或没有固定的职业，他们不但从市场分配中获得的收入少于其他人，而且从政府分配中获得的收入也少于其他人，他们同时受到市场和政府的双重忽视。

拉萨市城关区城镇贫困人口的这些特征，就是造成他们贫困的原因。他们的社会地位比较低、资金少、生活不稳定，同时福利差，如分不到住房或者分到的住房条件差，所在居住区卫生不好，治安较乱，没有初级公费医疗或者单位无力报销医药费等等。所有这些因素，导致很多贫困家庭无法摆脱贫困状态，形成恶性循环。

三、相关建议

鉴于拉萨市城关区城镇贫困及救助问题的重要性，我们提出以下建议，希望得到中央及西藏自治区相关部门的重视。

（一）建立西藏“反贫困”领域的管理体制。西藏政府“反贫困”工作中的当务之急是：1. 制定符合西藏当前情况的城镇贫困线；2. 建立一个独立和客观的反贫困管理、监督制度。

（二）为贫困人口提供就业机会，使他们能够依靠自己的劳动解决自己的温饱问题。我们建议，首先，加速城镇化进程，实施劳动密集型的产业发展模式，为城镇的贫困人口提供获得就业收入的机会，也为大量来自农牧区的民工或移民提供获得收入的机会，有利于减轻农村和城镇贫困。其次，政府机关实行“消肿”计划，事业单位精简“吃皇粮”人员，促进国有企业尽快转制，为应届大学毕业生提供有吸引力的岗位。第三，针对西藏区域性劳动力结构特征（包括农村劳动力），以解决当地城镇和农牧区富余人员的就业问题为根本，建立西藏统一的劳动力市场。最后，对贫困人口进行信贷支持，投入的力度一定要达到足以解决贫困户改善其生产条件的水平，资金来源除国家财政和银行扶持贷款外，也应积极引入社会各界捐赠投入扶贫。

（三）为贫困人口提供基本的社会服务，特别是初等教育、职业培训、初级医疗保健和计划生育服务，通过提高贫困人口的劳动力素质，进而提高他们利用经济机会、竞争就业上岗的能力。

（四）进一步健全社会保障体系，使生产困难型、能力缺乏型、环境恶劣型和身体残疾型四种类型贫困人口的基本需求得到保证。

1. 进一步健全城市居民最低生活保障制度的管理体制。首先，保障标准制度因地因时而异，应根据城关区的特殊地理位置与各阶段发展新情况动态调整保障标准；应考虑居民吃、穿的需要，兼顾住（廉租房）、医、交通、教育的需要；应考虑本地物价水平、社会生产力发展水平和财政承受能力，按照就低不就高的原则，确定符合城关区城镇居民实际的保障标准。其次，必须使管理部门的行政职能和经济职能相分离，明确职责，实行行政管理机构、经办机构、监督机构三个层次组成的分级管理体制。再者，实施以社会管理为主、社区和单位管理为补充的多层管理体系。

2. 将对城镇居民的食品“暗补”改为“明补”，并随物价涨幅进一步提高城镇贫困人口社会救济各项补贴的额度。阶段西藏政府对城市居民的食品“暗补”方式，倒成了给有钱买粮吃的人给予食品补贴，不仅补粮食，还补菜和鱼肉蛋，而没钱买粮吃的人，则要自己去想办法。应将这种普遍的食品补贴方式转变为向贫困人口群体的食品“明补”，直接提高他们食品供给水平和食品营养水平，使大多数贫困人口免于饥饿。今年西藏基本生活资料物价飞涨，原有补贴金额已远不能满足需求，因此，我们建议包括对西藏城镇贫困人口的食品价格补贴、配给食品补贴和补充性食品补贴等，都应随着物价涨幅进一步提高。

3. 进一步完善城镇贫困人口社会保障体系中社会保险的主要内容，包括提供老年养老退休保险、失业保险、初级医疗保险，保证残疾人和失去劳动力贫困户的基本需求得到满足。西藏城镇贫困人口社会保险可由国家办的社会保险、地方办的互助性保险及企业的保险福利措施相结合。

西藏那曲地区牧民能源贫困研究*

杨　涛

西藏自治区作为国家生态安全屏障，其生态环境保护意义重大。生活能源的生产与消费都会对生态环境产生影响。因此，关注农牧民生活能源消费，不仅对于改善民生具有推进作用，而且对于当地生态环境保护也意义重大。

一、研究问题的提出

能源作为人类生存和发展的重要物质基础，攸关国计民生和国家生态安全，是一项最为重要的基本公共服务。因此，中央和西藏自治区对能源进行了巨大投入，经过多年建设，尤其是2012年“金太阳工程”的实施，西藏农牧民生活能源消费有了极大改善，用电人口覆盖率达到100%。① 但是，用电人口覆盖率的提升只是农牧民生活能源消费质量的一个方面，而不是全部，还有其他重要方面，尤其是能否用得起电、电力可靠性如何？

* 本文原载于《中国藏学》2015年第1期。

① 《西藏的发展与进步》白皮书，2012年。

因此，为了更加深入地分析和评价西藏农牧民生活能源消费水平，我们从能源贫困角度来展开研究，着眼于西藏农牧民能源贫困程度的判断，以及能源贫困的缓解措施。

二、能源贫困的判断指标

能源贫困概念源于1982年英国燃料使用权运动，认为能源贫困是无力维持足够温暖的家。随着更多关注转向发展中国家，能源贫困概念被赋予了新的含义。

国际能源署认为能源贫困人群的特征，是在炊事方面主要依靠传统生物质能或无法获取和使用电力，其中传统生物质能包括薪柴、秸秆、稻草、稻壳及其他农业生产的废弃物和畜禽粪便等。联合国开发计划署认为，能源贫困是不能自主选择安全、可靠、高质量、保护环境的能源服务，为家庭和个人提供能源无法支持该地区的经济和社会发展。① 丁士军、陈传波认为“能源贫困”和“时间贫困”是伴生的。能源贫困是指穷人无法接近或者购买改进的能源，或者即使他们负担得起能源的使用费，却支付不起使用能源的设备，如电视、拖拉机等；时间贫困指的是由于人们主要使用生物质能源，获得能源的时间花费大而且能源的使用效率低，以至于他们的时间不能用于从事创造收入的经济活动。②

综合上述国内外研究成果，我们建立评价农牧民能源贫困的三个判断指标：支出指标、能量指标和时间指标。支出指标是农牧民生活中花在能源上的支出情况；能量指标是针对农牧民生活中使用能源的实物情况或能量情况；时间指标是针对农牧民生活中采集和运输能源的时间花费情况。

---

① 罗国亮：《国外能源贫困文献综述》，《华北电力大学学报（社会科学版）》，2012年第4期，第12—16页。

② 丁士军、陈传波：《贫困农户的能源使用及其对缓解贫困的影响》，《中国农村经济》2002年第12期，第27—32页。

三、西藏那曲地区牧民能源贫困分析

目前涉及西藏的公开统计资料中没有对能源进行系统统计，对生活能源消费的统计就更是几乎处于空白。因此，为了分析西藏那曲地区农牧民能源贫困情况，我们只能依托于一手的村庄调研数据，在西藏那曲地区进行了问卷调查。

（一）调研村庄的选择

能源消费理论表明，影响居民生活能源消费的主要因素是收入、能源设施可得性和消费习惯等因素。因此，结合那曲地区东西差异大、虫草丰富的特点，最终选择四个村庄作为问卷地点，如图1所示。

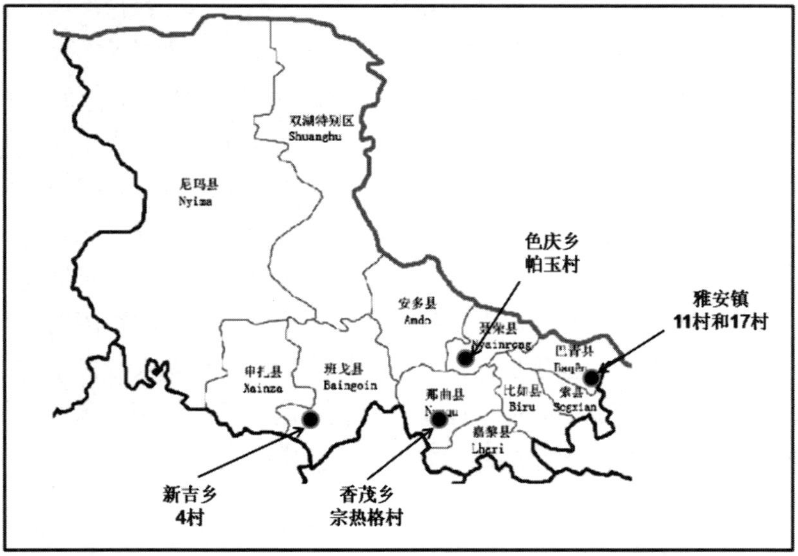

图1　调研县和村庄的空间分布

四个村庄分别是：巴青县的雅安镇11村和17村、聂荣县的色庆乡帕玉村、班戈县的新吉乡4村。这四个村庄各具特色。

雅安镇地处巴青县东部，平均海拔4200米，气候湿润，有丰富的虫草、石材、林木等自然资源。雅安镇17村位于镇政府所在地附近。2011年共有47户、189人；有大车5辆、小车3辆、摩托车44辆；主要收入来源为牧业以及少量虫草，其中牛1011头、马19头、虫草12.53公斤。雅安镇11村位于镇政府西北方向约29公里处。2011年全村总户数35户、228人；有4台东风车、14辆小轿车、49辆摩托车；主要收入来源为牧业以及虫草，其中980头牦牛、40匹马、虫草103.6公斤。

新吉乡位于县境南部，距县城160公里。平均海拔5200米，人口密度低。4村位于新吉乡西北方向，距离乡政府20多公里。2011年共有74户、301人；大牲畜7483头，其中牦牛1649头、绵羊4178只、山羊1625只、马11只；主要收入来源是畜牧业。

色庆乡位于县城西南部，居于县城和行署所在地那曲镇之间，距离聂荣县城17公里，距离那曲镇80公里；海拔4800米，是纯牧业乡。帕玉村位于色庆乡的南部，是色庆乡的28村。2011年共有20户、94人；主要收入来源为牧业和外出务工收入。2013年底，全村总收入达到70.54万元，人均现金收入达7926元，人均纯收入达到10144.7元。帕玉村是1994年5月由色庆乡最贫困的18户牧户搬迁到帕玉扶贫点建起来的。因此，人均草场和牲畜面积相对较少，但是政府对帕玉村的支持力度大，对口援藏资金也多些。

我们对上述四个村庄的村干部以及75户进行了访谈和问卷，其中有效问卷67户，分别是雅安镇11村16户、17村18户，色庆乡帕玉村12户，新吉乡4村21户。

（二）四个村庄的支出结构

四个村庄问卷调查数据显示，他们生活能源消费支出比例情况如图2所示。

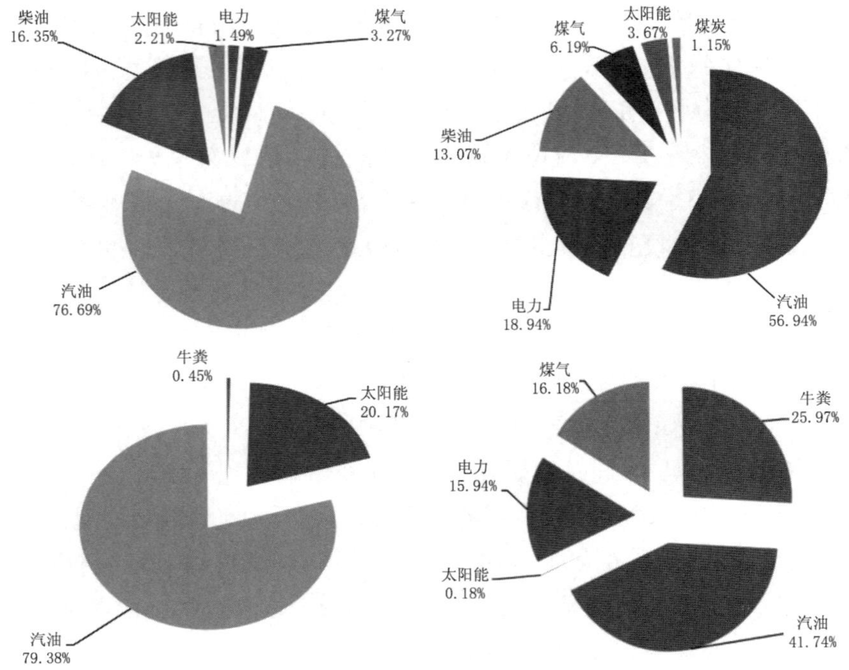

图 2　四个村庄生活能源消费支出比例结构

（上左为 11 村、上右为 17 村、下左为 4 村、下右为 28 村）

四个村庄生活能源消费支出结构中，汽油占据支出的主导，而电力不占主导并且差别显著。四个村庄中只有雅安镇 11 村和色庆乡 28 村有电网线，而雅安镇 17 村和新吉乡 4 村没有电网线，因此电网覆盖率只有 50%。

（三）四个村庄的能量结构

上述四个村庄问卷调查结果显示，他们生活能源消费的能量比例情况，如图 3 所示。

四个村庄生活能源消费能量结构中，牛粪都占据生活能源消费支出的主导，尤其是班戈县新吉乡 4 村和聂荣县色庆乡 28 村，更是达到 90% 以上。电力在四个村庄中提供的能量不到生活能源消费总量的 10%。

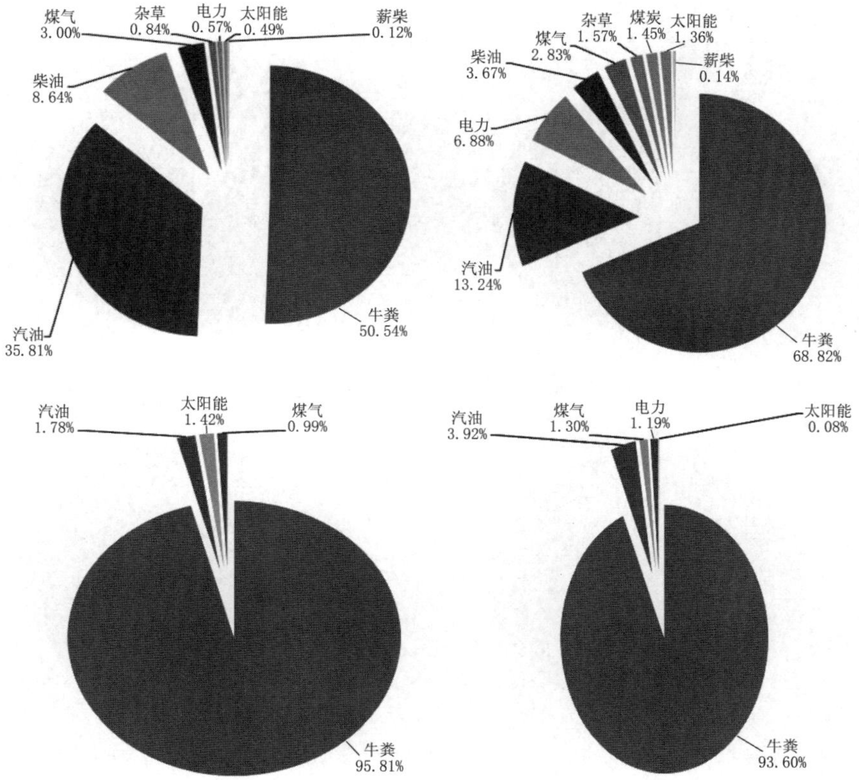

图 3　四个村庄生活能源消费的能量比例结构

（上左为 11 村、上右为 17 村、下左为 4 村、下右为 28 村）

（四）四个村庄的时间结构

四个村庄问卷调查结果显示，他们生活能源的时间花费比例如图 4 所示。

在四个村庄农牧民生活能源采集与运输时间的结构比例中，牛粪都占据花费时间的主导地位，达到 90% 左右及以上。尤其是班戈县新吉乡 4 村和聂荣县色庆乡 28 村，更是达到 95% 以上。

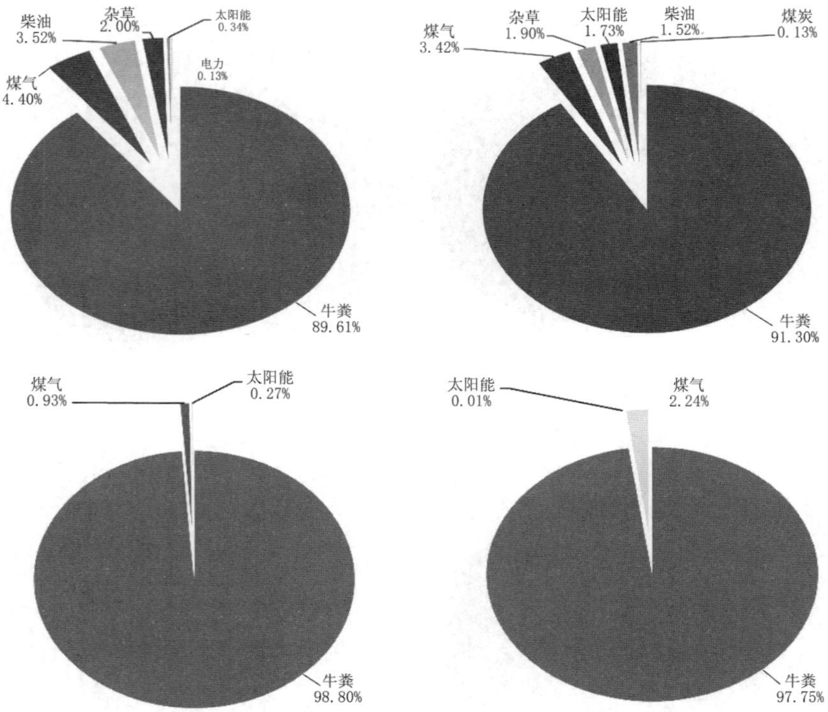

图4　新吉乡4村和色庆乡28村生活能源消费时间结构（左为4村、右为28村）
（上左为11村、上右为17村、下左为4村、下右为28村）

（五）四个村庄的能源总量

生活能源消费支出总量与能量总量密切相关，但又不完全一致，尤其是在那曲地区大量使用非市场化能源牛粪的情况下，更是如此。在那曲地区，牛粪提供了大量生活能量，但却占据较少的支出，个别地区甚至不占用支出。4个村庄生活能源消费支出总量，如表1所示。

表 1　调研 4 个村庄生活能源消费总量（2011）

村庄名称	户均(千克标煤)	人均(千克标煤)
巴青县雅安镇 11 村	6742	1037
巴青县雅安镇 17 村	2729	682
班戈县新吉乡 4 村	2976	729
聂荣县色庆乡 28 村	3623	771

从绝对能源贫困讲，四个调研村庄都不存在能源绝对贫困。那曲地区地广人稀，牲畜数量相对较多，大量的牛粪提供了保持做饭、热水和取暖的基本生活能源需求。从 2011 年四个村庄调研结果来看，人均生活能源消费能量为 820 千克标煤，高于全国水平（约为 200 千克标煤）和许多发达地区（如浙江约为 300 千克标煤）。

综合来讲，无论采用哪种能源贫困的计量方式，都可以得到如此判断：那曲地区能源绝对贫困现象较少，而能源相对贫困较多。

四、缓解农牧民能源贫困的政策建议

西藏那曲地区缓解能源贫困的出路就是要实现农牧民生活能源消费升级，实现社会、环境和经济综合利益的最大化。那曲农牧民生活能源消费升级的总体目标是：推进电网向农牧区的建设与延伸，推进煤气（液化气）销售网络向县乡的延伸，提高太阳能的应用范围和使用效率，提高牛粪用能工具的效率，加强对农牧民用能观念的引导和技术服务，逐步实现农牧民生活能源结构向清洁化、优质化和电气化转变，形成一条符合牧区实际的牛粪资源替代与互补并存的生活能源消费升级模式，消除能源贫困。

（一）定居模式差异化战略

定居过程可以影响到就业与收入增长、影响到能源可得性、影响到农牧民生活能源消费偏好。因此，应根据那曲地区不同区域情况，实施定居模式的差异化战略，以促进生活能源消费升级。对于那曲地区虫草产区，定居模式采用迁移定居于拉萨、那曲的模式，从而更加接近电力、煤气等现代能源设施，实现生活能源消费跨越式升级，缓解能源贫困，降低能源使用成本。在此过程中，针对牧民期望，为其提供住房购买、小孩上学、医疗等领域的便利政策。对于那曲地区中西部等非虫草产区，定居模式则可以采用就地集中、小聚居模式，从而为接通电力网、采用较大规模的集中式太阳能光伏发电，降低平均成本。把生活在偏僻的、能源资源匮乏的农牧区群众集中安置到资源条件较好的小城镇，这样有利于政府对能源基础设施的合理规划与建设，便于各种能源资源的合理配置和调整。①

（二）农牧民收入增长战略

收入是影响农牧民生活能源消费支付能力的决定性因素，尤其是现金性收入，因此通过增加农牧民收入，将为生活能源消费升级提供收入支持。2012 年，那曲地区农牧民人均纯收入构成中，工资性收入占 1.27%，在西藏自治区七地市中比重最低，反过来其家庭经营性收入比重就成为七地市中最高的，达到了 87.00%。而财产转移性收入也是七地市中最低的。工资性收入主要是农牧民到城镇中打工挣得的，在打工过程中农牧民了解感受到城镇生活能源消费方式，受到城镇其他人示范效应的影响，从而改变和提升其生活能源消费偏好。但是，那曲地区工资性收入比例非常低，表明他们与城镇交流、感受其影响的机会少。

因此，那曲地区实施农牧民收入增长战略，除了继续加大和完善中央和对口援助资金的利用之外，还需要从两个方面入手，增加他们的收入增长。首先，促进那曲地区农牧民工资性收入的增长。可以通过组织各种劳务输出机构和提供各种劳务信息，为农牧民流动到拉萨和其他地市打工创造条件，争取更多收益。也可以在那曲地区的建设工程项目中，为农牧民就业打工设置一些有益条款，尤其是劳动力技能要求低的

① 李为虎、达瓦：《西藏农村能源可持续发展面临的问题与对策》，《能源研究与信息》2008 年第 4 期，第 193—196 页。

环节，例如建筑、修路等。其次，促进那曲地区农牧民家庭经营性收入的增长。家庭经营性收入发生的地点可以是乡村，例如乡村藏家乐、小卖店；也可以是城镇，例如藏茶馆。从我们调研的情况来看，目前那曲地区农牧民家庭经营性活动的地点基本上处于乡村，且以畜牧养殖为主；而第二三产业家庭经营性活动较少。因此，促进那曲地区农牧民家庭经营性收入的增长应当放在畜牧业领域，形成养殖、销售、加工的产业链，并组织壮大农牧民经济合作组织，增强议价能力。将经济合作组合从结构松散整合成为产权清晰、责权明确的经济实体，加强带头人的核心作用。

（三）电力供给可靠性战略

电力服务有两个重要指标：可获取性和可靠性。前者指是否能接通电力，可以用通电率指标来衡量；后者指供电系统持续供电的能力，可以用供电可靠率、用户平均停电时间、用户平均停电次数等指标来衡量。在那曲地区，电力在牛粪替代和缓解能源贫困中处于核心地位，目前那曲地区电力提供方式已多样化，包括电网电力、风光互补发电、小水电和户用光伏发电设备等。经过多年努力，那曲地区电力实现行政村通电率100%。可以说，从通电率来讲，电力可获得性已显著提升。

但是，从电力可靠性来讲，我们调研发现，那曲电力可靠性对农牧民电力消费质量的影响已日益突出，相对于全国来比较，差距甚远。2011 年，全国城市（市中心 + 市区）10 千伏用户平均供电可靠率为 99.95%，相当于同级用户年平均停电时间为 4.79 小时；2011 年全国农村 10 千伏用户供电可靠率为 99.79%，相当于农村用户的年平均停电时间为 18.43 小时。而调研中接通藏中电网的聂荣县色庆乡 28 村，2012 年停电时间超过 20 天；接通小水电的巴青县雅安镇 17 村，2012 年停电时间一次就在 10 多天的现象经常发生。这种电力可靠性差的现象，也为其他研究西藏能源的学者所关注到。

因此，为快速而稳固地推进生活能源消费升级，应当在扩大通电率的同时，更加关注电力可靠性，实施电力供给可靠性提升战略，尤其是推进电力供给的网络化。国外研究表明，巴西农村的电气化带来了显著的能源贫困的减少和能源公平的提升。① 大型网络的电力供给，可以通过各个地方电力的调度，实现能源互补调节，提高电力稳定性。因此，电网建设的重点是利用青藏直流工程机会，通过主电网延伸方式，将更多县乡接通到藏中电网，推进班戈、嘉黎、索县、巴青、比如五县藏中电网并网；并论证和规划好尼玛、申扎等县接入电网事宜。推进电网向重点乡镇延伸。

（四）煤气销售乡村化战略

煤气（液化气）成为替代牛粪的重要能源，除了在传统的餐饮环节之外，尤其是在繁忙的季节和夏天，甚至取暖环节也出现了替代。例如一些富裕家庭使用燃气取暖器来替代传统的牛粪灶取暖。煤气消费虽然并不是每个那曲地区农牧民都能消费承担得起的，但是虫草产区的东三县和各县较富裕的家庭还是承担得起的。我们对那曲地区东中西不同村庄的调研中，发现煤气的使用户数和数量在不断增长。由于煤气的罐装通常是在地区和县城，因此就会产生价格不菲、时间不少的运输成本。如果运输是一家一户来进行，那么对于那些地处偏远、交通不便的农牧民来说是一种较大限制。如果能实现煤气从县城到乡村的规模化运输和销售，那么农牧民对煤气的消费需求将会显著提高。我们在班戈县新吉乡 4 村的调研中了解到，农牧民希望煤气罐运输能更方便些，能在乡上实现煤气交换（将无气的瓶子与有气的瓶子交换，并支付差价）。

因此，实施煤气销售乡村化战略，借助既有商务部的乡村销售网络，对其煤气销售交换进行补贴，推动煤气运输销售的规模化，推动煤气对使用餐饮、取暖等功能中牛粪的部分替代，缓解能源贫困。这也是与国内其他一些研究成果所显示的，推动煤气在农村的更高程度使用有益于薪柴能源替代的结论相通。②

① Marcio Giannini Pereira, Marcos Aure lio Vasconcelos Freitas, Neilton Fidelisda Silva. The challenge of energy poverty: Brazilian case study. Energy Policy 2011 (39): 167-175.

② 宗刚：《西藏农村传统生活能源替代研究》，中国藏学出版社，2013 年。

（五）可再生能源高效化战略

国内外经验表明，开发和利用农村可再生能源，成为推动农村生活能源消费升级的重要战略。那曲地区农牧区可再生能源丰富，尤其是太阳能和生物质能牛粪。但是从调研情况来看，目前农村地区太阳能和牛粪资源的利用存在着低效率的情况。太阳灶在那曲地区推广多年，先后有阳光计划、科技之光、送电到乡、金太阳、薪柴能源替代等工程，但是调研村庄中使用太阳灶的数量极其有限。牛粪在那曲地区整体上不适合用作沼气。户用光伏发电设备在维护上也面临着人员不足的问题，出现一旦损坏就丢弃的现象。国外在对非洲加纳太阳能光伏发电能源进行研究后，指出光伏发电除了发电环节之外，传输环节也对于缓解农村生活能源非常重要。①

因此，要使可再生能源在那曲地区得到更好的利用，为农牧民采纳接受，就有必要进一步提升可再生能源的效率，包括热转化效率更高、维护效率更高等两个重要方面。重点建设太阳能房和培训太阳能光伏设备的维护人员。

（六）能源项目示范引导战略

农牧民属于风险规避类型的居多。② 因此，对于农村能源的新技术、新应用具有天生的防范心理。再加上那曲中西部地区许多村庄交通不便、电视不通等因素制约，许多农牧民对于能源新技术和应用不甚了解。因此，政府应通过自己的资金或者引入外部资金，在农牧区建立能源项目、产生示范效应，从而引导农牧民生活能源消费偏好的改变和提升。从调研中了解到，班戈县新吉乡 4 村的能源项目就起到了较好的示范引导作用，通过向农牧民发放 2 瓶煤气罐，使村中一些较富裕的牧民产生了以后自己购买煤气的想法。巴青县雅安镇 17 村太阳房的修建在村中较多，也是受益于村中安居工程中对太阳房修建的补贴、示范和引导。

① George Y. Obeng. Solar photovoltaic electrification and rural energy-poverty in Ghana. Energy for Sustainable Development. 2008（1）.

② 弗兰克·艾利思：《农民经济学》，上海：上海人民出版社，2006 年。

关于推进西藏农区耕地集中平整的思考*

李　健

西藏农牧区的耕地与草场从20世纪80年代确立“三个长期不变”政策以来，一直没有大的变化。长期不变政策使农村耕地长期保持稳定，对农业发展起到了巨大的推动作用。但随着农业机械化的不断推进，西藏农村高度碎片化的耕地已经完全无法适应现代农业的发展。耕地碎片化、耕地边界固化和农村土地使用权流转的严重滞后，导致西藏农户的农业机械无法充分发挥作用，大量闲置，相当部分耕种作业仍然不得不使用二牛抬杠的古老做法。

2014年5月，据中国藏学研究中心社会经济研究所课题组在日喀则地区白朗县农区的调研发现，白朗县虽然被定为国家级农业机械化示范区，其北部4乡镇也是广阔连片的平坦耕地，但因为耕地的高度碎片化，极大地限制了大型农业机械的作业。如下所示：

白朗县巴扎乡彭仓村普穷家有耕地48亩，但分成了25块，最大的耕地6亩，最小的只有0.5亩，其他的为1—5亩，全村都是这样。自家耕地每块面积小，太分散，春天时都用马耕地，小四轮适合面积大的耕地，没法用机械。

嘎东镇马义村拉觉家，有耕地18亩，分成18块，最大的3亩，中

* 本文是2014年赴西藏白朗县调研时完成，数据和访谈资料均来自调研。

等的2.2亩，最小的半亩，都不相连，拉觉非常愿意把耕地弄到一起，方便耕种。

嘎东镇马义村攒吉家有40亩地，最大的7亩地有2块，4亩的2块，3亩的4块，最小的1亩，到处都有，有的距离很远。地块小的不敢用拖拉机，怕弄到别人的地里起纠纷，希望整到一块，用机械化很快就弄完了。

在中南部的玛乡，情况就更严重：

玛乡索康村白日家，只有13亩耕地，分成12块，最大的一块2亩，最小的只有100平方米，大多地块只有1亩。地块小只能用牛耕种，机械转都转不过来，从来没用过县里农机公司的农机服务。

洛江镇宗下村边巴书记对耕地碎片化问题进行了解释：

以前一个村里不同片区的耕地质量差异大，也没有化肥。80年代分地的时候，每个片区都要按人头分给每户，所以分得很细。现在用化肥，耕地产量都一样，老百姓也不担心耕地好坏，希望耕地弄成连片的。现在农田面积太小，全部用机械比较困难，这一片那一片，村民耕种起来也辛苦。

日喀则珠峰农机公司负责人也说：

因为农户的农田地块太小，大型收割机进去一来回就弄完了，又得换地块，绕来绕去，花在路费上的成本很高。

事实上，白朗县已经开始了使耕地集中连片的土地平整工作试点。白朗县农牧局副局长嘎多亲自参与并负责了试点工作。嘎多局长介绍：

2012年白朗县拿到了国家现代农业青稞生产示范基地的项目，2013年初在嘎东镇拉玉村率先启动。项目主要实施灌溉水渠修建、机耕道修建、客土客沙改良和土地平整四项工作。2013年5月春播前，拉玉村成为全日喀则地区第一个完成耕地集中连片的村。拉玉村人均7.5亩耕地，以前每家平均有25块耕地，平整完之后每家只有4块，大大减少了农机作业时的绕道，现在机械作业方便得多。不连片机械化很难操作，易起纠纷。土地集中连片的难点是，一要保证耕地面积测量准确，公平公正，我们先用GPS测量，村民自己再测，拉玉村光测量就用了一个多月，测完后村民签字画押。二是要让耕地质量平均化，先把耕地表层熟土收集起来，土地平整后再平均覆盖，这样老百姓没意见。这两个做不好，群众会有阻力，对老百姓强加不行，要在政府引导基础上通过示范推行。拉玉村的做法效果好，推广价值大。同时资金投入也大，包括修水渠和土质改良等，平整一亩耕地平均要1000元成本，没有政府的大量投入做不了。

以上案例显示，日喀则地区耕地碎片化情况非常严重，极大地限制了现代农业机械的推广使用，其他地市也不同程度存在类似情况。党的十八届三中全会决定要求推进全面深化改革。西藏现代农业的发展，也应从改革传统耕作制度入手。

首先，需全面总结白朗县土地集中平整的成功试点经验，在此基础上，将土地平整的做法向江孜平原、山南雅砻河谷和拉萨周边县等条件较好的粮食主产区推广。在每个主产区，先选择合适的行政村进行耕地集中平整试点，通过试点的成功示范效应，带动周边地区共同推进。其次，全面提高大型农业机械在耕地、播种和收割方面的作业率，大大缩短春播和秋收时的农忙时间，将节约出的大量农业劳动力，向非农领域转移，通过调整就业结构，从根本上增加农民现金收入。第三，在耕地实现集中连片平整的地区，进一步先行先试，推动农区耕作制度改革。主要方向是，在农村耕地确权颁证和耕地质量平均化的前提下，进一步虚化农户间的耕地实际边界，实现集中连片耕地的规模化经营和机械化作业，收获物按照每家的耕地亩数计算。在目前耕地无法流转的情况下，逐步探索实现大农场式的现代农业经营模式，消除小农经营的弊端。

推进农区耕地集中连片与土地平整需注意以下四点：一是积极稳妥推进。耕地是西藏农民最主要的收入来源保障，调整耕地与改革经营模式一定要尊重农民意愿，积极与群众沟通，通过示范让群众看到土地平整的好处。二是要因地制宜。西藏地形复杂，各地差异大，应根据不同地域耕地的现状，分类推进，避免一刀切。三是土地平整应与农田水利建设、土壤改良和机耕道修建相结合，需要投入资金量大，最好能争取国家专项投入。四是土地集中连片要与农村土地确权登记颁证工作协调配合。当前，西藏全区也在积极推行农牧区土地确权登记颁证工作，一旦该项工作全部完成，实现耕地调整与集中连片将更加困难。应土地平整在前，确权颁证在后，否则可能造成前期颁证工作的无效和人力物力资源的浪费。

图书在版编目（CIP）数据

调查与研究：西藏的民生民计与社会变迁/中国藏学研究中心社会经济研究所编．—北京：中国藏学出版社，2024.01
（西藏发展研究丛书）

ISBN 978－7－5211－0286－4

Ⅰ.①调…　Ⅱ.①中…　Ⅲ.①社会变迁－调查研究－西藏－文集②城乡一体化－调查研究－西藏－文集　Ⅳ.①K297.5－53②F299.277.5－53

中国版本图书馆 CIP 数据核字（2020）第 257682 号

调查与研究：西藏的民生民计与社会变迁

中国藏学研究中心社会经济研究所 编

格桑卓玛 主编

责任编辑　张荣德
封面设计　海龙视觉
出版发行　中国藏学出版社
印　　刷　中国电影出版社印刷厂
印　　次　2024 年 1 月第 1 版第 1 次印刷
开　　本　787×1092 毫米　1/16
印　　张　17.25
字　　数　250 千
书　　号　ISBN 978－7－5211－0286－4
定　　价　52.00 元

图书若有印装质量问题，请与本社发行部联系
E-mail：dfhw64892902@126.com　　电话：010－64892902